MULLER
RELIEUR - NANCY
1995

LES
DERNIERS JOURS DU CONSULAT

BOURLOTON. — Imprimeries réunies, B.

LES DERNIERS JOURS
DU CONSULAT

MANUSCRIT INÉDIT DE

CLAUDE FAURIEL

Membre de l'Institut

PUBLIÉ ET ANNOTÉ PAR

LUDOVIC LALANNE

PARIS
CALMANN LÉVY, ÉDITEUR
ANCIENNE MAISON MICHEL LÉVY FRÈRES
3, RUE AUBER, 3

1886

Droits de reproduction et de traduction réservés

INTRODUCTION

L'histoire du manuscrit que j'ai l'heureuse chance de pouvoir publier est assez singulière.

Il y a quelques années, la nièce de M. Arago, madame Laugier, voulut bien me charger d'offrir, en son nom, à la Bibliothèque de l'Institut les papiers de Condorcet qu'elle tenait de son oncle, à qui ils avaient été donnés par la fille unique du célèbre girondin, madame O'Connor[1]. En classant les nombreuses et très intéressantes liasses dont ils se composaient, je rencontrai un manuscrit anonyme, sans titre général, et qui par son sujet n'avait aucun rapport avec les papiers auxquels il était mêlé. Formé de plusieurs cahiers in-octavo et accompagné de feuillets isolés, de notes, de fragments et d'extraits de journaux de 1804, il était divisé en plusieurs chapitres. Le premier était intitulé : *Esquisse historique des*

---

1. Ce don avait été fait à M. Arago lorsqu'il s'occupa d'écrire l'éloge de Condorcet et de donner une édition de ses œuvres.

prognostics de la destruction de la République, à dater du 18 brumaire; le second : *Notes sur les principaux événements de la conspiration anglaise antérieurement à l'arrestation de Moreau;* le quatrième, le plus considérable et malheureusement resté inachevé : *Tableau historique du procès de Georges*[1] *et de Moreau.* Le troisième manquait; quelques brouillons et des notes diverses indiquaient qu'il n'avait jamais été rédigé et qu'il devait y être question de la mort du duc d'Enghien, du complot royaliste et de la création de l'Empire. Enfin la mention, comme vivant encore, de l'amiral Bruix, mort le 25 mars 1805, permettait d'assigner une date au manuscrit. Ce n'était donc point une histoire faite après coup, comme tant d'autres, soit d'après des souvenirs lointains et parfois infidèles, soit d'après des documents de seconde main : c'était une histoire écrite au moment même où s'étaient passés les événements qu'elle retraçait.

La lecture de ce manuscrit m'impressionna vivement. Les sentiments généreux qui y dominaient et que rehaussaient en mainte page la vigueur du style, l'élévation des idées, la justesse des aperçus, les faits nouveaux qu'il mettait en lumière, me frappèrent d'autant plus que je ne connaissais pas de document analogue pour cette époque, où la liberté de la presse et la liberté indi-

---

[1] Georges Cadoudal n'était connu dans le parti royaliste que sou~~s~~ on prénom; ses lettres et ses ordres étaient signés *général Georges.*

viduelle n'existaient plus, où la liberté de la tribune allait bientôt disparaître, et où « la grande nation » en était réduite aux rares et trop souvent mensongères communications que le gouvernement daignait lui faire par la voie des journaux, qu'il tenait tous dans sa main.

J'ai dit que l'ouvrage était anonyme. Rien dans son contenu ne permettait d'en deviner l'auteur qui n'est jamais en scène; seulement il appartenait sans aucun doute à cette élite de la société parisienne que la lassitude et le dégoût du Directoire auraient peut-être poussée à accepter le 18 brumaire si, comme il le dit, « Bonaparte eût été assez prudent pour ne ravir aux Français que cette portion de liberté dont ils n'étaient pas capables de sentir ou de regretter la perte[1] », mais qui, ne pouvant se résigner à voir périr avec la République les plus précieuses conquêtes de la Révolution, sut conserver et faire renaître plus tard les traditions libérales de la génération de 89. Quant à l'écriture du manuscrit, fine, élégante et présentant, entre autres, dans la forme de l's un trait caractéristique qui la rendait facilement reconnaissable, je ne l'avais, malgré mes recherches, rencontrée nulle part, et j'avais presque renoncé à éclaircir le mystère, quand une circonstance tout à fait imprévue vint me tirer d'embarras.

En 1883, après la mort du savant orientaliste M. Mohl et de sa femme (miss Clarke), la bibliothèque de l'Institut fut mise en possession des papiers d'un de leurs

1. Voy. p. 3.

amis intimes, que Sainte-Beuve appelait « un des maîtres les plus originaux du temps présent, un critique éminent, le plus ingénieux et le plus sagace [1] » et dont M. Renan a pu écrire « qu'il était sans contredit l'homme de notre siècle qui a mis en circulation le plus d'idées, inauguré le plus de branches d'étude et aperçu, dans l'ordre des travaux historiques, le plus de résultats nouveaux [2] ». Je veux parler de Claude Fauriel, né à Saint-Étienne en 1772, mort en 1844, membre de l'Académie des inscriptions et professeur de littérature étrangère à la Sorbonne.

Chargé de mettre en ordre cet amas de correspondances, de notes, de brouillons, j'avais déjà examiné une vingtaine de cartons sans que rien eût attiré mon attention [3], quand je tombai sur une page datant de sa jeunesse et dont l'écriture différait complètement de celle dont il avait couvert les papiers déjà passés sous mes yeux; c'était la minute d'une lettre adressée par lui en 1803 à son ami Villers. A première vue, j'y retrouvai une ressemblance si frappante ou, pour mieux dire, une telle identité avec l'écriture du manuscrit, qu'il n'y avait pas de doute possible. Lettre et manuscrit étaient de la même main, de la main de Fauriel [4].

1. *Portraits contemporains*, 1846, t. II, p. 512 et 536.
2. *Revue des Deux Mondes*, 15 décembre 1855, p. 1389.
3. Elle avait pourtant été éveillée par une observation de l'habile expert en autographes, M. Ét. Charavay, à qui j'avais montré le manuscrit et qui, après un long examen, avait cru y reconnaître quelque chose de l'écriture de Fauriel.
4. Voyez les deux photographies jointes au présent volume.

INTRODUCTION. v

Maintenant, comment ce manuscrit se trouvait-il parmi les papiers de la famille Condorcet, comment Fauriel, dont la vie semblait avoir été consacrée uniquement à l'étude des littératures et de l'histoire du passé [1], avait-il été amené à écrire ce récit d'événements contemporains; enfin pourquoi ne l'avait-il pas achevé et publié? C'est ce que je vais tâcher d'expliquer le plus brièvement possible.

Pendant de longues années, il avait été lié intimement avec madame de Condorcet. Quand elle mourut, en septembre 1822 [2], ils habitaient encore ensemble, et leurs livres, leurs papiers étaient confondus comme leur existence. Le manuscrit, par oubli ou par quelque autre cause, resta entre les mains de sa fille, madame O'Connor, d'où, par la filière que j'ai dite plus haut, il arriva à la bibliothèque de l'Institut.

Ardent à l'étude, lent à rédiger, Fauriel, dit M. Renan, « reculait toujours devant le pénible travail de la

---

1. Ses principales publications sont : *Chants populaires de la Grèce moderne* (1824); *Histoire de la Gaule méridionale* (1836); *Histoire de la croisade contre les Albigeois* (1837); *Histoire de la littérature provençale* (1846).

2. Le 12 septembre 1822, M. Guizot lui écrivait au sujet de cette mort : « Mon pauvre ami, je n'ai su qu'hier soir le coup qui vous a frappé; je vous ai cherché chez vous, chez Cousin. J'étais loin de m'attendre à ce malheur; depuis quelques jours, au contraire, j'étais tranquille; aussi n'envoyions-nous plus tous les matins savoir des nouvelles... Ma femme partage tous mes sentiments et veut que je vous le répète bien. Adieu, mon pauvre ami; je vous embrasse le cœur bien serré. »

composition [1] ». Pour l'arracher momentanément à ses travaux favoris, il fallut l'indignation que lui donna le triste spectacle des palinodies, des bassesses et des violences qui se déroulaient chaque jour sous ses yeux ; il fallut le besoin irrésistible d'exhaler sa profonde douleur de la liberté perdue [2],

Solatia luctus
Exigua ingentis.

Il y était encore poussé par le souvenir de ce qu'il avait vu de près pendant plus de deux ans. Après avoir été sous-lieutenant dans l'armée des Pyrénées orientales et secrétaire de Dugommier (1793), il était devenu, quelques semaines après le 18 brumaire, je ne sais par quelle influence, secrétaire de Fouché, ministre de

---

1. « Ne vous échinez pas, lui écrivait M. Guizot le 15 août 1818, ne vous échinez pas à recommencer sans cesse ce qui est bien. Vous passez votre vie à sacrifier l'action à l'espoir de la perfection. Il en résulte que, tandis que vous vous satisfaites en cherchant le mieux, le bien que vous avez trouvé ne profite à personne. »

2. Je lis dans une lettre que son ami le médecin Pariset lui adressait en 1803 : « Eh quoi ! votre chagrin n'est pas encore usé ? Vos regrets sont toujours aussi vifs et vous ne pouvez vous faire aux choses de ce monde... Vous n'êtes pas encore parvenu à ce calme que donne le désespoir... Tout est lié parmi les hommes ainsi que dans les lois de la nature, et, lorsque de grandes injustices se font impunément dans notre misérable espèce, je vous défie de dire lequel est le plus à condamner du coupable ou du témoin. » — Cette lettre et celles de M. Guizot sont conservées à la Bibliothèque de l'Institut.

la police. Il quitta ces fonctions en mai 1802, malgré les vives instances de son patron[1]. Quoi qu'il en soit, s'il s'était bercé de l'espérance que le régime qu'il détestait n'aurait pas une longue durée, il dut perdre bien vite ses illusions; le découragement ne tarda pas à le prendre, et il retourna à ses chères études d'histoire et de littérature, sans plus se soucier de terminer une œuvre qu'il sentait condamnée d'avance à ne pas voir le jour. D'ailleurs, l'eût-il achevée que, sous la Restauration, il se serait bien gardé de la publier. Les royalistes auraient applaudi à ses virulentes attaques contre Bonaparte, et lui, resté fidèle à ses convictions républicaines[2], n'aurait jamais consenti à fournir des armes aux ennemis de la Révolution; les patriotes, d'un autre côté, n'auraient pu voir, sans grand déplaisir, qu'il eût pris jadis avec tant de chaleur la défense de Moreau, qui avait fini si misérablement. Ajoutons que, depuis la mort de madame de Condorcet, le manuscrit n'était plus en sa possession, et qu'il pouvait le croire perdu.

Lorsqu'il se mit à le rédiger, Fauriel, comme il le dit lui-même, « était dans une situation où il n'a pu tout savoir et où s'informer de la vérité était peut-être le plus grand de tous les dangers après celui de la dire[3] ». En cherchant à se renseigner le plus exactement possible, il avait donc à se garder de la moindre

1. « Vous êtes fou, lui disait-il ; c'est le moment plutôt de rester; nous arrivons. » (Sainte-Beuve, p. 492.)
2. Voy. Sainte-Beuve, p. 480.
3. Voy. plus loin, p. 182.

imprudence qui, avec le système d'espionnage dont le régime impérial enveloppait la société parisienne, aurait inévitablement amené la police chez lui; aussi n'avait-il confié son projet et communiqué son manuscrit qu'à quelques personnes sûres dont les avis pouvaient lui être profitables. Parmi ces confidents, je crois qu'il faut placer en première ligne, avec madame de Condorcet[1], madame de Staël et Benjamin Constant[2] que leurs relations politiques et leur goût littéraire mettaient fort à même de lui fournir de précieuses informations et de lui donner d'utiles conseils. Il en reçut, soit verbalement, soit par écrit, des remarques fort nombreuses qu'il a transcrites en marge : ce sont tantôt des additions confirmant les dires du texte, des indications de faits omis ou à développer [3], tantôt des corrections de style et bien rarement des rectifications. Je n'ai reproduit que

1. La société de madame de Condorcet était aussi hostile au gouvernement consulaire que celle de madame de Staël. « Tout cela, disait Bonaparte, à la suite d'une discussion avec l'amiral Truguet, tout cela est bon à dire chez madame de Condorcet ou chez Mailla Garat. » *Mémoires sur le Consulat*, 1827, p. 31.

2. Il y a sur certaines pages du quatrième chapitre quelques notes écrites au crayon et repassées à l'encre qui ne sont pas de la main de Fauriel, mais où il serait peut-être possible de reconnaître la grosse écriture de Benjamin Constant.

3. Ces indications sont souvent fort brèves; ainsi l'une d'elles, que je n'ai pas du reste relevée, ne contient que ces mots : *La tapisserie de la reine Mathilde*, dont j'ai eu quelque peine à trouver l'explication. C'était le titre d'une pièce de circonstance que le gouvernement fit faire à propos du fameux projet de descente en Angleterre. Elle avait pour auteurs Barré, Radet et

les plus importantes de ces annotations en ayant soin de les distinguer des miennes par ces mots : *note marginale*.

Quels que fussent ses confidents, ils lui gardèrent si fidèlement le secret qu'aucun des amis qui lui survécurent ne paraît avoir entendu parler de cet ouvrage où son talent se présente sous un jour tout nouveau; pas un mot n'y fait allusion dans les nombreuses lettres de ses correspondants que j'ai eues entre les mains.

Le premier chapitre : l'*Esquisse historique des prognostics de la destruction de la République à dater du 18 brumaire*, est un morceau d'une haute valeur, et l'on s'en aperçoit dès les premières pages. Je ne crois pas qu'on ait encore retracé d'une main plus ferme la situation politique de la France, la disposition des esprits après « cette journée fameuse dont se repentirent, le lendemain, presque tous ceux qui y avaient concouru[1] », et les manœuvres tortueuses de Bonaparte pour atteindre ce pouvoir suprême que, dès cette époque, Fauriel avec sa sagacité prévoyait devoir être si funeste à la liberté « sans garantir à la France le seul bien des peuples esclaves, le repos ». Je signalerai particulièrement le tableau de la séance du Sénat où eut lieu le vote de la prolongation à vingt ans du consulat, vote que Bonaparte sut éluder en ayant recours à un plébiscite pour se faire nommer consul à vie « sachant combien, chez un peuple déjà asservi, il est facile

---

Desfontaines et fut jouée depuis le 23 nivôse jusqu'au 23 germinal an XII, c'est-à-dire pendant près de deux mois et demi.

1. Voyez p. 98.

de faire que l'exercice de la souveraineté nationale ne soit qu'une ressource de plus pour la tyrannie et une dérision de plus de la liberté[1] ». Profonde vérité que, comme nos pères, nous avons apprise à nos dépens.

Le second chapitre, très modestement intitulé : *Notes sur les principaux événements de la conspiration anglaise antérieurement à l'arrestation de Moreau*, est rempli de faits et d'aperçus d'un très grand intérêt. Après avoir raconté les suites de la rupture avec l'Angleterre, Fauriel nous décrit d'une manière remarquable l'état des partis entre lesquels se partageait la nation : les royalistes, les jacobins « qui croyaient aimer et reconnaître la liberté parce qu'ils étaient portés à se révolter contre la tyrannie », et enfin les républicains, sans chefs comme les autres, mais qui auraient pu trouver un appui dans le Sénat et l'armée. Aux détails précieux sur l'organisation de la police « autorité bizarre, aveugle et passionnée... dans laquelle toutes les violences, toutes les injustices nécessaires pour atteindre le but que lui prescrit l'autorité suprême, ne sont autre chose que des devoirs simples et rigoureux », succède la relation, un peu longue peut-être, des exploits d'un misérable intrigant, Méhée, qui, de concert avec Bonaparte, mystifia d'une façon inouïe le gouvernement anglais et le parti royaliste. Puis l'auteur nous raconte les origines et le développement de la conspiration de Georges Cadoudal et de Pichegru, et les manœuvres de la police

---

1. Voyez p. 36.

pour y compromettre Moreau, le seul homme dont le Premier Consul eût à redouter l'influence et la popularité[1].

Dans les dernières pages de ce chapitre, au moment de commencer un récit où « les scènes bruyantes, les catastrophes inopinées qui remplissent l'histoire ne manqueront pas », Fauche il expose les difficultés d'écrire l'histoire contemporaine, les obstacles qui se dressent devant lui « pour rencontrer et savoir la vérité » et termine par cette phrase qui peint bien la sincérité de l'historien : « Après tous les soins possibles pour me préserver des erreurs, il ne me restera plus qu'un seul devoir à remplir, ce sera de présenter toujours le motif ou le sentiment qui auront dicté mes jugements sur les faits, afin que ceux qui ne partageraient pas mes sentiments et mes idées puissent voir la cause de mes erreurs, et tirer, à leur gré, d'autres conséquences des mêmes faits. »

J'ai dit plus haut que le troisième chapitre n'avait pas été écrit ; je demande la permission d'ajouter

---

[1]. Bonaparte se hâta de prévenir de son arrestation les généraux commandant des corps d'armée. Le 20 pluviôse, il écrit au général Soult que Moreau « s'était décidé à faire venir Pichegru à Paris, qu'il l'avait vu quatre fois ainsi que Georges ». Ces quatre visites à Georges sont réduites à deux dans une lettre écrite le même jour au général Davout (*Correspondance de Napoléon I*, t. IX, p. 305, 321). Autant de paroles autant de mensonges. Moreau non seulement n'était pour rien dans le retour de Pichegru, mais il était si peu connu de Georges, que celui-ci, lors de leur détention au Temple, pria un gendarme de le lui montrer.

quelques mots aux pages que j'ai dû rédiger pour relier le chapitre précédent au suivant. Les archives de la préfecture de police, où, comme on le verra, j'ai pu puiser diverses particularités intéressantes[1], m'en auraient sans doute fourni plus d'une sur l'affaire du duc d'Enghien, si les deux cartons contenant les pièces qui la concernaient n'en avaient pas été enlevés, par ordre, il y une trentaine d'années, malgré la vive opposition de l'archiviste, qui savait bien qu'il ne les reverrait jamais. Un triste détail nous a été raconté. Il y avait encore dans le dossier une bague qu'au moment de mourir le prince avait remise à l'un des assistants avec des cheveux et une lettre pour les faire parvenir à la princesse de Rohan[2].

Le souvenir de cet assassinat pesa sur toute la vie de Napoléon. Il disait, en voyant le général Hullin qui avait présidé le conseil de guerre : « Sa présence m'importune. Je n'aime point ce qu'il me rappelle. » Plus tard, à Sainte-Hélène, il y revenait sans cesse, tantôt cherchant à s'excuser, tantôt, comme dans son testament, déclarant « qu'en semblable circonstance, il agirait encore de même », et, cette fois-là, il était cer-

1. Je prie les deux archivistes à qui je me suis adressé, M. Charpentier d'abord, puis M. Abel Peyret, son successeur, de vouloir bien recevoir ici tous mes remerciements pour l'obligeance qu'ils ont mise à m'aider dans mes recherches.

2. « Savary (qui avait assisté à l'exécution) montra ces objets à madame Bonaparte. Je ne sais si les dernières intentions de ce malheureux prince furent exécutées. » *Mémoires* de Madame de Rémusat, t. I", p. 334.

tainement sincère; car jadis il n'avait pas dissimulé que la mort du prince et le procès de Moreau « l'avaient servi dans l'accomplissement de l'œuvre qu'il ourdissait depuis longtemps[1] »; mais où il ne disait pas la vérité, c'est quand il prononçait cette phrase recueillie par le *Mémorial :* « Quant aux diverses oppositions que je rencontrai, aux nombreuses sollicitations qui me furent faites ainsi qu'on l'a répandu dans le temps, rien n'est plus faux; on ne les a imaginées que pour me rendre plus odieux. » *Rien n'est plus faux*[2]*!* Voici ce que je lis dans un rapport d'un officier de paix, Chabanety, dont j'ai donné ailleurs un extrait :

« Les politiques cherchent à interpréter les motifs du voyage du sénateur Lucien. Ils citent comme cause décisive de ce voyage une anecdote arrivée entre ce sénateur et son frère, le Premier Consul. Lorsque la commission de Vincennes instrumentait contre le duc d'Enghien, Lucien alla trouver le Premier Consul et lui demanda ce qu'il déciderait sur le sort de ce jeune homme. « Ce qu'ordonne la politique, » répondit le Premier Consul. Le sénateur Lucien, regardant ces paroles comme un arrêt de mort, tira à l'instant une montre de prix, la jeta sur le plancher en la brisant sous ses pieds, et dit au Premier Consul : « Eh bien, vous serez un jour brisé comme cela. » — Onze jours après cette scène dont l'agent de police ne nous

---

1. Madame de Rémusat, t. Ier. p. 385.
2. Cf. Madame de Rémusat sur l'intervention de Joséphine.

raconte évidemment qu'une partie, le 1er avril 1804, Lucien, exilé, quittait Paris pour aller s'établir à Rome[1].

Dès le commencement du procès auquel le nom de Moreau donna en France et à l'étranger un si grand retentissement, le gouvernement prit les précautions les plus minutieuses pour ne laisser transpirer au dehors que le moins possible de ce qui se passait aux audiences. Le public en fut réduit à ce qu'on voulait bien lui en faire connaître dans les comptes rendus tronqués et défigurés que l'autorité envoyait aux journaux qui ne pouvaient en insérer d'autres[2]; et aussitôt l'arrêt prononcé, une ordonnance du préfet de police Dubois interdit de colporter, vendre ou distribuer aucun écrit relatif aux condamnés. On comprend dès lors quel intérêt doit offrir le quatrième et dernier chapitre, où Fauriel, en racontant les débats émouvants de certaines séances, a mis en lumière des faits odieux dont on semble aujourd'hui n'avoir conservé aucun souvenir et que M. Thiers, dans son indulgence excessive pour les hommes et les choses de l'Empire, n'a pas jugé à propos de mentionner. Malheureusement il ne s'est pas contenté de garder le silence sur les iniquités commises

---

[1]. Voyez sur son départ de Paris, *Lucien et ses Mémoires*, par M. Yung, t. II, p. 432 et suiv.

[2]. D'après des lettres conservées aux archives de la préfecture de police, c'était le citoyen Boucheseiche, chef de la cinquième division, qui était chargé de faire ces communications aux journaux.

dans l'instruction[1], et sur les cruautés exercées contre des accusés et même des témoins, pour leur arracher des aveux ou des révélations[2]. Faute d'avoir consulté les publications officielles, il s'est, dans un certain passage, tellement éloigné de la vérité, que je ne puis m'empêcher de la rétablir. On verra plus loin la scène dramatique où le domestique de Georges, Louis Picot, en montrant ses mains mutilées par la torture, souleva l'indignation de l'auditoire, et on peut lire, dans le *Procès*[3], la plaidoirie de son avocat s'écriant sans crainte d'être démenti : « Qui pourrait jamais croire que, chez un peuple qui naguère était jaloux de ses droits jusques à la fureur, la liberté individuelle des

---

1. Voyez *Procès*, t. IV, p. 60; t. VI, p. 214; t. VII, p. 6 et suiv., les protestations de divers accusés contre les falsifications faites dans la rédaction de leurs interrogatoires, et contre l'audition, contrairement à la loi, de dénonciateurs qui avaient été payés pour leurs dénonciations.

2. Voyez à notre table des matières l'article *Torture*. Aux faits signalés par Fauriel ajoutons ceux-ci : L'accusé Caron, qui fut acquitté, avait été mis à l'Abbaye dans un cachot à vingt pieds de profondeur. « On m'a fait, dit-il aux juges, souffrir tout ce qu'il est possible de souffrir » (*Procès*, t. VI, p. 218). — J'ai trouvé aux archives de la préfecture de police, dossier *Cadoudal*, dans le carton intitulé : *Répertoire. Pièces diverses*, une lettre touchante de la femme Verdet au préfet de police. Elle lui dit qu'elle est grosse de deux mois, réduite au pain et à l'eau, sans vêtements, ne pouvant reposer un instant à cause du froid, et se borne à demander la levée du secret. Elle tomba si malade, qu'elle ne put passer en jugement; du reste, elle aurait été acquittée comme son mari.

3. *Procès*, t. VII, p. 216.

citoyens soit tombée dans un tel mépris, qu'on ait osé faire subir à Picot des traitements qui ne s'exerçaient à Rome que sur les vils esclaves? » Or, voici ce que dit M. Thiers: « Picot ne voulut rien dire d'abord, et ensuite peu à peu *il fut induit* à parler... On le questionna de nouveau et, *en y mettant beaucoup de douceur*, on finit par l'amener à s'ouvrir entièrement. » Que pourtant, comme l'a fait l'avocat dans une intention facile à saisir, on ne rejette pas ces cruautés sur le zèle de quelque agent subalterne[1]. Non, elles étaient commandées par les chefs suprêmes de la justice et c'est plus haut encore qu'il faut en faire remonter la responsabilité.

« *Ce que vous avez ordonné* par rapport à l'accusé Picot a été exécuté, écrit le juge instructeur Thuriot à Réal, l'adjoint du grand juge. Il a tout supporté avec une résignation criminelle. C'est une âme endurcie dans le crime et fanatisée. Je l'ai laissé aujourd'hui à ses souffrances et à sa solitude. Je ferai recommencer demain. Il a le secret de la cachette de Georges; il faut qu'il le livre[2]. »

Lorsque Fauriel dit avoir été arrachée par la torture l'étrange déclaration faite par Bouvet de Lozier dans des circonstances plus étranges encore, j'aurais pu supposer que la passion l'avait emporté trop loin, si, dans un rapport adressé à Bonaparte par Dubois, je n'avais trouvé cette phrase caractéristique : « Bouvet de Lozier a per-

1. « Qui sait jusqu'où peut aller dans l'obscurité des prisons l'audace de quelques subalternes? » *Procès*.
2. Voyez Cretineau-Joly, *Histoire de la Vendée militaire*, 1842, t. IV, p. 185.

sisté dans ses déclarations ; mais *on est sûr* de l'amener à des aveux positifs[1]. » Par quels moyens ? Les procédés de *douceur* qui réussirent avec le malheureux Picot permettent de le deviner.

Parmi d'autres faits dont M. Thiers a négligé de parler, il en est que je dois absolument relever pour donner au procès intenté à Moreau sa véritable physionomie. L'accusation de complot permit à Bonaparte de satisfaire de secrètes rancunes et de frapper des généraux qui avaient eu « le malheur facile de lui déplaire » et contre lesquels, d'ailleurs, on ne pouvait invoquer le plus petit grief. Le général Souham[2] et sa femme furent arrêtés, « prévenus, dit l'ordre d'arrestation, de conspiration contre l'État avec les généraux Pichegru, Moreau et le brigand Georges ». Les généraux Ramel[3] et Liébert subirent le même sort; et, dans le procès, il ne fut pas plus question d'eux que des officiers attachés à la personne de Moreau et emprisonnés presqu'aussitôt que lui[4]. Le plus mal-

---

1. Archives de la préfecture de police, dossier Cadoudal, carton intitulé : *Surveillance des barrières. Liasse des interrogatoires pour le P. C.*

2. Il commandait une division à l'armée de Brest; on le fit ou on le laissa venir à Paris, et il fut arrêté à la barrière.

3. Celui qui périt assassiné à Toulouse en 1815. On le traita avec une insigne dureté. Il avait reçu à Saint-Domingue une grave blessure qui saignait encore, et il fut obligé d'écrire au préfet de police pour se plaindre de n'avoir pas été pansé depuis trente-six heures.

4. Entr'autres, le capitaine de la Chasse de Vérigny, son aide de camp.

traité de ceux-ci fut ce jeune Normant[1] dont Fauriel nous a vanté l'intelligence et la loyauté. Le jour de son arrestation (26 pluviôse), Dubois écrivait au Premier Consul : « Ses papiers ont été examinés avec le plus grand soin et ne renferment que des journaux et des mémoires relatifs aux armées du Rhin et d'Italie. Il a déclaré n'avoir de liaisons intimes qu'avec les généraux Moreau, Bernadotte et Macdonald. Au moment de son arrestation, il s'est permis les propos les plus outrageants contre le gouvernement et ses actes. Il a fait le plus pompeux éloge de Moreau et dit que c'était un honneur pour lui de partager ce qu'il appelle sa proscription[2]. »

Ces propos outrageants et ce pompeux éloge ne lui furent point pardonnés. Lorsqu'il recouvra sa liberté après plus de quatre mois de détention, il fut, malgré « ses quinze années de guerre et de nombreuses blessures », rayé des cadres de l'armée et de ceux de la Légion d'honneur, où il avait le grade d'officier.

Il est pourtant un point où Fauriel et M. Thiers se rencontrent, c'est quand ils parlent de l'agitation, du trouble et de la consternation qui régnèrent à Paris lorsqu'on était à la poursuite des conspirateurs. Bonaparte, qui savait si bien

---

1. J.-F. Gaspard Normant, né à Nantes en 1774; il avait été député au Conseil des Cinq-Cents.
2. Archives de la préfecture de police, dossier Cadoudal, carton *Surveillance des barrières*, liasse g : *Rapports et notes pour le P. C.*

Faire taire la loi dans le bruit des alarmes,

ne négligea rien pour jeter l'effroi dans la population. Les mouvements continuels de troupes dans l'intérieur de la ville, les barrières fermées, les sentinelles postées tous les cinquante pas le long du mur d'enceinte et fusillant des *brigands* qui n'étaient peut-être que des citoyens inoffensifs, les arrestations, les perquisitions et les visites domiciliaires faites partout, à toute heure et sur les moindres dénonciations, rappelèrent aux habitants les plus mauvais jours de la Terreur. Au moment du procès, la fermentation fut extrême, et particulièrement dans l'armée. Des lettres ironiques ou menaçantes arrivaient chaque jour au préfet de police; des affiches manuscrites étaient placardées la nuit[1]. L'une portait l'anagramme de Buonaparte, *Nabot a peur*. — Une autre : *Corde d'honneur accordée aux braves qui se sont illustrés par l'arrestation de Georges*. — Une troisième : *Moreau innocent, l'ami du peuple et le père des soldats aux fers! Bonaparte, un étranger, un Corse, devenu usurpateur et tyran. Français, jugez*. — Un dessin à la plume représentait la tête de Bonaparte couronnée et reposant sur quatre griffes de lion, et à côté un réverbère avec sa potence. Enfin, au dos d'un huit de cœur, saisi probablement dans quelque caserne, était écrit en gros caractères : *Soldats qui avez*

---

1. Ces lettres et ces placards sont conservés dans le carton intitulé *Signalements*.

servi sous Moreau, vous êtes des lâches si vous le laissez monter sur l'échafaud [1].

Un dernier trait. Aussitôt que Moreau fut arrêté, les affidés de Bonaparte allèrent répéter partout que sa complicité avec Georges était prouvée et sa condamnation certaine. L'instruction et les débats ayant dissipé peu à peu cette espérance, ils cherchèrent à se rabattre sur le crime de non-révélation du complot. « Savary, raconte madame de Rémusat [2], ayant interrogé mon mari à ce sujet, et celui-ci lui ayant répondu que ce n'était point un crime qui dût entraîner la mort : « En ce cas, » reprit Savary, « le grand juge nous » a fait faire une grande sottise; il eût mieux valu » se servir d'une commission militaire. » C'était, en effet, un instrument plus docile et plus sûr qu'un tribunal même trié sur le volet. Il le savait bien, lui qui venait à peine de quitter le fossé ensanglanté de Vincennes.

Ce dernier chapitre, où sont retracées tant de scènes émouvantes, n'a pas été terminé. Le manuscrit s'arrête au milieu d'une phrase, après le discours de Moreau

---

1. J'ajouterai une petite particularité complètement inconnue que vient de me communiquer un de mes amis : « En 1826, on causait, dans un atelier, de l'influence de la politique sur le costume, des chapeaux à la Bolivar ou à la Morillo, des manteaux à la Quiroga. « Savez-vous, jeunes gens, nous dit le vieux Chéry, élève de Vien, savez-vous pourquoi le revers de vos habits est séparé du collet par cette échancrure à trois pointes et formant un M ? Cela remonte au procès de Moreau. Ses partisans mirent à la mode ce détail du costume, dont ils avaient fait un signe de ralliement. »

2. Tome I, p. 305.

devant la Cour. J'ai dû continuer jusqu'au dénouement le récit de cette lamentable tragédie, et peut-être les pièces dont je me suis servi ne seront-elles pas sans intérêt pour le lecteur.

Je ne crois pas avoir exagéré l'importance et la valeur de cet ouvrage, qui, je l'espère, ajoutera à la réputation de Fauriel. Le ton qui y règne partout est celui de l'histoire, dans la plus haute acception de ce mot. On y chercherait en vain une seule anecdote scandaleuse, et pourtant combien l'ancien secrétaire de Fouché avait pu en apprendre sur les personnages qu'il met en scène! Mais, en revanche, on y trouve souvent l'expression de ces haines vigoureuses si chères à Alceste. Il a des mots heureux quand il parle de « l'intrépidité de Bonaparte à la louange », de son habileté à se servir d'hommes « qui parussent s'avilir pour la première fois », ou quand il nous dépeint Joséphine « ayant gardé des vertus de son sexe la facilité à compatir au malheur d'autrui », et il en a de sanglants pour flageller la servilité de Fontanes ou celle de Cambacérès « l'homme le plus propre à porter de la gravité dans la bassesse ». Le portrait qu'il a tracé de Fouché, de cet homme « ni bon ni méchant », suivant M. Thiers, est digne de la plume de nos meilleurs écrivains. Je citerai encore le tableau si dramatique de certaines séances du procès, et, dans un autre genre, la page où il décrit le convoi funèbre de Pichegru, au suicide duquel, soit dit en passant, il a refusé de croire comme presque tous ses contemporains. Je dois ajouter que, si, dans certaines phrases, on peut relever des négligences de style et l'emploi de locutions et de mots qu'il avait sans aucun doute rapportés de sa province [1], il ne faut pas oublier que le manuscrit, tel que je le publie, n'était ni préparé pour l'impression, ni achevé; que plusieurs parties n'ont certainement pas été, je ne dis point retouchées, mais même relues par l'auteur; car on y rencontre de ces répétitions de mots et de ces incorrections orthographiques qui échappent dans la hâte de la rédaction et qu'un trait de plume suffit à faire disparaître.

Le travail d'annotation auquel je me suis livré est assez considérable. J'ai cherché autant que possible à contrôler et à compléter les dires de l'historien, au moyen soit des journaux et des rares documents du temps, soit des pièces puisées dans les archives de la préfecture de police. Les *Mémoires de madame de Rémusat* m'ont été du plus grand secours. Les deux écrivains vivant à la même époque, mais appartenant à des opinions et à des milieux bien différents, s'accordent tellement sur certains faits [2], que le livre de Fauriel pourra désormais servir à son tour à confirmer et à commenter les *Mémoires*. Quoiqu'il m'eût été facile d'accroître beaucoup

---

1. Tels sont les mots *inconvenable, maltraitement, reluctance*.

2. Voici un trait à ajouter à ceux que j'ai cités. Fauriel parle (p. 9) « de l'air d'exaltation et de triomphe avec lequel Bonaparte s'établit dans les appartements du malheureux Louis XVI ». Et on lit dans madame de Rémusat (t. I, p. 170) : « J'ai su de sa femme que, le jour où il avait cru devoir s'établir aux Tuileries, au moment de se coucher, il lui dit en riant : « Allons, petite créole, » venez vous mettre dans le lit de vos maîtres. »

le nombre des notes et celui des pièces justificatives, j'ai dû me borner à celles qui étaient absolument indispensables pour l'éclaircissement du texte.

Un dernier mot. Le manuscrit, comme je l'ai dit, ne portait aucun titre général. Celui que j'ai adopté, *les Derniers Jours du Consulat*, m'a paru, dans sa concision, donner une idée assez exacte des sujets traités dans le présent volume.

LUD. L.

J'ai appris, mon cher Villers, que vous étiez mécontent, si non de ce que j'ai dit de votre ouvrage, du moins de mes dispositions à votre égard. J'en ai été affligé et surpris. Il y a dans votre livre des choses très bonnes et très utiles et qui doivent en faire aimer et estimer l'auteur; je les ai louées successivement. J'y ai cru y trouver aussi des inexactitudes de raisonnement et de fait; j'en ai parlé avec modération, avec réserve et j'aurais tâché de continuer à en parler de même. Il est vrai que j'ai été blessé, comme beaucoup d'autres personnes qui d'ailleurs vous rendent justice et dont le suffrage ne doit pas vous être indifférent, de quelques traits d'une partialité pour qui me semble peu philosophique; je m'en suis expliqué avec vous même avec une franchise qui d'après ma manière de sentir ne peut être regardée comme vous n'auriez regardée que comme une marque d'estime, si vous ne m'aviez d'estime. Si je trouvais votre projet de bien faire connaître en France tout ce qui tient à la littérature et au génie de l'Allemagne, vous vous intéressante et moins digne des travaux d'un homme de talent et des progrès des lumières, je vous assure que j'aurais été moins frappé de ceux qui me paraissent décidés en diminuer la vérité et le succès. Si je n'avais ni estime, ni amitié pour vous, j'aurais gardé froidement pour moi, ou pour les autres ce que je vous ai dit à vous-même. Je n'ai voulu ni vous blesser ni vous déplaire, et si contre mon intention cela m'est arrivé, je vous en témoigne sincèrement mes regrets. Quoique suivi par d'autres travaux,

J'avais commencé le 2.e extrait que M. Amaury Duval attendait probablement pour le prochain N.o de la Décade. Le ton de la critique y eût été plus prononcé que dans le premier essai. Mais il eût été également dicté par un sentiment dont j'étais loin de présumer que vous eussiez à vous plaindre. Puisque je me suis trompé, je n'ai plus aucun motif pour continuer; je n'ai à y faire que de me taire, et je vous prie de faire dire à ce sujet obligé, et si vous voulez en prévenir M. Amaury.

Acceptez l'expression de mes regrets d'avoir si mal rempli votre attente, et croyez qu'à tout événement, et malgré toutes les apparences je ne cesserai de vous pour vous une affection que j'aurais aimé que vous ne doutassiez pas, mais qui pour moi est indépendante même de votre manière de sentir à mon égard.

l'enthousiasme et l'amour par un trait —
dont tous les Spectateurs purent être frappés.
Deux gendarmes étaient de bout de chaque
coté de lui, la tête découverte et dans une
attitude qui semblait celle de l'admiration
et du respect. Le président leur ordonna de se couvrir &
s'asseoir; ils feignirent de ne pas l'avoir
entendu; il réitéra son ordre, et ne fut
pas mieux écouté, que la première fois.
Enfin Moreau, s'apercevant de l'intention
du président, pria lui même les deux
Gendarmes de s'asseoir; ils s'y refusèrent
encore, il le leur ordonna, et ils —
obéirent. Je ne sais; mais il
me semble que la postérité regardera cet
acte de respect pour Moreau dans les fers, et sur le point d'être
jugé qu'il l'eussent traité comme par un tribunal dévoué
un brigand, comme les plus belles si l'on oppressives,
de ses victoires.

Telle était la disposition des spectateurs, Tous attendaient avec
une impatience manifeste le moment où paraîtrait à la Tribune,
par le défenseur de Moreau,
lorsque tout-à-coup Moreau lui-même
demanda la parole. En me présentant
devant vous, dit-il, &c. &c. (placer le discours
entier.)

Ce discours prononcé d'un ton plein
de Calme et de dignité produisit un effet
qui ne saurait se décrire; Il laissa dans
tous les âmes une impression profonde
à laquelle il n'était plus possible de
rien ajouter. Cette profession de sentiments —
Républicains quand la république —
venait d'être envahie comme une propriété

LES DERNIERS JOURS
DU CONSULAT

CHAPITRE PREMIER

ESQUISSE HISTORIQUE DES PRONOSTICS DE LA DESTRUCTION DE LA RÉPUBLIQUE A DATER DU 18 BRUMAIRE.

Avant d'entrer dans les détails des événements que je me propose de raconter, il me paraît convenable de retracer sommairement les circonstances antérieures dont ils ont été la suite et le complément. Il faut, pour cela, remonter jusqu'au 18 brumaire an VIII, époque où Bonaparte, changeant brusquement de position et de rôle, passa de la tête des armées à celle de la nation. Mais dans cette esquisse d'un tableau qui, pour être complet, devrait être si varié et si vaste, je me bornerai à saisir les traits qui conviennent particulièrement à mon dessein. N'ayant ni la volonté ni les moyens de faire l'histoire du gouvernement de Bonaparte, considéré dans son ensemble et pris dans toute sa durée, j'essaierai du moins d'indiquer la progression rapide de son élévation du consulat à l'empire; je chercherai à démêler dans le système général de sa conduite les indices les plus manifestes, et les phases les plus curieuses de son projet d'anéantir la République et de faire rétrograder la Révolution française à un point où il ne resterait d'elle que le souvenir de ses maux et de ses crimes.

Le pouvoir dont Bonaparte s'empara le 18 brumaire, bientôt soumis en apparence à des formes constitutionnelles et régulières, était dans la réalité, et par la nature même des circonstances au milieu desquelles il s'était élevé, un pouvoir sans limites et sans contrepoids. C'était, de l'aveu même de ceux qui avaient conspiré pour l'établir, une sorte de dictature, mais une dictature d'autant plus dangereuse pour la liberté, que l'on avait pris plus de soin d'en déguiser la nature et d'en cacher le nom; qu'il n'existait qu'un seul homme réputé capable de s'en charger, et que cet homme était ou pouvait se croire maître des armées, à une époque où les armées étaient devenues un des pouvoirs de l'État, et le plus grand de tous, depuis que les autres avaient manqué à leurs engagements et à leurs devoirs. Pour comble de danger, les Français avaient eu tant de motifs d'être mécontents du Directoire et des deux Conseils législatifs, qu'ils étaient prêts à se soumettre avec joie à tout gouvernement qui, leur garantissant le repos, eût été assez prudent pour ne leur ravir que cette portion de liberté dont ils n'étaient pas capables de sentir ou de regretter la perte. Quel rang aurait obtenu dans la mémoire des nations, l'homme qui, investi d'un pouvoir illimité dans des conjonctures où il était devenu si facile d'usurper, au moins passagèrement, les droits d'un grand peuple, eût mis sa gloire à les respecter, et n'eût profité de la lassitude et des malheurs de ses concitoyens que pour leur apprendre à être libres[1] !

---

1. « Faire entendre que ses vues ne furent pas d'abord bien arrêtées sur le parti qu'il tirerait de sa position et qu'elles ne pouvaient pas l'être, mais qu'elles furent dès le premier instant contraires à la République, etc. » (*Note marginale.*)

Revenons à Bonaparte. On est autorisé à présumer que sa première pensée, en arrivant au pouvoir suprême, fut, sinon de le transmettre en héritage à sa famille, du moins de le perpétuer entre ses mains, durant sa vie, et de le rendre indépendant de toutes les formes dans lesquelles l'opinion alors dominante voyait les garanties de la liberté publique.

Le premier acte individuel de sa politique fut d'écrire au roi d'Angleterre, à l'empereur d'Allemagne et à celui de Russie, les seuls souverains de l'Europe qui fussent encore armés contre la France, pour leur proposer la paix.

Son intention secrète était de les y déterminer en leur offrant des conditions également favorables à leurs intérêts et à ses propres vues. Il leur eût sacrifié les résultats de la Révolution française qui les alarmaient le plus, en s'en emparant au profit de son ambition personnelle.

Ses offres et ses insinuations réussirent auprès de Paul I[er][1]; elles furent écartées avec quelque ré-

---

1. « Il insinuait dans sa lettre que le trône de France serait rendu aux Bourbons, parce que l'exemple du détrônement d'un roi pourrait devenir facilement trop dangereux aux autres. Quant à lui, il laissait entendre qu'il lui suffirait d'un trône en Italie. Dès

serve par le cabinet de Vienne, et dédaigneusement rejetées par celui de Saint-James; de sorte qu'au lieu d'entrer subitement en jouissance du genre de pouvoir auquel il aspirait, et d'obtenir contre les Français l'assentiment et la faveur des puissances étrangères, il fut obligé de soulever contre celles-ci tout ce qui restait aux premiers de forces et d'énergie.

La nécessité de continuer la guerre avait pour lui le double désagrément de retarder l'exécution de ses plans, et d'en subordonner le succès à des hasards divers. Mais la rapidité et l'importance décisive de ses victoires en Italie, et de celles de

lors les Bourbons parurent se tenir plus tranquilles au dehors. » (*Note marginale.*)

Le *Moniteur*, devenu le seul journal officiel depuis le 7 nivôse, donne dans son numéro du 26 de ce mois : 1° la lettre de Talleyrand, ministre des relations extérieures, à lord Grenville, ministre des affaires étrangères de la Grande-Bretagne, en lui envoyant la lettre de Bonaparte à George III ; 2° la lettre de Bonaparte ; 3° la réponse de lord Grenville à Talleyrand ; 4° la note diplomatique en réponse à la lettre de Bonaparte. Le journal officiel fait précéder le texte de ces documents d'une phrase dont les termes sont assez singuliers : « Les pièces suivantes, dit-il, *dont nous ne garantissons pas l'authenticité* sont extraites du journal anglais le *Morning chronicle.* »

Les lettres de Bonaparte à George III et à l'empereur d'Allemagne sont publiées dans le tome VI (p. 46 et 47) de la *Correspondance de Napoléon* où l'on cherche en vain celle que l'annotateur de Fauriel dit avoir été écrite à l'empereur de Russie.

Moreau en Allemagne, dans la campagne de l'an VIII, affermirent bientôt ses espérances, et lui permirent d'en préparer de loin l'accomplissement.

Les soupçons, les inquiétudes et les pressentiments sinistres sur le caractère et les intentions de Bonaparte avaient commencé le 18 brumaire même. Les alternatives d'insolence et de faiblesse auxquelles il se laissa aller dans cette journée ; la risible assurance avec laquelle il se proclama le Dieu de la fortune et de la victoire, dans le conseil des Anciens qui lui était dévoué tout entier[1] ; sa promptitude à se troubler et à pâlir aux vaines clameurs que lui opposaient quelques membres du conseil des Cinq-Cents ; l'empressement avec lequel il signa, deux jours après, l'arrêt de déportation[2] de plus de cinquante de ces mêmes représentants du peuple français qu'il avait expulsés

---

1. « Rectifier ceci ; le conseil des Anciens renfermait des hommes qui furent effrayés de tout ce qui se passait, et prévirent tout ce qui devait en résulter. » (*Note marginale.*)

2. « Cette mesure avait été sollicitée avec la plus grande instance et comme nécessaire au se.. oublié par Sieyès. Bonaparte fut le premier à en revenir. Il se …na par là un air de clémence aux dépens de Sieyès, qui fut le premier échec de celui-ci. » (*Note marginale*).

par les armes avaient été autant de traits de lumière jetés sur les replis secrets de son âme. L'homme qui s'était conduit de la sorte pouvait à peine continuer à paraître un héros dans le sens vulgaire de ce nom, et n'était certainement pas l'homme que les destinées de la France, et peut-être de l'humanité, attendaient pour être améliorées et ennoblies.

La première circonstance qui put éclairer les esprits attentifs sur le genre d'ambition de Bonaparte et sur la nature de ses intentions fut assez voisine du 18 brumaire, et ne paraît pas indigne d'être rappelée. Je veux parler de la translation du siège du gouvernement consulaire et de l'habitation du premier consul, du palais du Luxembourg à celui des Tuileries[1]. Tant de soins furent pris pour faire

---

1. Voici ce qu'on lit dans le *Publiciste* du 1ᵉʳ ventôse, an VIII, sous la rubrique de Paris, le 30 pluviôse :

« L'acceptation de la Constitution a été proclamée hier à Paris. L'installation du gouvernement aux Tuileries s'est faite aujourd'hui avec beaucoup de pompe ; près de 3000 hommes des différentes armes étaient sur pied ; on a surtout remarqué la magnifique tenue de la garde des Consuls, commandée par le général Murat. Le cortège composé d'environ quarante voitures s'était réuni au palais du Luxembourg, d'où il est parti à une heure précise. Le beau temps a permis à une foule immense de courir les rues, les quais, les Tuileries et surtout le pont ci-devant royal. La marche

une cérémonie pompeuse d'un genre d'embarras si vulgaire, qu'ils semblèrent révéler quelque chose de plus que le penchant de Bonaparte à l'ostentation de sa personne et de son pouvoir. Diverses particularités empêchèrent tant d'appareil, dans une occasion qui en exigeait si peu, de n'être que ridicule. On remarqua l'attention que Bonaparte avait eue de faire disparaître des murs et des alentours des Tuileries les inscriptions[1] qui rappelaient la terrible journée où ce vieux palais des rois avait été assiégé et envahi par la fureur populaire, et où le trône des Capets depuis longtemps déshonoré par leurs vices, et à la fin mal défendu par les armes du dernier d'entr'eux, avait été renversé

était ou *** par un piquet de grosse cavalerie. Venaient ensuite la voiture des conseillers d'État ; puis la musique militaire, l'état-major de la 17.ᵉ division militaire et tous les officiers généraux qui se trouvent à Paris ; les voitures des ministres ; les guides du Premier Consul ; la voiture des Consuls attelée de six chevaux blancs, l'état-major de la garde consulaire, la garde à cheval, etc. » — Le *Moniteur* ne donne point ces détails. Le court article consacré à la cérémonie se termine ainsi : « Le public a témoigné sa satisfaction par de vifs applaudissements ; l'espérance et la joie brillaient sur tous les visages. » (N° du 1ᵉʳ ventôse, p. 602, col. 3). Cf. les *Mémoires* de Mᵐᵉ de Rémusat, t. I, p. 170.

1. On en oublia une assez caractéristique qui était sur l'un des corps-de-garde de la cour des Tuileries et que le cortège put voir en passant : « La royauté en France est abolie et ne se relèvera jamais. »

avec fracas. On fut frappé de l'air d'exaltation et de triomphe avec lequel il s'établit dans les appartements du malheureux Louis XVI, demeure que ne pouvait choisir sans répugnance, peut-être même sans indécence, un premier magistrat de la République française qui eût été assez digne de ce titre pour ne pas en ambitionner d'autre.

Mais sans insister davantage sur un indice qui pourrait ne sembler qu'un pressentiment, un souvenir transformé par la haine en pressentiments, j'en rapporterai un autre plus positif et plus important. Il parut vers la fin de l'an VIII un pamphlet qui fit assez de bruit, sous le titre de *Parallèle entre Cromwell et Bonaparte*[1]. On y représentait le Protecteur d'Angleterre, et, en passant, le général Monk, comme trop inférieur à Bonaparte en génie

---

[1]. Voici le titre exact de ce pamphlet que, comme Fauriel, Bourrienne et Fouché dans leurs *Mémoires* déclarent être de Fontanes : *Parallèle entre César, Cromwell, Monk et Bonaparte, traduit de l'anglais*, in-8. Barbier et Quérard l'attribuent à tort à Lacretelle.

« Dès le lendemain de l'apparition de cette brochure, dit Bourrienne, les préfets les plus voisins de Paris en envoyèrent un exemplaire au premier consul avec des plaintes sur le mauvais effet qu'elle produisait. » (*Mémoires*, t. IV, p. 216-219). — Il en fut de même des préfets les plus éloignés, comme le comte d'Eymar, préfet du Léman. Voyez sa correspondance publiée par M. Gustave

militaire et politique, pour mériter de lui être comparé. Le dictateur romain était seul réputé digne de cet honneur, non en homme d'État mais du moins comme guerrier. La conclusion de cet étrange parallèle, c'était que rien ne convenait mieux à la nation française, pour son bonheur et pour sa gloire, que de rendre le consulat héréditaire dans la famille de Bonaparte.

Ce pamphlet fut distribué à Paris aux membres des principales autorités; il fut adressé à tous les fonctionnaires civils des départements, et, si je ne me trompe, aux armées. Tous ces envois se firent avec profusion et sans mystère.

Il n'y avait en France qu'une seule autorité assez puissante pour hasarder impunément une pareille démarche; et c'était l'autorité même qui gouvernait la République. La brochure dont il s'agit avait été écrite à l'instigation de Bonaparte [1], par l'inter-

---

Revilliod dans son très intéressant volume : *Portraits et croquis* (1ʳᵉ partie, p. 380 et suiv.), Genève, 1882, in-12.

Il y eut à l'occasion de ce pamphlet dans une séance du Conseil d'état tenue après l'attentat de nivôse une scène très vive entre Bonaparte et l'amiral Truguet. Voyez les *Mémoires* de Bourrienne, t. IV, p. 209.

1. Il y avait fait lui-même des corrections, suivant Fouché.

vention de son frère Lucien, alors ministre de l'intérieur ; et elle était l'œuvre de Fontanes, qui n'était à cette époque que le rhéteur clandestin de Lucien Bonaparte.

Moyennant cette donnée, il était facile de saisir le motif, et de sentir l'esprit du *Parallèle*. En effet, comment Cromwell eût-il été un grand homme dans la pensée de Bonaparte, lui qui s'était contenté de jouer un grand rôle¹ sous un titre inconnu jusqu'à lui, et d'exercer un pouvoir plus que royal avec des formes simples et austères ? Monk avait dû lui paraître méprisable, moins pour avoir trahi son parti que pour avoir employé, à rendre aux Stuarts le trône qu'ils avaient perdu, plus de moyens et plus d'intrigues qu'il n'en fallait pour y monter lui-même².

D'ailleurs, il y avait encore alors des gens qui s'obstinaient à supposer à Bonaparte le projet de marcher sur les traces de Monk, ainsi l'expression de son mépris pour ce général anglais n'était ni

---

1. « C'était le premier rôle de son époque. » (*Note marginale.*)
2. « Il avait lui-même favorisé cette croyance, et l'avertissement indirect qui résultait de la part qu'il avait prise à ce pamphlet, devait servir à détromper les puissances étrangères, peut-être encore plus qu'à effrayer la France. » (*Note marginale.*)

gratuite ni superflue. Quant au dictateur de Rome, il ne pouvait guère lui manquer, aux yeux du consul français, que d'avoir échoué dans le projet de régner sur les Romains.

A cette époque, les Français se croyaient encore libres; ou, pour mieux dire, ils pouvaient ignorer encore l'excès du danger que courait la liberté. Le pamphlet de Fontanes fut reçu avec beaucoup de surprise, et avec un certain degré d'inquiétude. Il n'y eut que le petit nombre de ceux qui en connaissaient l'origine qui put sentir tout ce qu'elle présageait pour l'avenir. Le plus grand nombre ne pouvait y voir, les uns que la production d'un adulateur indiscret; les autres que celle d'un ennemi habile du premier consul. Au reste, Bonaparte ne jugea pas à propos d'insister sur cette première révélation de sa pensée la plus intime et la plus chère. Il fit même désavouer avec éclat par Fouché la brochure dont il avait autorisé en secret la publication et l'envoi dans toutes les parties de la République. Dans un temps où les âmes auraient eu une pente moins rapide vers la servitude, l'ambitieux qui se fût permis d'avance une telle menace à la liberté publique aurait eu quelques chances de moins pour l'effectuer. Bonaparte y trouva quelque avantage : les hommes dont le devoir était de lui résister se familiarisèrent avec le sentiment de leur impuissance et de leur faiblesse, et songèrent d'autant moins à s'opposer à ses entreprises qu'elles étaient mieux prévues.

La paix continentale, suite glorieuse et nécessaire des dernières victoires de Moreau [1], fut signée à Lunéville au commencement de l'an IX [2]. Dès ce moment Bonaparte, sans avouer encore le motif et le but précis du changement qu'il se proposait de faire dans la constitution de l'État, ne dissimulait plus l'intention de ce changement. Quelques-uns de ses confidents, parmi lesquels figuraient deux ou trois de ses ministres, laissaient transpirer, quelquefois par calcul, d'autrefois par indiscrétion, ce qu'ils savaient de sa pensée à cet égard. Mais soit qu'ils fussent réellement trompés sur ses vues, soit plutôt qu'ils ne voulussent, en feignant de les croire nobles et pures, que se ménager un

---

1. On répétait partout que « Bonaparte avait triomphé pour lui seul et Moreau pour la paix ». *Mémoires* de Fouché, tome Ier, p. 220.
2. Le 9 février 1801.

prétexte honnête de les seconder, ils insinuaient avec satisfaction que le peuple français allait avoir enfin une constitution digne de lui et du génie de son chef. Ces bruits, d'abord mystérieux et sourds, devinrent par degrés une rumeur populaire qui éclata aux approches du 14 juillet[1]. Mais, faute de se trouver prêt à les justifier, Bonaparte les fit démentir indirectement, ou du moins il permit qu'ils le fussent.

Déjà près de deux ans s'étaient écoulés, et Bonaparte n'était ou ne paraissait être encore que le chef électif et temporaire d'une grande république. C'est que l'événement sur lequel il avait fondé principalement son plan et ses espérances n'était pas encore arrivé. La paix avec l'Angleterre n'était pas faite; et c'était celle à laquelle l'opinion publique attachait le plus de prix, celle dont elle attendait le plus de moyens de raviver le commerce et l'industrie, et même la plus solide garantie de la paix du continent. C'était donc pour le moment où serait proclamée cette paix si désirée, que le

---

[1] On sait qu'une fête nationale avait été instituée le jour de l'anniversaire de la prise de la Bastille.

premier consul avait réservé la manifestation plus entière de ses vues, persuadé que le titre de pacificateur autoriserait tous ceux qu'il voudrait y ajouter, et que les Français seraient trop heureux de recouvrer le repos au prix de tous les sacrifices et de tous les efforts qu'ils avaient faits pour acquérir la liberté.

Les préliminaires de la paix avec l'Angleterre furent signés à Londres, au commencement de l'an X[1]. Bonaparte, qui voulait qu'elle parût uniquement le fruit des combinaisons de son génie et de sa sagesse, n'en commença pas moins à se conduire en homme qui la regardait comme l'effet indispensable et très simple de la lassitude qui suit toute guerre, et qui avait suivi surtout la guerre de la Révolution; et en homme bien disposé à mettre à profit l'excès de cette lassitude pour l'accomplissement de ses desseins. A dater de la signature du traité préliminaire de Londres, il se crut assez puissant et assez populaire pour oser avouer ses prétentions, et laisser son ambition prendre son essor. Aussi les actes qui présageaient un ordre de choses tout

---

1. Le soir du 1ᵉʳ octobre 1801. Voy. Thiers, liv. XI.

nouveau se succédèrent-ils sans relâche dans le cours de l'an X; et l'hypocrisie avec laquelle Bonaparte avait jusque-là dissimulé son but ne lui fut plus utile que pour le choix de ses moyens et de ses prétextes. Une esquisse de sa conduite durant cette année est donc essentielle à mon dessein ; et j'avoue encore que je ne la regarderais pas comme inutile, ne servît-elle qu'à préparer l'imagination aux étranges événements de l'an XII, sujet particulier de cette histoire.

Le premier résultat important du traité préliminaire de Londres fut le congrès tenu à Lyon pour l'organisation de la République italienne[1]. C'est aux Italiens qui furent appelés à ce congrès et à portée d'observer les intrigues qui en déterminèrent l'issue, qu'il appartient d'en faire l'histoire. Je ne le rappelle ici que comme un événement qui menaçait déjà la paix projetée entre l'Angleterre et la France avant qu'elle fût conclue, et qui aurait brusquement renouvelé la guerre continentale, dans des circonstances où l'Europe eût été moins épuisée de sang et de trésors. Je rapporte-

---

1. Il se réunit en janvier 1802.

rai aussi de ce même événement le trait qui caractérise le mieux Bonaparte, et par conséquent propre à jeter du jour sur des faits ultérieurs dont le congrès des Cisalpins était le prélude.

Les députés à ce congrès ne savaient guère quelle serait la forme de la constitution qui allait être donnée à leur pays ; mais ils prévoyaient facilement que le pouvoir y serait concentré dans les mains d'un chef unique[1], et ce qui excitait parmi eux le le plus de curiosité et le plus d'intrigues, c'était le choix de ce chef. Leur opinion et leurs suffrages se partageaient très inégalement entre un très petit nombre de leurs concitoyens, car aucun n'avait supposé que l'on pût avoir la pensée de choisir hors de leur patrie l'homme destiné à la gouverner. La *Consulta* avait nommé un comité de trente membres, chargé de préparer les délibérations dont elle aurait à s'occuper et des communications immédiates avec le Premier Consul, ou avec Talleyrand, l'agent et l'organe unique de ses volontés dans cette grande affaire.

---

1. « Ils le prévoyaient d'après les événements de la France, et l'esprit qui y dominait à cette époque. » (*Note marginale.*)

Quand on en vint à la nomination du président de la République italienne, il fut convenu que le comité des trente désignerait par un scrutin secret l'homme qu'il réputait le plus capable de cette place. Cette désignation ne devait avoir aucune suite définitive et nécessaire ; ce n'était qu'une tentative faite uniquement dans le but de pressentir les opinions diverses qui pouvaient régner dans la *Consulta,* afin d'avoir un moyen de plus de les concilier. Cette mesure ne parut pas un piège aux Italiens, quoiqu'elle leur eût été conseillée par Talleyrand.

Melzi[1] réunit tous les suffrages du comité, excepté le sien et un ou deux des autres, car il avait pour collègue un homme qui était son ennemi, et qui voulait être son concurrent[2]. Bonaparte n'en obtint pas un seul ; ce qui prouvait sans doute

1. Le duc de Melzi-Erile, originaire d'Espagne, mais depuis longtemps fixé à Milan, s'y était montré partisan des Français, et avait été ministre plénipotentiaire de la République cisalpine au congrès de Rastadt. Il était grand ami de madame de Staël chez qui Fauriel le voyait souvent. C'est lui qu'elle a fait figurer dans son roman de *Delphine* sous le nom de Serbellane.

2. Probablement Marescalchi, qui était alors ministre de la République cisalpine à Paris. Il en devint le ministre des relations extérieures, chargé de résider près de Bonaparte, quand celui-ci se fut fait nommer président.

qu'il ne les avait pas sollicités; mais ce qui lui annonçait aussi que, pour les avoir, il ne serait pas superflu de les provoquer. Ce fut en apprenant le résultat de ce scrutin qu'il chargea Talleyrand de déclarer aux membres du comité, par l'organe de Marescalchi, que l'unique moyen de salut pour la République italienne, était de lui donner pour président le Premier Consul de la République française, et de leur faire entendre que tout autre choix serait superflu. Cette déclaration produisit son effet[1]. Ainsi donc ces comices, où la malheureuse Italie semblait appelée à jeter les fondements d'une liberté nouvelle, n'aboutirent qu'à lui donner un chef qu'elle ne désirait pas, et à lui préparer un maître résolu à la gouverner comme sa conquête.

Bonaparte revint à Paris recevoir des félicitations qui, suivant l'usage, furent d'autant plus bruyantes que la sincérité en était plus suspecte. Son premier soin fut d'ordonner aux auteurs de tous les journaux d'assurer aux Français que son nouveau titre ne compromettait en rien le repos de la France,

---

1. L'élection de Bonaparte fut votée par acclamation le 25 janvier (5 pluviôse) 1802.

et de prouver qu'il n'aurait pu se refuser au vœu de la République italienne, sans manquer de magnanimité et même de prudence.

Des soins dus à l'Italie, il ne tarda pas de revenir à ceux plus grands encore qu'il devait à la France, ou plutôt il n'en avait pas été distrait un moment ; il ne s'agissait que de passer de la méditation à l'action.

Une sorte de parti d'opposition s'était formée dans le Tribunat[1]. Ce parti, qui avait manqué peut-être d'un certain degré de discrétion et de prudence, n'avait manqué ni de talent, ni de courage. Il avait voté le rejet de plusieurs lois destinées à faire partie du code civil, et il avait réussi à en faire rejeter quelques-unes au Corps Législatif, où existait aussi un parti correspondant d'opposition. Il n'en fallait pas davantage pour irriter Bonaparte et lui faire ombrage; mais il avait un motif plus sérieux et plus réel que tous ceux qu'il pouvait avouer alors, d'anéantir dans ces deux corps toute espèce d'opposition, c'est-à-dire dans l'un la li-

---

1. « C'était un véritable parti d'opposition parlante. » (*Note marginale.*)

berté du langage[1], et dans l'autre celle du silence[2].
Il prévoyait que des hommes qui osaient se déclarer
contre un aussi faible reste de la barbarie féodale
que le droit d'aubaine, ne seraient guère disposés
à approuver le système d'institutions qu'il méditait; du moins il leur faisait l'honneur de les craindre.

La constitution avait établi que le Corps Législatif
et le Tribunat seraient renouvelés par cinquième
tous les ans; seulement on n'avait pas déterminé
le mode de sortie des membres qui devaient former
successivement ce cinquième dans les cinq premières années, personne n'ayant supposé qu'il pût
y avoir pour cela un mode plus simple et plus équitable que le sort. L'époque était venue où devait
s'opérer dans ces deux corps leur premier renouvellement partiel. Mais Bonaparte[3], ne voulant pas

---

1. « Indiquer l'avantage que le Tribunat eût été également épuré par Bonaparte, lors même qu'il n'eût voulu gouverner que sous le titre de consul; la liberté des discours que l'on y tenait, la nature des principes auxquels on y rattachait les discussions étaient des motifs suffisants (même indépendamment des projets ultérieurs), pour expulser ces orateurs importuns. » (*Note marginale.*)

2. On sait que le Corps Législatif n'avait d'autre droit que de voter au scrutin secret, *sans discussion*, sur les lois qui lui étaient présentées.

3. Sur le conseil de Cambacérès. Voy. Thiers, liv. XIII.

attendre du hasard un avantage qu'il pouvait s'assurer par sa prévoyance, demanda au Sénat une mesure qui mît son intérêt à l'abri des caprices du sort, et le Sénat n'hésita à lui obéir qu'autant qu'il le fallait pour attester que l'obéissance était une lâcheté et une violation des principes. Par un sénatus-consulte du 22 ventôse, il décida que la recomposition du Tribunat et du Corps Législatif pour l'an X s'opérerait, non pas immédiatement et simplement par la sortie d'un cinquième de leurs membres, mais par une réélection spéciale des quatre cinquièmes restants. La dignité du Sénat se bornait de la sorte à donner une tournure subtile à l'accomplissement d'un ordre despotique, et à dépouiller arbitrairement de leurs fonctions un certain nombre d'hommes, sans être obligé de prononcer leurs noms. Peu de jours après, il rendit un nouveau sénatus-consulte qui n'était que le complément et l'application du premier, et ce ne fut pas sans incertitude et sans peine qu'il découvrit dans le Tribunat vingt hommes, et soixante dans le Corps Législatif, dignes de l'honneur d'être réputés dangereux aux desseins de Bonaparte. Par une singularité qui ne me paraît pas indigne d'être remarquée, ces actes du Sénat eurent lieu dans un moment où les esprits étaient très occupés de la bizarre constitution qui venait d'être donnée à la République italienne. Or, dans cette constitution, mélange informe d'idées européennes et asiatiques, de principes de libertés et d'institutions despotiques, le cas analogue à celui que le Sénat venait de résoudre d'une manière si subtile et si compliquée avait été soumis à la décision du sort. Il importe peu d'examiner si cet article ne fut qu'une distraction de Bonaparte dans la constitution de la République italienne, ou s'il y était le fruit d'une intention réfléchie.

Il serait inutile de s'arrêter à remarquer les avantages que Bonaparte trouvait dans les conséquences du Sénatus-Consulte du 22 ventôse. Il suffit de se rappeler que ce fut à cette époque et par ce moyen qu'il introduisit dans le Tribunat et dans le Corps Législatif la plupart des hommes qui depuis ont provoqué ou accepté au nom de la nation française tant d'actes funestes à sa liberté et à sa gloire, sans lui garantir l'unique bien des peuples esclaves, le repos. Un avantage plus indirect, mais aussi réel, qu'il recueillait de cette mesure, c'était d'avoir fait faire un acte arbitraire de plus à l'autorité chargée du maintien de la constitution.

Enfin arriva le jour attendu par Bonaparte avec tant d'impatience : la paix avec l'Angleterre fut signée à Amiens le 4 germinal[1]. Il consacra les premiers jours qui suivirent la publication du traité à recevoir les félicitations de toutes les autorités, après quoi il s'occupa du soin plus sérieux de mettre à profit un événement pour lequel il ne lui suffisait pas d'être comblé d'adulations.

Il eut d'abord quelques conférences particulières avec les membres des trois grands corps de l'État qui lui étaient les plus dévoués. A la suite de ces conférences, il communiqua le 16 germinal, au Corps Législatif et au Tribunat, le traité d'Amiens pour être discuté et sanctionné comme loi de la République. On imagine sans peine avec quel soin les orateurs qui voulaient plaire au héros pacificateur s'efforcèrent à cette occasion de rajeunir et de varier le langage de la louange et de l'enthousiasme, et combien l'adulation devait être enhardie par la facilité avec laquelle elle pouvait revêtir les

---

1. Le 27 mars 1802.

apparences du zèle pour la gloire et la prospérité nationale. Chabot de l'Allier[1] proposa au Tribunat, en vertu d'une prérogative constitutionnelle de ce corps, d'énoncer le vœu qu'il fût accordé au général Bonaparte un gage éclatant de la reconnaissance nationale.

Dans la circonstance où ce vœu fut prononcé, il avait encore des prétextes spécieux : mais il était illégal et même insensé par cela seul qu'il était indéterminé, qu'il ne portait sur rien de spécial. Le Tribunat avait déjà fait usage une fois du droit d'énoncer son vœu sur les grands intérêts de la patrie, et Bonaparte avait été pareillement l'objet de ce vœu. Mais alors les Tribuns n'avaient laissé rien de vague dans l'expression de leur désir[2]. Il s'agissait simplement et positivement d'accorder au Premier Consul, toujours à titre de récompense nationale, le châ-

---

1. Georges-Antoine Chabot, membre de la Convention (1795 puis du conseil des Cinq-Cents, du Tribunat, et de la cour de cassation, né à Montluçon en 1758, mort en 1819.
2. Voici comment les choses s'étaient passées. Le château de Saint-Cloud se trouvant de toutes les résidences royales la plus rapprochée de Paris, on avait fait présenter par les habitants de cette commune une pétition au Tribunat pour qu'il fût offert à Bonaparte; mais il déclara à la commission chargée d'en faire le rapport qu'il n'accepterait rien de la part du peuple pendant la

teau de Saint-Cloud. Les choses se passèrent autrement le 16 floréal : en proposant cette seconde fois qu'il fût accordé à Bonaparte un gage éclatant de la reconnaissance nationale, le Tribunat s'abstint modestement de prévoir et de supposer quel pouvait ou devait être ce gage. Il n'en fallait pas davantage pour faire deviner même à ceux qui, n'étant pas informés du véritable état des choses, auraient été plus disposés à s'en rapporter aux apparences, que la motion faite au Tribunat et le vœu qui en était la suite, loin d'être spontanés, formaient une partie d'un plan concerté d'avance avec le seul homme qui eût le pouvoir et le désir d'en faire de pareils, et qu'il était convenable à la marche et au succès de ce plan que le vœu des Tribuns fût le plus vague possible.

Quoi qu'il en soit, la motion de Chabot de l'Allier fut adoptée à l'unanimité [1], et sans que personne prît la parole, même pour renchérir sur ses

temps de sa magistrature, ni un an après qu'il aurait cessé ses fonctions. (Voyez *Mémoires sur le Consulat*, 1799-1804, par un ancien conseiller d'État (Thibaudeau), Paris, 1827, in-8, p. 5-6.)

1. Chabot, qui était grand ami de Cambacérès, présidait alors le Tribunat. Après une motion de Siméon demandant l'envoi d'une députation au gouvernement pour le féliciter au sujet du traité, il quitta le fauteuil de la présidence, monta à la tribune et proposa d'émettre le vœu d'une grande manifestation de la reconnaissance nationale envers le Premier Consul.

motifs et sur les louanges de celui qui en était le sujet. Ce qui aurait dû la faire rejeter, son indétermination, fut sans doute ce qui contribua le plus à la faire accepter. Ceux des membres du Tribunat qui, n'ayant plus le courage de leur devoir, en avaient encore le sentiment, s'imaginèrent que l'on n'aurait pas le droit de leur imputer un attentat contre la liberté publique qu'ils pouvaient feindre de n'avoir pas prévu.

D'après la constitution, le Sénat Conservateur était l'autorité à laquelle il appartenait de délibérer sur le vœu du Tribunat, autant du moins qu'il était constitutionnel et légitime de délibérer sur un vœu indéfini ; car l'interpréter et le spécifier, c'était se le rendre propre, c'était faire sa volonté, sous l'apparence de sanctionner une volonté étrangère. Du reste, Bonaparte avait pris toutes les mesures nécessaires pour prévenir la diversité des interprétations du vœu des Tribuns et du Sénat. Il avait fait entendre à ceux d'entre les membres de ce dernier corps qui lui étaient le plus soumis que, pour remplir véritablement le vœu qui venait d'être énoncé en sa faveur, il fallait le nommer consul à vie. Les hommes qui furent ses confidents dans cette affaire s'étaient trop avilis à force de zèle pour la tyrannie, même avant qu'elle fût devenue toute-puissante, pour promettre beaucoup plus que leur suffrage individuel. Pour une telle occasion et pour imposer davantage à l'opinion publique, il avait besoin d'hommes qui s'avilissent ou parussent s'avilir pour la première fois. Aussi fit-il circonvenir de toutes manières les sénateurs dont il se défiait. Fouché se distingua par la chaleur de ses efforts pour lui gagner la voix, ou du moins le silence de quelques-uns de ceux qu'il craignait le plus de trouver fidèles à leur devoir. Les menaces indirectes, les flatteries empressées, les promesses adroites, la représentation réitérée de l'inutilité des efforts par lesquels on chercherait à maintenir certains résultats de la Révolution, tout fut employé pour assurer le suffrage de quelques-uns des membres de la minorité républicaine du Sénat au vœu de Bonaparte dont le Tribunat s'était rendu l'organe [1].

1. « Il faut faire sentir que le plan de Bonaparte avait été combiné de manière à ce que :
« 1° Les sénateurs républicains proposassent la réélection pour dix ou vingt ans.
» 2° A ce que d'autres plus hardis proposassent le consulat à vie.

Tant de précautions insidieuses ne furent pas toutes inutiles; et le consul temporaire de la République pouvait se flatter avec beaucoup d'apparence d'en être bientôt le consul perpétuel, ou plus que cela. Le jour marqué pour le dénouement de cette grande intrigue arriva; ce fut le 18 floréal [1]; car il n'est pas inutile de remarquer que l'intervalle entre le vœu du Tribunat et la délibération du Sénat ne fut que de quelques heures [2]. Durant les moments qui précédèrent l'ouverture de cette trop mémorable séance, l'accent divers des entretiens particuliers, la différente expression des physionomies, auraient suffi pour manifester le contraste des sentiments et des pensées, et faire prévoir l'opposition sinon des discours, du moins des suffrages. Le courage des sénateurs fidèles à la cause de la patrie allait jusqu'à laisser paraître de

» 3° A ce que les plus imprudents proposassent le pouvoir héréditaire sous une dénomination vague.
» Ce plan subit des contretemps dans son exécution; c'est relativement à ce point de vue général, qu'il faut raconter la fameuse séance du Sénat. » (*Note marginale.*)
1. 8 mai.
2. « Cet intervalle fut d'un jour entier. » (*Note marginale.*) En effet ce fut le lendemain du vote de la motion de Chabot, le 7 mai, que la députation fut reçue aux Tuileries, et la séance du Sénat eut lieu le 8.

la douleur, mais non leur indignation. Ceux qui pouvaient rougir encore de l'engagement qu'ils venaient de prendre envers la tyrannie s'efforçaient de dissimuler l'inquiétude et la honte dont ils étaient saisis. Les plus calmes étaient ceux qui avaient acquis l'assurance de n'étonner personne par de nouvelles bassesses.

Lacépède ouvrit la séance par un rapport au nom d'une commission qui était supposée avoir examiné le vœu des tribuns; mais le ton de ce rapport était si timide, et les conclusions en étaient si vagues qu'il laissait presque tout à dire aux sénateurs dévoués au Premier Consul. L'avocat Tronchet[1] prit la parole et prononça une opinion dont le résumé était : que, de toutes les manières d'entendre et d'accomplir le vœu des Tribuns, la plus convenable était de déférer à Bonaparte le pouvoir consulaire à vie; mais à travers l'audace et la témérité du discours, on distinguait le trouble et l'embarras de l'orateur[2]. Le général Lespinasse,

1. Celui qui avait été l'un des défenseurs de Louis XVI. Il avait été nommé au Sénat Conservateur en février 1801.

2. « Ainsi c'était la première partie du plan qui avait manqué. Le faire mieux sentir. » (*Note marginale.*)

3. Il était général d'artillerie et en décembre 1799 avait été nommé membre du Sénat Conservateur.

du ton plus résolu d'un homme qui a mis son courage à être servile sans ménagement et sans scrupule, soutint l'avis de Tronchet et ne le modifia que pour insinuer aussi adroitement qu'il le pouvait que, s'il était un parti préférable à celui de nommer Bonaparte consul à vie, ce serait de le proclamer consul héréditaire.

Ni l'un ni l'autre de ces discours ne produisit une impression décisive. Les sénateurs résolus à ne point s'opposer à la volonté de Bonaparte, mais qui avaient besoin d'être encouragés à l'oubli de leurs devoirs par des autorités et des exemples, désiraient une chose que leur propre sentiment pouvait seul leur faire trouver possible ; ils désiraient que la proposition d'une mesure qui anéantissait la République fût approuvée expressément par quelqu'un de leurs collègues de la minorité républicaine. Par un contretemps assez singulier et tout à fait imprévu, cet encouragement leur manquait.

Un sénateur estimé à cause de l'honnêteté de son caractère et compté parmi ceux de l'opposition, cédant à je ne sais quelle influence, s'était engagé à soutenir la proposition du consulat à vie, et il était venu le 18 floréal au Sénat avec un discours écrit dans cette intention. Mais sur les remontrances d'un de ses collègues auquel il avait avoué son projet au Sénat même, et quelques moments avant la séance, il avait rougi de sa faiblesse, jeté son discours aux flammes et promis son suffrage à la cause de la République.

Au milieu de cette incertitude des esprits, Garat prit la parole pour combattre la proposition du consulat à vie. Il soutint les intérêts de la liberté avec assez d'éloquence pour faire rougir et pour effrayer ceux qui étaient tacitement résignés à les trahir, ou qui en avaient pris l'engagement formel. En déjouant les intrigues ambitieuses de Bonaparte, il fut assez adroit pour paraître plus occupé du soin de sa gloire que ceux qui voulaient lui sacrifier la liberté publique. Son discours produisit l'effet le plus rapide et le plus profond. Toutefois, il se borna à proposer une sorte de parti moyen entre le maintien de la constitution et la prétention de Bonaparte, savoir : de doubler en faveur de celui-ci la durée légale de ses fonctions consulaires. Tous les partis du Sénat dont aucun ne se sentait la force de faire prévaloir son opinion tout entière, acceptèrent avec transport et sans objection une mesure qui conciliait les scrupules de leur conscience avec leur faiblesse et leurs craintes. Quelques-uns des sénateurs dévoués à Bonaparte allèrent jusqu'à féliciter Garat d'avoir plaidé si éloquemment la cause de la liberté, et lui rendre grâce de les voir préservés d'être aussi lâches et aussi coupables qu'ils avaient promis de l'être.

On s'occupa aussitôt de rédiger l'acte de la réélection de Bonaparte ; et plus cette récompense était loin de celle où il aspirait, plus il était nécessaire d'en exalter et d'en multiplier les motifs et les prétextes. Aussi, les considérants du sénatus-consulte du 18 floréal sont-ils un des efforts d'esprit les plus curieux que l'on puisse citer parmi ceux qu'a produits l'intrépidité de Bonaparte à la louange. On le glorifiait, dans cet étrange préambule, d'avoir hâté le progrès des lumières, consolé l'humanité ; d'avoir aux bienfaits de la liberté ajouté ceux de l'ordre et de la sécurité. On le proclamait triomphateur en Europe, en Afrique et en Asie[1] : ce dernier trait serait inconcevable

---

[1]. Voici la phrase : « Considérant que le Magistrat suprême, après avoir conduit tant de fois les légions républicaines à la victoire, délivré l'Italie, triomphé en Europe, en Afrique, en Asie. » *Moniteur* du 21 floréal an X.

si l'on ne supposait pas qu'à cette époque, les auteurs de ces déplorables adulations pouvaient encore ignorer que les deux seuls exploits de Bonaparte en Asie, qui fussent incontestablement les siens, étaient l'empoisonnement de huit cents soldats français pestiférés, devant les murs de Saint-Jean d'Acre[1], et le massacre de quatre mille Turcs faits prisonniers dans Jaffa.

Le Sénat se rendit en corps aux Tuileries pour présenter le sénatus-consulte qu'il venait de rendre.

---

1. Voici ce que dit M. Thiers : « Il y avait là (à Jaffa) une ambulance pour nos pestiférés. Les emporter était impossible : en ne les emportant pas, on les laissait exposés à une mort inévitable, soit par la maladie, soit par la faim, soit par la cruauté de l'ennemi. Aussi Bonaparte dit-il au médecin Desgenettes qu'il y aurait plus d'humanité à leur administrer de l'opium qu'à leur laisser la vie ; à quoi ce médecin fit cette réponse fort vantée : *Mon métier est de les guérir et non de les tuer*. On ne leur administra pas d'opium, et ce fait servit à propager une calomnie indigne, et aujourd'hui détruite. »

M. Thiers était très incomplètement informé. Desgenettes avait publié en 1802, sur *l'invitation du premier consul* une *Histoire médicale de l'armée d'Orient* où il n'avait point pu parler en toute liberté. Il en fut autrement dans la seconde édition parue en 1830.

« Cette édition, dit-il dans sa préface, est conforme à la première, si ce n'est que l'on y trouvera quelques notes qui ne pouvaient paraître avant 1821 (date de la mort de Napoléon). Dans une de ces notes (p. 245) il raconte la proposition que lui fit Bonaparte de terminer les souffrances des pestiférés en leur donnant de l'opium. Je répondis simplement : « Mon devoir à moi, c'est de conserver. » Bonaparte répliqua qu'il trouverait des personnes qui apprécieraient mieux ses intentions. Il les trouva

Mais Bonaparte savait déjà avant l'arrivée des sénateurs qu'ils avaient eu l'audace de ne pas faire sa volonté tout entière; et il fut transporté d'une si violente colère que le Sénat courut le risque d'être renvoyé sans audience[1]. Il se modéra néanmoins autant qu'il le fallait, pour écouter les harangues et le décret du Sénat, sans manifester son indignation et son dépit autrement que par des paroles incohérentes et suffoquées[2], dont l'accent aurait assez démenti le sens si elles avaient pu en former un bien intelligible.

Dans la nuit même de ce jour, il convoqua aux Tuileries un conseil secret composé des personnages de sa famille, et de quelques autres hommes auxquels l'importance nominale de leurs fonctions donnait le privilège d'être ses confidents et ses complices obligés. Il s'agissait de trouver les

en effet, car Desgenettes, à son retour à Jaffa, apprit que l'on avait donné à des pestiférés « au nombre de 25 à 30, une forte dose de laudanum. Quelques-uns le rejetèrent par le vomissement, furent soulagés et guérirent, et racontèrent tout ce qui s'était passé. »

1. « Il faudrait avoir vu comme moi tous les signes de dépit et de contrainte du Premier Consul pour s'en faire une idée; ses familiers étaient dans la consternation. » *Mémoires de Fouché*, t. I, p. 267.

2. « A revoir pour l'expression. » (*Note marginale.*)

moyens de réparer l'échec qu'il venait de subir au Sénat, et de punir ce corps, en faisant malgré lui ce qu'il s'imaginait avoir empêché. Dans ce but fut prise la résolution de soumettre aux votes du peuple la question du consulat à vie. Elle fut, dit-on, particulièrement conseillée par Lucien [1]. Mais Bonaparte ne pouvait guère avoir besoin d'être rassuré sur ce parti; il ne lui fallait ni toute sa sagacité, ni toute son expérience, pour sentir combien, chez un peuple déjà asservi, il est facile de faire que l'exercice de la souveraineté nationale ne soit qu'une ressource de plus pour la tyrannie, et une dérision de plus de la liberté. Il n'y avait pas même longtemps que, voulant exprimer son mépris pour les votes du peuple, il avait affirmé que rien n'était aussi facile que de faire décréter par lui le partage égal des terres.

Le lendemain, 19 floréal, le Premier Consul répondit solennellement au Sénat [2], pour le remercier du témoignage honorable de confiance et d'estime qu'il venait d'en recevoir, et pour lui

1. Par Cambacérès, suivant M. Thiers.
2. «La réponse fut insérée, et les sénateurs purent la lire dans le *Moniteur*, avant qu'elle eût été communiquée au Sénat.» (*Note marginale.*)

déclarer, en même temps, que son respect pour la souveraineté nationale ne lui permettait pas d'accepter la prolongation de sa magistrature d'une autre autorité que de la nation française elle-même, et qu'en conséquence il allait soumettre aux votes du peuple la question de savoir s'il serait consul, non pas cinq ans de plus qu'il n'avait à l'être aux termes de la constitution, mais le reste de sa vie.

Il lui était impossible de manifester avec une effronterie plus naïve le genre de griefs qu'il avait contre le Sénat. Ainsi, parce que la complaisance de ce corps pour ses volontés n'avait été ni aussi lâche, ni aussi absolue qu'il l'avait espéré, il affectait de la trouver illégitime ! Il n'est pas hors de propos de rappeler que l'acte qui rappelait les Français à énoncer leur vœu sur le consulat à vie fut pris au nom de Cambacérès, l'homme le plus propre à mettre de la gravité dans la bassesse, et qui crut, dans cette circonstance, sauver la pudeur de Bonaparte de l'inconvenance de solliciter en son propre nom la faveur ou la justice du peuple [1].

---

[1]. Voici les paroles que M. Thiers prête à Cambacérès: « Si le Premier Consul faisait lui-même une telle chose, les convenances

Les membres du Corps Législatif et du Tribunat donnèrent l'exemple de l'empressement à voter sur le consulat à vie. Si, plus fortunés et meilleurs que nous, nos neveux ont jamais une patrie, ils citeront avec honneur les noms des représentants qui, dans cette grande crise, votèrent seuls contre une tyrannie dont tous sentaient déjà le poids et prévoyaient l'accroissement. Leur mémoire ne sera pas surchargée de ces noms : ils sont au nombre de quatre [1].

Le 24 floréal, une députation de Tribuns et de membres du Corps Législatif se rendit solennellement auprès du Premier Consul, pour lui présenter le résultat de leurs votes. Rien, ce me semble, ne sera plus fastidieux dans l'histoire de Bonaparte que cette habitude constante des grands corps de l'État, d'aller, avec appareil, rendre compte à la tyrannie de l'exécution de chacune de ses volontés,

---

seraient trop blessées. Mais je puis, moi, second consul, très désintéressé dans cette circonstance, donner l'impulsion. Que le général parte publiquement pour la Malmaison; je resterai seul à Paris; je convoquerai le Conseil d'État que je ferai rédiger la nouvelle proposition qui devra être soumise à l'acceptation de la nation. » (T. XIV.)

1. Dans le Tribunat, Carnot fut seul à voter contre le consulat à vie.

et de donner ainsi à une obéissance commandée par la crainte l'apparence d'un zèle spontané.

La cérémonie de la présentation des registres du Tribunat et du Corps Législatif différa du moins en quelque chose de presque toutes celles du même genre. Chabot de l'Allier était l'orateur de la députation du Tribunat. On a vu quel rôle il avait accepté dans cette affaire; mais soit qu'il fût éclairé par ses propres réflexions sur les torts et la faiblesse de sa conduite, soit qu'il en fût averti par la révolte de l'opinion publique contre les manœuvres ambitieuses de Bonaparte, il eut l'air de vouloir réparer ou justifier, le 24 floréal, en présence même du Premier Consul, la complaisance aveugle ou servile de la motion qu'il avait faite au Tribunat huit jours auparavant. Son discours fut presque d'un bout à l'autre l'expression animée des conditions auxquelles Bonaparte serait digne d'avoir été élu par le peuple son premier magistrat perpétuel. Il lui représenta que ce que l'on attendait de lui et ce qu'exigeait le soin de sa propre gloire, c'était de conformer sa conduite aux principes que la Révolution avait consacrés; de ne porter aucune atteinte à la liberté publique; d'éloigner de lui les hommes pervers qui le flattaient pour le perdre, et de s'entourer des hommes de bien qui, ayant fait la Révolution, avaient intérêt à la maintenir ; de respecter l'indépendance des autorités chargées de concourir avec lui à la confection des lois. Ces idées étaient si nettement énoncées que le sentiment qui les avait inspirées ne pouvait pas paraître équivoque ; et le ton de voix de l'orateur, s'élevant et se passionnant par degrés jusqu'à la fin, acheva de donner à son discours le caractère d'une exhortation républicaine, indirecte, mais précise [1]. Bonaparte, qui ne s'attendait ni à cet accent ni à ce langage de la part d'un homme jusque-là si complaisant, en fut visiblement déconcerté ; et sa réponse se ressentit du mélange de trouble et de

---

1. En voici quelques passages : Après avoir parlé de l'hommage éclatant rendu à la souveraineté du peuple par le vote qu'on allait lui demander sur le consulat à vie, Chabot ajoutait : « Bonaparte a des idées trop grandes et trop généreuses pour s'écarter jamais des principes libéraux qui ont fait la Révolution et fondé la République. Il aime trop la véritable gloire pour flétrir jamais par des abus de pouvoir la gloire immense qu'il s'est acquise. En acceptant l'honneur d'être le magistrat suprême des Français, il contracte de grandes obligations et il les remplira toutes. La nation qui l'appelle à la gouverner est libre et généreuse ; il respectera, il affermira sa liberté...... Bonaparte enfin sera toujours lui-même. Il voudra que sa mémoire arrive glorieuse et sans reproche jusqu'à la postérité la plus reculée et ce ne sera jamais de

colère qui l'agitait : elle fut brusque, insignifiante
et balbutiée, telle qu'il en fait dans les occasions
où il ne reste pas assez maître de lui pour prendre
le ton superbe et résolu. Du reste, ce fut là tout
l'effet de la harangue de Chabot, qui, de la sorte,
usa vainement, à pallier les services qu'il venait de
rendre à la tyrannie, autant de courage peut-être
qu'il en eût fallu pour les refuser.

Dès les premiers jours de prairial, les adresses
de félicitation à Bonaparte sur son élévation présumée au consulat perpétuel commencèrent à arriver
de tous les points de la France. Parmi les divers
signes auxquels la postérité reconnaîtra combien
ces adresses étaient loin d'être l'expression naïve et
franche d'une opinion générale, l'enflure dégoû-
tante de langage, de sentiments et d'idées, qui se
fait voir dans presque toutes, ne sera peut-être pas
un des moins sûrs. Dans quelques-unes l'expression de l'attendrissement, de l'admiration pour le

---

Bonaparte qu'on pourra dire *qu'il a vécu trop de quelques années.* »
La réponse de Bonaparte à cette verte leçon dut être fort
embarrassée, car le *Moniteur* se borne à dire : « On a retenu de la
réponse du Premier Consul les traits suivants » : suivent huit lignes
de phrases banales où le mot de liberté n'est pas prononcé.
(*Moniteur* du 25 floréal an X, p. 959.)

despotisme est outrée jusqu'au burlesque, ou jusqu'à paraître ironique. « Pourquoi, s'écriait un magistrat dont je voudrais pouvoir citer le nom, *pourquoi n'a-t-on pas pu nous proposer cette question : le Premier Consul sera-t-il éternel ?* » — « Puisse, disait le général Moncey, le Premier Consul ne passer à l'immortalité qu'après tous les âges actuels ! Puissent sa satisfaction, ses vœux et notre amour reculer encore au delà les bornes de son existence humaine ! » Quand un homme investi du pouvoir suprême est loué habituellement de ce ton chez une nation spirituelle qui se fatigue aisément d'admirer, même les grandes choses, ne peut-on pas en conclure que cet homme est déjà un tyran, ou qu'il va le devenir ?

Près de trois mois s'écoulèrent entre le jour où le peuple commença à donner ses votes sur le consulat à vie, et celui où ces votes furent envoyés au Sénat pour y être recensés. Bonaparte consacra cet intervalle à diverses mesures d'administration et à faire adopter plusieurs projets de loi, dont le plus remarquable fut celui du rétablissement de la traite des noirs, discuté au Corps Législatif, comme les projets de loi pouvaient l'être alors, vers la fin du mois de floréal[1]. Il était réservé à cette époque de justifier une telle mesure par des raisons plus odieuses que cette mesure même. Je cède, sans crainte de m'écarter de mon objet, au désir de rapporter sommairement les arguments les plus sérieux et les plus forts qui furent allégués au nom du gouvernement consulaire dans la discussion apparente de cette loi. Voulant faire connaître l'esprit des temps qui ont suivi l'entrée de Bonaparte au consulat de la République et précédé son avènement à l'empire, que puis-je faire de plus propre à cette intention, que citer les maximes et principes politiques de l'époque dont il s'agit ? Voici donc le résumé des raisonnements par lesquels Bonaparte fit soutenir devant le Corps Législatif, par un de ses conseillers d'état[2], le projet de rétablir la traite des nègres. Je déclare qu'en les énonçant en termes plus rigoureux et plus francs, je n'en ai point altéré la substance, ni même exagéré l'expression.

« Les anciens que nous admirons et qui aimaient la liberté, qui en jouissaient, avaient néanmoins

---

1. La loi maintenant l'esclavage dans les colonies fut rendue le 20 mai 1802.
2. L'amiral Bruix. Il faut dire, comme circonstance atténuante pour lui, qu'il était né à Saint-Domingue.

des esclaves; donc, chez les modernes, le commerce des esclaves noirs n'est pas incompatible avec l'amour de la liberté. Les anciens entretenaient leurs esclaves auprès d'eux; ils étaient, par conséquent, les auteurs ou les témoins forcés de leurs mauvais traitements; nous, modernes, nous reléguons les nôtres dans des îles lointaines d'où leurs cris ne peuvent point retentir jusqu'à l'Europe; donc nous sommes plus humains que les anciens. La prospérité commerciale de la France exige qu'une certaine quantité de son produit en vins et en moissons soit envoyée dans les Antilles pour la consommation des noirs; or ces noirs, s'ils étaient libres, préféreraient le manioc au froment, et la liqueur du sucre à nos vins; donc il est indispensable qu'ils soient esclaves. Enfin, les Africains ont la peau d'une autre couleur que nous; ils ont des mœurs, des opinions différentes des nôtres; donc nous avons le droit de les acheter sur les bords du Sénégal, pour les envoyer féconder de leurs sueurs le sol des îles de l'Amérique plus fertile que le leur, et qui n'est pas plus brûlant[1]. »

---

[1] Les phrases suivantes du discours prouvent que le résumé de Fauriel est parfaitement exact: « Qu'une portion du genre

Le conseiller d'état qui se chargea de présenter ces arguments au Corps Législatif, est aujourd'hui amiral des flottes de l'empereur et se nomme Bruix[1].

Montesquieu, révolté des raisons que l'Europe a longtemps alléguées pour justifier l'esclavage des noirs en Amérique, et dédaignant de les réfuter sérieusement, s'est contenté de les présenter sous leur point de vue le plus saillant et le plus simple, dans un chapitre de l'*Esprit des lois*[2], inspiré par le génie de l'ironie au génie de l'humanité. Quelques traits du discours de Bruix semblent pris dans ce chapitre de Montesquieu; d'autres pourraient y être ajoutés.

C'est peut-être ici le cas de parler d'une attention constante et assez caractéristique de la poli-

---

humain soit condamnée par la nature ou par des institutions sociales au travail servile et à l'esclavage, on peut en gémir. Sparte avec ses ilotes, Rome avec ses esclaves connurent, chérirent, adorèrent la liberté. La différence de couleur, de mœurs, d'habitudes pourrait encore excuser la domination des blancs... Il faut que les propriétés et le pouvoir soient dans les mains des blancs peu nombreux; il faut que les nègres en grand nombre soient esclaves.» (*Moniteur* du 3 prairial an X, p. 1003, séance du Corps Législatif du 30 floréal.)

1. L'amiral Bruix mourut à Paris le 18 mars 1805. C'est donc avant cette dernière date que la présente histoire a été écrite.

2. C'est le chapitre 5 du liv. XV.

tique de Bonaparte dans l'administration des affaires intérieures. Chaque fois qu'il députe des conseillers d'état au Corps Législatif pour y soutenir les motifs d'un projet de loi important, il a avec eux une conférence préliminaire, dans laquelle il distribue à chacun d'eux sa portion de la somme générale des raisons par lesquelles il veut que la convenance ou la nécessité de la loi soit prouvée. Il est donc très probable qu'en rapportant les principaux motifs de rétablissement de la traite des noirs, j'ai donné un échantillon de la manière de raisonner de Bonaparte en législation.

A peu près dans le même temps où l'enceinte du Corps Législatif retentissait de cette doctrine, le capitaine général Leclerc en faisait une application rigoureuse, dans les lieux pour lesquels elle était destinée; il envoyait chercher à la Havane des cargaisons de chiens d'une race vigoureuse et féroce [1], pour être ses auxiliaires dans la conquête de Saint-Domingue, et défendait par un règlement mili-

---

[1]. Dès le XVI° siècle les Espagnols au Pérou dressaient des chiens à la chasse des Indiens, et cet usage s'est conservé aux États-Unis dans les pays à esclaves jusqu'à la guerre de la sécession qui a affranchi les noirs.

taire, de distribuer à cette nouvelle espèce de combattants aucune sorte de nourriture accoutumée, afin que leur faim s'assouvît tout entière de la chair des noirs à la chasse desquels on les dressait.

Déjà quelques mois avant le rétablissement de la traite des nègres, d'autres lois avaient été rendues, d'autres institutions avaient été créées qui, dictées par le même esprit, tendaient d'une manière encore plus directe à l'intention de fonder un gouvernement absolu sur les ruines de la République. Le concordat religieux du 26 messidor an IX avait été sanctionné comme loi de l'État en germinal an X. Il est assez connu que le prétexte de cette convention était le rétablissement de la religion comme nécessaire à la morale du peuple ; il fut manifeste à tous les yeux que le véritable motif de Bonaparte était de faire servir à sa politique tout ce qu'il pourrait laisser au catholicisme de prétentions, de pompe et d'influence, en conservant tous les moyens de le tenir sous sa dépendance et au besoin de se venger de lui[1]. Ce motif n'avait point

1. Bonaparte dit un jour à Bourrienne : « Dans tous les pays, la religion est utile pour le gouvernement ; il faut s'en servir pour

échappé aux chefs du parti catholique; mais c'était beaucoup pour eux de pouvoir échanger la misère de la persécution, les honneurs périlleux et l'estime fatigante qu'elle leur procurait, contre une existence paisible et salariée. Comme dédommagement de la honte de servir d'instruments aux desseins d'un pouvoir qui les méprisait, ils avaient encore l'espérance de faire refleurir l'ignorance et les préjugés de la nation, même au delà des besoins du gouvernement qui venait de les restaurer.

Peu de jours après la sanction législative du Concordat, fut proposée et adoptée l'institution de cette légion, que l'on appelle *Légion d'honneur*[1]. Le but de cette institution tendait plus évidemment que le rétablissement même du catholicisme aux vues secrètes de Bonaparte, et le prétexte en fut encore plus impudent. Il fut pris dans un article

---

agir sur les hommes; j'étais mahométan en Égypte, je suis catholique en France. Il faut que, quant à la police, la religion d'un état soit tout entière dans les mains de celui qui gouverne. » (*Mémoires de Bourrienne*, t. IV, p. 270.)

1. Le 20 floréal an X (9 mai 1802), une loi institua l'ordre de la Légion d'honneur, loi votée sur la proposition des Consuls par le Corps Législatif et le Tribunat où elle rencontra une opposition de 110 voix contre 166 dans le premier corps, et de 38 contre 56 dans le second.

de la constitution qui garantissait au nom du peuple français une récompense aux armées. Une semblable légion était tout simplement un premier ordre de chevalerie, un premier corps intermédiaire entre le peuple français et Bonaparte, suivant le trop fameux principe qui veut qu'un monarque soit un être d'une nature mystérieuse, lequel, n'étant pas assez distingué de la nation qu'il gouverne par ses devoirs envers elle, par son influence nécessaire sur ses destinées, doit en être encore séparé par des classes d'hommes dont la fonction spéciale soit de former une échelle honorifique de l'un à l'autre.

Une particularité curieuse de l'établissement de la Légion d'honneur fut le choix de Rœderer, alors conseiller d'état, pour en développer et justifier les motifs devant le Corps Législatif. On l'entendit proclamer la nécessité de réveiller chez les Français ce sentiment de l'honneur, regardé si longtemps comme le ressort de leurs grandes actions et le trait propre de leur caractère national, lui qui, à une époque de la Révolution où toute idée paraissait fausse ou coupable par cela seul qu'elle était antérieure à la Révolution, avait pro-

4

clamé la nécessité de *déshonorer l'honneur*, comme un vieux sentiment féodal !

Je n'omettrai pas de rappeler que le projet de la Légion d'honneur fut combattu au Tribunat par Chauvelin[1] et Savoie-Rollin. Le discours de ce dernier, homme éclairé et ami très calme de la liberté, renfermait des objections si fortes contre le projet, il en montrait si bien ou l'inutilité ou le danger, que Lucien Bonaparte, alors membre du Tribunat, pour des motifs qui n'étaient pas étrangers au succès des projets législatifs de Bonaparte, fut obligé d'y répondre par des injures[2], et de détruire par des insinuations menaçantes l'impression

---

1. François Bernard, marquis de Chauvelin, né en 1766, mort en 1832. — Savoie Rollin, ancien avocat général au parlement de Grenoble. Tous deux devinrent plus tard membres de la Légion d'honneur. — C'est Chauvelin qui parla en dernier lieu et auquel répondit Lucien.

2. « Attaquer les intentions d'une loi, dit Lucien, c'est attaquer les intentions de ceux qui la proposent, c'est attaquer le gouvernement. Si l'excès d'indignation que fait naître une telle adresse (s'il y a de l'adresse à ne rien ménager), si l'excès d'indignation ne rendait ce sujet trop grave pour défendre toute plaisanterie, je comparerais les efforts du préopinant à ceux de ce champion de la chevalerie, qui, voyant une armée dans des ailes de moulin, déployait contre elles toute la vigueur de son bras. » Voy. le *Moniteur* du 30 floréal an X, p. 966, col. 3. Il est fort probable qu'à l'impression les termes du discours de Lucien ont été modifiés et adoucis.

qu'elles avaient pu laisser dans l'esprit des tribuns. Le projet fut adopté au Corps Législatif à la majorité de 166 pour, 110 voix contre.

Une telle opposition était remarquable à une époque où le despotisme avait déjà pris tant de mesures pour faire prévaloir ses volontés, où chacun trouvait dans sa prudence tant de motifs d'agir contre sa conviction intérieure ; grâce à la faiblesse des temps, on pouvait la regarder comme la censure la plus éloquente et la plus sévère des intentions qui avaient inspiré Bonaparte. Cet effort de la représentation nationale contre les envahissements d'un pouvoir arbitraire et absolu fut le dernier.

Avoir rétabli le catholicisme dans une situation où il devenait l'auxiliaire dépendant et intéressé de la politique; avoir formé dans la nation un corps distingué par un titre purement honorifique, c'est-à-dire étranger à toute espèce de fonction civile ou militaire, c'était avoir fait beaucoup pour préparer la fondation d'une monarchie héréditaire, c'était en quelque sorte avoir marqué la place du trône; il ne restait plus qu'à l'élever.

Il y avait encore beaucoup d'hypocrisie dans le

langage que l'on employait pour justifier ces institutions; mais il était devenu très facile aux esprits les moins pénétrants ou les moins soupçonneux d'apercevoir dans Bonaparte un homme qui, s'apprêtant de longue main à régner en despote, et incapable de donner à son despotisme des formes vraiment originales, aspirait de tous ses efforts à rétablir le pouvoir suprême sous ses plus vieux noms, et avec ses signes les plus insolents et les plus bizarres; un homme dont toutes les vues et tous les projets sollicitaient l'appui des plus anciennes erreurs. Aussi la plus générale et la plus profonde de ses idées fut-elle peut-être d'essayer d'arrêter la marche de l'instruction nationale, et de la ramener dans un cercle où elle se bornât à satisfaire une curiosité superficielle, et où l'homme ne pût rien apprendre d'incompatible avec le respect du pouvoir arbitraire. Le renversement du système d'instruction publique établi par la Convention nationale, résolu de bonne heure par Bonaparte, s'exécuta au moment même où, malgré quelques imperfections qui lui étaient propres et une foule d'obstacles qui n'avaient été que dans les circonstances, il commençait à produire un bien très sensible. Plusieurs hommes éclairés secondèrent par des préventions plus ou moins fortes, plus ou moins justes contre les vices de ce système, la haine que Bonaparte ne portait qu'à ses avantages. Fourcroy chargé de la division de l'instruction publique au ministère de l'Intérieur, donnant large carrière à la vanité de faire mieux que ses devanciers, présenta au Premier Consul un plan d'instruction nationale très méthodique et très vaste. Bonaparte, dédaignant d'enfoncer son génie dans le labyrinthe étroit des divisions et sous-divisions de ce plan, lui déclara brusquement que tant d'appareil et de variété dans l'enseignement public n'était pas nécessaire à la prospérité du peuple, et ne s'accordait nullement avec la simplicité de ses propres vues. « *Un peu de latin et de mathématiques,* dit-il à Fourcroy, *voilà tout ce qu'il faut.* » Le plan fut réformé et restreint d'après cette idée générale, et présenté à la discussion du Tribunat à la fin du mois de germinal. Il fut adopté avec beaucoup de louanges; et l'objection la plus remarquable et la plus vive qu'on lui opposa, c'était que l'enseignement ne fût point confié exclusivement aux prêtres, et au besoin à des moines qu'il serait avantageux de rétablir au moins pour cet objet. Rapporter cette objection sans en nommer l'auteur ce serait courir le risque de présenter comme odieuse une chose qui n'était que ridicule. Elle était de Carrion de Nizas, personnage doué par la nature du singulier privilège de n'exciter que le rire, en soutenant les opinions les plus révoltantes, et de ne paraître que plaisant en faisant l'apologie du crime [1].

Telles étaient les principales lois par lesquelles Bonaparte avait signalé sa politique et préparé le succès de ses desseins ultérieurs, au moment où les registres qui étaient supposés contenir les votes des Français sur le consulat à vie achevaient de parvenir au gouvernement. Le 10 thermidor, ces registres furent adressés au Sénat Conservateur par un message signé de Cambacérès ; et, cinq jours après, le Sénat se rendit solennellement aux Tuileries pour y rendre compte du recensement qu'il

---

[1]. Le marquis de Carrion-Nizas, né à Montpellier en 1767, était officier de cavalerie à l'époque de la Révolution, et fut emprisonné en 1793. Sa servilité envers Bonaparte le rendit antipathique au public qui fit tomber sous les sifflets sa tragédie de *Pierre-le Grand*, le 19 mai 1804. — L'affaire fit beaucoup de bruit. Voy. le *Journal de Paris* de floréal an XII p. 1551, 1556, 1564, 1570.

venait de faire des votes de la nation. Une circonstance, qui n'était pas l'effet du hasard, contribua à donner à l'admission des sénateurs auprès du Premier Consul un plus grand air de solennité. Ils se présentèrent au milieu d'une audience diplomatique qui fut interrompue pour les recevoir; et Bonaparte, à la face, en quelque sorte, de l'Europe entière, représentée par ses divers ambassadeurs, s'entendit proclamer Premier Consul perpétuel, en vertu de plus de trois millions cinq cent soixante-huit mille suffrages. L'acte du Sénat était conçu en ces termes : « Le Peuple Français nomme, et le Sénat proclame Napoléon Bonaparte premier consul à vie. » Il portait, en outre, qu'il serait élevé, en mémoire de ce grand événement, une statue de la paix, tenant d'une main le laurier de la victoire, et de l'autre le décret du Sénat. Dans cette étrange scène, où l'adulation et la servitude paraissaient l'expression de la volonté nationale, Bonaparte, au lieu de feindre l'émotion, la surprise et la modestie d'un homme que tant d'honneurs seraient venus, pour ainsi dire, arracher à lui-même et déconcerter dans des projets de retraite et d'oubli des affaires, eut la franchise de se comporter en homme qui ne faisait que recueillir le fruit de ses combinaisons et de son audace[1]. Dans sa réponse à la harangue du Sénat, il se déclara aussi clairement qu'il le put, engagé par son nouveau titre à préserver l'*égalité, la liberté et la prospérité de la France des caprices du sort et des incertitudes de l'avenir*[2] ; il annonça qu'il remplirait ce but et ce devoir par des *institutions prévoyantes*. Pour quiconque avait observé la manière dont il avait jusques-là protégé la liberté et l'égalité, il était aisé d'entendre ce qu'il voulait dire, en parlant de les mettre à l'abri des caprices du sort. Le vé-

---

[1] « Beaucoup de tyrans sont représentés dans l'histoire comme acceptant des témoignages commandés d'estime et d'amour. Mais tous, par une sorte de pudeur, se sont faits prier d'accepter. » (*Note marginale.*)

[2] Voici la phrase entière : « Par nos efforts, par votre concours, citoyens Sénateurs, par le concours de toutes les autorités, par la confiance et la volonté de cet immense peuple, la liberté, l'égalité, la prospérité de la France seront à l'abri des caprices du sort et des incertitudes de l'avenir. Le meilleur des peuples sera le plus heureux comme il est le plus digne de l'être ; et sa félicité contribuera à celle de l'Europe entière. »

Pour avoir une idée des illusions que certains législateurs se faisaient encore sur les intentions libérales de Bonaparte, il suffira de rappeler la résolution suivante prise par le Tribunat dans sa séance du 29 floréal an XII. « Le Tribunat adopte que, quand il ira rendre hommage à l'Empereur, son président lui exprime le vœu de voir éterniser par une médaille *l'heureuse époque de l'alliance jusqu'ici peu connue de l'Empire avec la Liberté*. (*Journal de Paris*, n° du 8 prairial an XII, p. 1623.)

ritable sens de ses paroles était celui-ci : « Pour remplir la grande tâche que le peuple m'impose, en me nommant consul à vie, je vais me faire son souverain héréditaire. »

J'ai différé jusqu'ici de rapporter une particularité qui ne doit cependant pas être omise dans cette esquisse ; ce fut la coïncidence de diverses intrigues qui décelaient déjà le projet d'une dynastie impériale, avec toutes les mesures prises pour provoquer et recueillir les suffrages des Français sur le consulat à vie. Dans des feuilles publiques rédigées par eux, Rœderer et Regnaud de Saint-Jean-d'Angely énoncèrent nettement et sans détour la proposition de rendre le pouvoir suprême héréditaire dans la famille du Premier Consul ; et comme l'on savait que ces deux hommes professaient pour la tyrannie un dévouement trop respectueux, même pour oser la seconder sans ordre, on en conclut avec raison qu'ils n'étaient que les échos de celui dont ils paraissaient les conseillers. Un petit écrit signé par un militaire, et dans lequel on exhortait Bonaparte à se faire empereur des Gaules, sauf l'abolition de la loi salique, fut distribué partout avec profusion, et surtout dans les lieux où la police a le plus d'yeux et de bras à son service[1]. J'ai déjà dit qu'au Sénat même, dans la fameuse délibération sur le vœu du Tribunat, il y avait eu quelques indices d'un plan formé d'avance de déférer dès lors le pouvoir héréditaire à Bonaparte, sans recourir à des restrictions illusoires et momentanées. Par ces coupables et serviles manœuvres, on ne provoquait pas l'ambition de Bonaparte; on ne faisait que la seconder et lui obéir. Il restait donc à décider s'il avait eu l'intention formelle de parvenir d'un seul coup de la magistrature temporaire à la monarchie absolue, sans se reposer ou se fortifier un instant dans une dignité intermédiaire telle que le consulat à vie. Tous les rapprochements et toutes les apparences autorisent à présumer que son plan avait été en effet d'arriver sans détour à son but, et qu'il n'avait été réduit à prendre des voies obliques que par la faiblesse et la défection de ses agents dans le Sénat, lors de la discussion sur le vœu des tribuns.

Quoi qu'il en soit, le premier acte par lequel le

---

1. « S'informer si le nom dont était signée cette feuille n'était pas, ainsi qu'il est probable, un nom imaginaire. » (*Note marginale.*) Je n'ai pu, malgré mes recherches, retrouver cet écrit.

Consul perpétuel signala son nouveau pouvoir, ce fut d'adresser au Sénat, le 16 thermidor, un projet de sénatus-consulte qui annulait dans plusieurs de ses dispositions fondamentales la constitution et qui était intitulé : *Sénatus-consulte organique de la constitution.* En envoyant cet acte tout rédigé aux sénateurs, il leur donnait à entendre qu'il ne voulait plus leur laisser désormais l'initiative de ses entreprises, ni même les y admettre en qualité de complices délibérants, mais simplement comme instruments passifs. C'était avouer qu'il ne craignait plus de trouver de bornes à l'obéissance des uns, ni d'obstacle sérieux dans l'opposition des autres[1]. Il n'entre pas dans mon plan d'examiner en détail le sénatus-consulte du 16 thermidor, ni de montrer de combien, par cet acte, le Consul perpétuel avait reculé les limites de sa puissance, et combien de moyens il s'était ménagés de les reculer encore[2]. Je

---

1. « Une circonstance essentielle a été omise dans cet alinéa. C'est que le jour où cet acte fut envoyé au Sénat, les avenues, la cour et les antichambres du Luxembourg furent remplies de grenadiers. Jusque-là toutes les communications entre le Sénat et le Premier Consul s'étaient faites simplement par des messagers d'État et sans force armée. » (*Note marginale.*)

2. « Dire ici que par cet acte le Premier Consul se faisait président du Sénat. » (*Note marginale.*)

me permettrai un seul rapprochement qui me paraît à la fois très simple, et très propre à faire sentir tout ce qu'il y avait d'hypocrisie, d'insolence et de dérision dans l'appel de Bonaparte à la volonté nationale. Le sénatus-consulte dont il s'agit n'était au fond qu'une espèce de constitution spéciale du pouvoir consulaire devenu perpétuel. Il était prêt assez longtemps avant le recensement des votes de la nation ; mais cet empressement à régler et à déterminer les prérogatives d'une dignité, avant de pouvoir en montrer le titre, pouvait ne prouver rien de plus que l'assurance d'obtenir ce titre, ou la facilité de le supposer. Ce qui est plus remarquable et plus curieux, c'est que, dans le temps même où la réponse du peuple français à la question qui venait de lui être faite si solennellement devait être supposée encore inconnue, dans le temps même où Bonaparte, par convenance et par habileté, devait dissimuler la certitude qu'il avait d'être proclamé consul à vie, de peur de montrer trop clairement à quoi tenait cette certitude, dans ce temps, dis-je, il décidait que Cambacérès et Le Brun seraient aussi consuls à vie, et leur déférait ainsi de son arbitre cette même dignité que lui

Bonaparte avait déclaré ne pouvoir tenir légitimement que de l'autorité souveraine du peuple français. En introduisant ainsi de son gré au partage de la faveur nationale deux personnages qui se rendaient trop de justice pour y prétendre, il ne donnait pas seulement une preuve nouvelle de son mépris pour la nation, il donnait aussi un nouvel indice que ce titre de consul à vie, qu'il avait paru rechercher avec tant d'ardeur, n'était pas celui dans lequel son orgueil avait résolu de se reposer.

Le 27 de thermidor [1] fut assigné à toutes les autorités, depuis le Corps Législatif jusqu'aux commissaires de police, pour venir présenter leurs félicitations à Bonaparte sur sa promotion au consulat à vie. Ce jour n'avait pas été choisi au hasard : c'était l'anniversaire de la naissance du Consul. On essaya d'en faire un jour de fête nationale; et il mérite d'être noté dans l'histoire, comme celui où la servilité prodigua pour la première fois à Bonaparte des hommages qui ne pouvant avoir aucun prétexte national, ni même simplement aucun prétexte poli-

---

1. Le 15 août. Au sujet de la date de la naissance de Bonaparte, voyez la discussion à laquelle s'est livré M. Th. Iung dans le chap. III du tome I de *Bonaparte et son temps*.

tique, s'adressaient à sa personne plutôt qu'à sa dignité. C'est à dater de cette journée, que les projets de son ambition les plus exaltés ont toujours paru subordonnés aux caprices les plus puérils de sa vanité.

En se faisant consul à vie, Bonaparte s'était donné beaucoup plus de ressources qu'il ne lui en fallait, et beaucoup plus de temps qu'il ne se proposait d'en prendre, pour devenir chef héréditaire de la nation. Il se flattait, non sans raison, de pouvoir consommer son ouvrage dans le cours de l'an XI. Au commencement du mois de brumaire de cette année[1], il alla visiter le département de la Seine-Inférieure, et quelques lieux des départements circonvoisins. Je n'oserais affirmer, mais je crois que ce voyage n'eut pas un autre but que celui qui fut indiqué par son résultat le plus positif et le plus apparent, on pourrait même dire par son unique résultat. Dans ce voyage, madame Bonaparte fut admise, ou condamnée à partager avec son époux, les hommages et harangues qui l'attendaient dans

---

1. « Le Premier Consul est parti ce matin (5 brumaire), dit le *Moniteur* du 6; madame Bonaparte l'accompagne. »

LES DERNIERS JOURS DU CONSULAT. 63

tous les lieux de son passage¹. Au retour de l'illustre couple, venant ainsi de s'essayer aux airs de de la majesté royale, le Sénat et les autres grands corps que, par un reste des illusions de la République, on considérait encore comme formés de représentants du peuple français, n'osèrent pas refuser à l'épouse du chef de l'État un hommage dont ce chef avait eu la complaisance ingénieuse et délicate de leur épargner l'initiative, et d'aller chercher le premier exemple dans les murs de

1. On lit dans le *Moniteur* du 13 brumaire, p. 167 : « Tous les corps constitués (à Rouen) ont été présentés à madame Bonaparte et lui ont exprimé, avec ce tact tout particulier à la nation, les sentiments qui les animent. Ils en ont été reçus avec cette amabilité et cette douceur qui distinguent la personne à laquelle leurs hommages étaient adressés. Les femmes des fonctionnaires publics ont été présentées à madame Bonaparte. » Le même numéro donne les discours à elle adressés par le préfet, le maire, l'archevêque, le tribunal d'appel, le tribunal civil et les juges de paix. Le commencement du discours du préfet mérite d'être cité : « Nous venons de porter nos hommages au chef de l'État, et vous voyez qu'aucun de nous n'a pu se défendre du saisissement qu'excite la présence d'un grand homme. L'esprit s'effraie de la distance qui le sépare du reste des mortels; mais le cœur est rassuré si l'on aperçoit auprès de lui une compagne parée de toutes les vertus aimantes et douces. » — Il est à remarquer que sur les discours, au nombre de dix, dont le *Moniteur* donne le texte, il y en a quatre adressés à Bonaparte et six à sa femme qui dut être aussi surprise que touchée de celui du curé du Havre : « Un des beaux jours pour le curé du Havre et son clergé est celui où il leur est permis d'offrir à vos vertus le tribut de leur admiration. » (*Moniteur* du 21 brumaire, p. 202.)

Rouen. Ceux qui refusaient encore à cette époque d'attribuer au Consul perpétuel le projet de se faire monarque héréditaire, commencèrent à le soupçonner, en voyant les soins qu'il prenait de faire traiter son épouse en reine ; car il fallait bien chercher une intention politique dans une conduite qui ne pouvait passer aux yeux de personne pour une faiblesse ou pour une illusion de la tendresse conjugale.

Des nombreuses particularités de ce voyage à Rouen, je n'en rappellerai qu'une qui me parait jeter un trait de lumière assez vif sur l'âme de Bonaparte. Il alla visiter le champ de bataille d'Ivry, et ordonna qu'il fût élevé une pyramide en l'honneur d'Henri IV, avec une inscription qu'il dicta lui-même, et dans laquelle les louanges du magnanime Henri se trouvaient confondues avec des insultes pour ses descendants. Je laisse aux cœurs bien nés à qualifier ce besoin ou cette pensée de

---

Nous ajouterons que dès le 1er frimaire an XI les Consuls avaient rendu un arrêté portant que l'épouse du Premier Consul aurait près d'elle quatre dames pour faire les honneurs du palais. Ces quatre dames furent: madame de Talhouet, madame de Luçay, madame Lauriston et madame de Rémusat. Voy. le chap. 1 des *Mémoires* de celle-ci.

Bonaparte, de faire d'un monument élevé au meilleur des Bourbons, un monument de sa haine intéressée pour ses neveux déchus de son trône, et de donner ainsi un caractère de solennité aux outrages qu'il prodiguait aux vivants, en les gravant sur la tombe des morts.

Dans le cours du mois de ventôse de cette même année, tout était prêt, toutes les circonstances semblaient favorables pour la manifestation entière, et l'accomplissement des vues de Bonaparte. Le système des institutions et des mesures qu'il réputait utiles ou nécessaires à son pouvoir ultétérieur, se complétait de jour en jour. Au commencement de frimaire, il avait attribué la police des théâtres à ses préfets de Palais, afin d'avoir tous les moyens possibles de réprimer ou de corrompre l'opinion publique, dans la seule espèce de réunions où elle pût se manifester encore. Peu de temps après, il avait organisé des sénatoreries[1], dotées en propriétés foncières, et destinées à former un échelon de plus du peuple à son futur monarque. Après cela, il avait réformé l'Institut

---

1. Elles furent créées le 4 janvier 1803.

national[1] sur le plan des anciennes académies, pour s'arroger sur lui une influence plus positive encore que celle que le roi exerçait sur ces dernières, dans l'ancien gouvernement. Mais ce qui l'avait surtout déterminé à cette réforme, c'était l'intention expresse d'abolir dans ce corps savant une classe qui s'intitulait : *classe des sciences morales et politiques*. Enfin, il avait fait rendre, dans le courant de ventôse, sur la fabrication des monnaies, une loi dont le principal motif était de substituer son effigie à l'emblème de la République sur une face des pièces de monnaie.

Ce fut là sinon le plus frappant, du moins le plus populaire de tous les indices de son grand projet : car c'était en quelque sorte par la multiplication de l'effigie de ses rois sur des métaux dont il était si avide, et qui lui coûtaient tant de sueurs et de fatigues, que le peuple avait la conviction la

---

1. L'Institut national créé par la loi du 3 brumaire, an IV, se composait de trois classes divisées en sections : 1° sciences physiques et mathématiques ; 2° sciences morales et politiques ; 3° littérature et beaux-arts. D'après la nouvelle organisation décrétée par Bonaparte le 23 janvier 1803, il fut divisé en quatre classes : 1° classe des sciences physiques et mathématiques ; 2° classe de la langue et de la littérature française ; 3° classe d'histoire et de littérature ancienne ; 4° classe des beaux-arts.

plus forte de l'existence de ces mêmes rois et de leur pouvoir[1].

Le rétablissement successif de plusieurs étiquettes monarchiques, de plusieurs usages de la Cour, de divers signes extérieurs de l'ancienne inégalité des rangs, achevait, en quelque façon, de marquer le but, de révéler le motif de cette législation toute appropriée à des combinaisons pour l'avenir.

Les principes de la liberté étaient attaqués avec une impudence et une dérision croissantes de jour en jour, dans les journaux et dans les pamphlets salariés. Seulement les auteurs de ces honteuses apologies d'un despotisme déjà tout-puissant, mais qui aspirait à des noms et à des formes consacrées par d'anciens préjugés, ne manquaient jamais d'essayer d'inspirer la haine et le mépris pour les Bourbons, suivant l'exemple que Bonaparte en avait donné le premier, et qu'il avait soin de renouveler à propos. La police recherchait

---

[1]. Le projet de loi sur la refonte des monnaies fut présenté au Corps législatif le 19 ventôse de l'an XI. |L'article XVI du titre premier porte que sur l'une des faces des pièces on mettra la tête du Premier Consul avec la légende : *Bonaparte Premier Consul.*

avec le soin le plus industrieux et poursuivait avec une rigueur inexorable les hommes qui osaient encore écrire en faveur des princes détrônés.

On croit cependant qu'il leur avait été fait à peu près dans ce temps-là, de la part du Premier Consul, des propositions d'établissement dans des terres lointaines qu'il leur aurait concédées en propriété[1]. Il fut même, dit-on, question de leur abandonner la Louisiane, et le roi de Prusse se chargea de leur proposer cette offre de Bonaparte. Quoi qu'il en soit de la réalité de cette espèce de négociation, on conçoit facilement le motif que Bonaparte pouvait avoir de l'entamer, et le genre d'avantage qu'il eût trouvé à y réussir. En rétablissant la place et l'ordre de choses dont les Bourbons étaient déchus, il allait nécessairement donner à leurs prétentions sur la France un caractère beaucoup plus sérieux et plus légitime qu'elles ne pouvaient l'avoir, quand elles étaient en opposition avec la République; et dans la situation violente et incertaine de l'Europe, ces prétentions pouvaient à la longue entrer dans les prétextes ou

---

1. « Le fait est vrai. Il est même vrai qu'il y avait eu des insinuations sur cet objet à Lunéville. » (*Note marginale.*)

dans les motifs d'une nouvelle guerre contre la France. Bonaparte, en établissant ces princes dans des possessions éloignées, n'eût donc été qu'habile et prudent, en paraissant magnanime. Mais les raisons qu'il avait de leur faire des offres pareilles en étaient pour eux de les refuser. Enfin, pour revenir à la situation de la République, les bruits avant-coureurs de sa destruction gagnaient de plus en plus de la consistance et du crédit, déjà même il s'agissait moins de créer de nouvelles choses, que de donner leur véritable nom à celles qui étaient faites.

Deux événements imprévus vinrent interrompre le cours des prospérités de Bonaparte et suspendre l'exécution de ses projets. Le premier fut la nouvelle des désastres de l'armée française à Saint-Domingue, et de la mort du capitaine-général Leclerc[1]. Ce qu'il y avait de domestique dans sa douleur à l'occasion de ce revers put être adouci par les condoléances des grandes autorités de l'État, et par l'empressement avec lequel il les vit étaler le deuil de la mort de celui que naguère

1. Le général Leclerc mourut le 3 novembre 1802 à Saint-Domingue où l'avait suivi sa femme Pauline Bonaparte.

il avait appelé *notre beau-frère*[1]. Quant à la perte, non encore consommée, mais prévue comme infaillible d'une portion d'élite des armées françaises, elle put être atténuée par la réflexion que cette élite avait été composée soigneusement de soldats qui n'avaient vaincu que sous Moreau.

Mais ce qui rendait impossible à Bonaparte de ne voir dans la mauvaise issue de l'expédition de Saint-Domingue qu'un échec léger ou équivoque, c'était d'avoir perdu près de vingt-cinq millions à en faire les préparatifs ; c'était d'avoir indiscrètement prodigué les insultes et les menaces à une race d'hommes qui s'en était vengée ; c'était d'avoir rétabli en vain un code de lois inhumaines pour une terre dont la possession semblait lui échapper à jamais.

Toutefois il est évident que les revers éprouvés à Saint-Domingue ne suffisaient pas pour suspendre longtemps, ni peut-être un seul instant l'exécution des desseins de Bonaparte. Il y trouva bientôt un obstacle plus sérieux ; ce fut le message du roi

---

1. « Il avait cru l'illustrer en lui donnant ce nom. » (*Note marginale.*)

d'Angleterre à la chambre des communes, en date du 8 mars 1803 (17 ventôse an XI). Ce message annonçait la rupture d'une paix qui ne datait pas encore d'une année.

Quoique l'Angleterre fût la puissance de l'Europe qui, ayant le moins souffert de la guerre de la Révolution, le moins perdu des ressources en tout genre qu'absorbe toute guerre, avait le plus de moyens de renouveler celle qui venait de finir, quoiqu'elle y fût la plus disposée de toutes par le caractère particulier de son gouvernement, il est pourtant très vraisemblable que l'histoire regardera comme un phénomène étrange en politique, qu'une guerre si active, où tant d'hommes avaient péri, où tant de richesses avaient été consommées, une guerre dont l'issue avait si mal répondu aux intentions des ennemis de la France, ait pu recommencer après une trêve si courte, et qui n'avait pas même été très calme.

Peut-être ce qui devait frapper le plus les esprits, dans cette guerre nouvelle ou plutôt renouvelée, était-ce le contraste qui se laissait facilement apercevoir entre ses motifs avoués comme principaux, et la gravité de ses motifs indiqués comme purement accessoires ou subordonnés¹. Les deux gouvernements semblaient ne se disputer qu'un stérile rocher de la Méditerranée, et se disputaient effectivement le privilège d'exercer, chacun à sa manière et dans des vues opposées, une sorte de prépondérance dans les intérêts, les affaires, et même à certains égards dans le système de civilisation de l'Europe.

Bonaparte n'avait pas attendu que le gouvernement de la Grande-Bretagne eût refusé d'exécuter l'article du traité d'Amiens, concernant la restitution de Malte, pour se plaindre de l'Angleterre. Dès les premiers moments de la paix il avait vu une continuation d'hostilité dans la liberté d'opinion et de jugement dont on usait à son égard dans ce pays. Ce n'était point assez pour lui d'être délivré des flottes et des amiraux de l'Angleterre,

---

1. « Ce contraste confirme la réflexion précédente et il faut l'y rattacher. En général, il faut dans ce morceau sur la rupture entre Bonaparte et l'Angleterre exposer avec toute la netteté possible les motifs connus, publiés, de la rupture, en faisant sentir qu'ils ne suffisent pas pour l'expliquer, et qu'il y a eu dans toute cette affaire des griefs secrets qui ne sont pas connus et qui se rapportent très vraisemblablement à des ouvertures secrètes antérieures entre Bonaparte et le cabinet anglais et à des promesses indirectes du premier. » (*Note marginale.*)

s'il ne l'était en même temps de ses presses et de ses journalistes. Il était vivement importuné de la nécessité d'avoir à soutenir contre ces derniers un nouveau genre de guerre, dans lequel il s'était condamné lui-même à exercer le métier de journaliste. Dans plusieurs articles du *Moniteur* rédigés par lui ou dont il avait fourni les idées principales, il avait exhalé son mécontentement de ce qu'il appelait la licence des journaux et des discussions du Parlement en Angleterre. Il avait poussé tantôt la naïveté jusqu'à donner au gouvernement britannique le conseil indirect de réprimer cette licence, tantôt l'emportement et la folie jusqu'à insulter le roi et ses ministres de ce qu'ils la toléraient, tandis qu'il leur avait donné un exemple à suivre, en réprimant quelques injures imprimées en France, sans son ordre ou sans son aveu, contre le gouvernement de la Grande-Bretagne. On se rappellera facilement des poursuites judiciaires qu'il avait requises par son ambassadeur contre le nommé Peletier[1], émigré fran-

---

[1]. Jean-Gabriel Peltier, né à Nantes, mort à Paris en mars 1825. Ses écrits royalistes et sa collaboration aux *Actes des apôtres* le forcèrent de quitter la France après le 10 août. Il se retira à Londres

çais, qui vivait à Londres du produit d'un journal contre la France. Ces poursuites avaient eu l'éclat le plus scandaleux, et l'effet le plus contraire à la gloire de Bonaparte, sans lui procurer la satisfaction peu héroïque et même peu prudente de se venger d'un personnage dont il ne pouvait mieux accréditer les assertions injurieuses qu'en ne les dédaignant pas. Enfin, la simple existence et le voisinage d'une nation où chaque citoyen pouvait s'arroger impunément le droit de juger son caractère et sa conduite, d'une nation dont la voix était entendue du monde entier, était pour lui un sujet perpétuel d'emportement et de colère, et presque un obstacle.

Que l'on juge par là quelle devait être l'amertume de son ressentiment contre le gouvernement de cette même nation, entreprenant de

---

où il continua à publier contre le gouvernement français des pamphlets et des journaux, comme le *Courrier d'Europe*, le *Courrier de Londres*, l'*Ambigu variétés atroces et amusantes*. C'est probablement pour cette dernière feuille commencée en 1803 que Peltier fut poursuivi devant les tribunaux anglais par le gouvernement consulaire. Ce procès maladroit qui eut un immense retentissement souleva contre Bonaparte l'opinion en Angleterre. Peltier ne fut condamné qu'aux frais et à des dommages et intérêts dont une souscription publique couvrit immédiatement le montant.

s'opposer aux desseins qu'il méditait, et lui déclarant la guerre au moment où il allait achever de recueillir les fruits de la paix!

Pour établir quelques données générales d'après lesquelles puissent être appréciés les griefs respectifs du Cabinet britannique et du Premier Consul, il faut rappeler sommairement les transactions de la politique extérieure de celui-ci, et ses vues sur les pays où il exerçait une influence qui était le résultat combiné des diverses chances de la Révolution française.

Bonaparte, ayant formé le projet de réunir et de concentrer entre ses mains, non seulement toute l'autorité de la République française au dedans, mais encore toute son influence sur des pays voisins, il devait nécessairement résulter de l'exécution de ce projet un état de choses assez étrange en lui-même, et surtout relativement aux idées communes sur l'équilibre politique de l'Europe [1]. Plusieurs états indépendants les uns

---

1. « Faire sentir cette idée générale que, dans ses opérations sur l'intérieur de la France, les puissances étrangères avaient plusieurs motifs de se louer de Bonaparte, comme ayant étouffé un des résultats de la Révolution dont ils avaient le plus à craindre;

des autres, gouvernés chacun par ses propres lois, devaient former les diverses portions du même empire, soumis à un seul et même chef héréditaire et absolu, ayant sur chacun de ces différents districts de sa domination un droit spécial, un titre particulier. Ce devait être une ombre de l'empire de Charlemagne. Il n'est donc pas étonnant que Bonaparte ait adopté de bonne heure Charlemagne pour un de ses héros favoris. C'est celui dont le parallèle a longtemps chatouillé le plus agréablement son orgueil : aussi nul parallèle n'a-t-il été plus répété par ses adulateurs, et dans des circonstances où il fût plus aisé d'en apercevoir les motifs et d'en pressentir les conséquences. A la vérité Bonaparte n'a guère pu espérer de se faire une aussi vaste domination que celle du fils de Pépin ; mais la gloire de fonder la sienne, en dépit des intérêts et des opinions de l'Europe actuelle, a dû lui paraître une compensation plus que suffisante de ce genre d'infériorité.

Si ce plan, dont l'exécution n'est encore qu'en-

---

qu'il n'a commencé à leur déplaire que par ses prétentions sur le dehors, par son ambition indiscrètement manifestée relativement à certains pays étrangers. » (*Note marginale.*)

tamée commence à éprouver quelques obstacles et même a déjà subi plusieurs modifications importantes, finissait par réussir à Napoléon, on aurait le spectacle, tout à fait nouveau dans l'histoire, d'un empire qui, sans être fondé ni sur le consentement réel des nations, ni même sur la conquête, retracerait ces temps de barbarie, où des peuples séparés d'intérêts, de mœurs et de lois, devenaient la propriété commune d'un même conquérant ou d'un même chef, autant de fois despote qu'il y avait d'états particuliers réunis sous sa domination. Peu de projets politiques, à ce qu'il semble, peuvent être plus contraires que celui-là à l'esprit actuel de la civilisation européenne. Depuis assez longtemps, les diverses puissances, en tendant à s'agrandir, ne tendent qu'à réunir de plus grandes masses d'hommes sous un même système d'administration et de lois. L'effet actuel des conquêtes en Europe est de diminuer le nombre des barrières politiques qui divisent la population européenne, et par conséquent la somme des intérêts nationaux en opposition ou en discordance. Le projet de Bonaparte aurait nécessairement une influence contraire, et rendrait au despotisme des ressources puissantes dont les progrès de la raison et des lumières devraient, à ce qu'il semble, empêcher de craindre le renouvellement.

Bonaparte, en formant ce plan qui paraît vaste et n'est qu'insensé, ne pouvait guère compter sur l'approbation, ni même sur l'indifférence des rois de l'Europe. Mais il comptait sur leurs pertes récentes, et sur le discrédit où les avait jetés dans l'opinion des peuples respectifs le mauvais succès de leur ligue contre la France. Un motif de confiance plus directe et plus positif, c'était son alliance avec Paul 1er, dans lequel il avait trouvé un point d'appui, et peut-être un complice à ses desseins. Enfin, il avait encore une chance de succès et une ressource vis-à-vis des puissances qui avaient quelque intérêt à s'opposer à l'exécution de ses plans et qui possédaient les moyens de le tenter; c'était de leur proposer d'imiter son exemple et de leur garantir la possession de pays à leur convenance, et dont elles pourraient s'emparer sans obstacle. Cette chance est assurément très vague et son succès suppose beaucoup de difficultés vaincues; mais ce ne serait pas la première idée scandaleuse que certains gouvernements auraient empruntée de Bonaparte, ni la première injustice à laquelle son exemple les aurait encouragés. L'île d'Elbe fut le premier territoire réuni à la France par la volonté de Bonaparte[1] et sans autre titre que l'occupation actuelle de ce territoire. Ce fut là comme le signal et le prélude d'une transaction du même genre beaucoup plus importante. Je veux parler de la réunion du Piémont. Elle fut proclamée par un sénatus-consulte du 24 fructidor an X, douze jours après celle de l'île d'Elbe. Quoique Bonaparte n'éprouvât aucune difficulté à déposséder le roi de Sardaigne de la partie la plus riche et la plus considérable de ses états, l'Autriche, ni l'Angleterre n'ayant point insisté sur les intérêts de ce prince dans les conditions de la paix, il était néanmoins facile de prévoir que la réunion du Piémont à la France, postérieure à tous les traités et n'étant garantie par aucun, ne manquerait pas de figurer parmi les causes ou les prétextes de la guerre, dans les cas où la guerre viendrait à se renouveler avec une puissance quelconque, même

---

1. Le sénatus-consulte proclamant cette réunion est du 26 août 1802.

avec celles qui avaient trahi les intérêts du roi de Sardaigne.

Dans les réunions des territoires qui avaient eu lieu sous la Convention, le vœu des peuples réunis avait été le titre par lequel la République avait légitimé l'agrandissement de ses frontières. L'histoire doit avouer que, le plus souvent, ce vœu avait été provoqué par la force ou par des intrigues plus ou moins simulées, mais il y avait dans le principe qui le faisait regarder comme le seul titre légitime de tout agrandissement de territoire, un caractère de justice et de magnanimité qui devait frapper ceux-mêmes dont l'application de ce principe blessait le plus les préjugés ou les intérêts. Bonaparte, voulant non pas agrandir la République mais multiplier ses domaines, crut n'avoir pas besoin pour justifier les deux opérations qui viennent d'être rapportées de titre plus spécieux que les décrets du Sénat, à une époque où personne ne pouvait plus voir dans cette autorité autre chose que l'instrument spécial de la volonté la plus arbitraire. Mais s'il ne réclama pas le vœu des habitants du Piémont, pour s'autoriser à les déclarer Français, il sollicita du moins leurs remerciements, après leur avoir accordé cette faveur de son propre gré. Ce ne fut pas assez pour lui de recevoir des adresses remplies d'actions de grâces que le zèle du général Jourdan[1], alors administrateur du Piémont, lui suscita dans toutes les villes de ce pays. Des députés de chacun des départements transalpins vinrent le remercier solennellement de la réunion de leur pays à la France. La réponse qu'il fit à la harangue de ces députés ne fut pas publiée dans les feuilles publiques; mais elle contenait une phrase remarquable, en ce qu'elle décelait le genre de soucis et d'idées qui remplissaient alors son cerveau.

Soit qu'il ne voulût qu'affaiblir la surprise que devait causer en Europe la réunion du Piémont à la France, soit qu'il eût l'intention de laisser entrevoir le plan dont cette réunion n'était que le prélude, il dit aux députés des Piémontais, que, *leur pays ayant fait autrefois partie de la France*, ce souvenir devait être un motif de plus d'en trou-

1. Jourdan, membre du Corps Législatif au 18 brumaire, en avait été exclu comme opposant le soir même du coup d'État et détenu quelque temps dans le département de la Charente-Inférieure. Plusieurs mois après, le 24 juillet 1800, il accepta les fonctions de ministre extraordinaire en Piémont.

ver la réunion, d'ailleurs si glorieuse et si désirable pour eux, toute simple et naturelle.

Il était vrai que le Piémont avait fait autrefois partie, non pas précisément de la France, mais de l'empire de Charlemagne; et le moment où Bonaparte faisait ce rapprochement significatif était celui où l'on parlait le plus de la création d'un Empire des Gaules, l'une des dénominations entre lesquelles il a hésité pour désigner ses états, quand il a eu anéanti la République.

A peine le Piémont venait-il d'être déclaré partie de la France, que Bonaparte procéda aux affaires de la Suisse[1].

---

1. L'*Acte de médiation* par lequel Bonaparte, après une intervention armée, mit fin aux troubles de la Suisse en lui donnant une nouvelle constitution, fut signé le 9 février 1803. Voy. Thiers, liv. XVI, et le ch. XVII des *Mémoires sur le Consulat*.

Comme l'indique une note marginale, Fauriel manquait de renseignements sur cet événement qu'il a dû laisser de côté.

II

NOTES SUR LES PRINCIPAUX ÉVÉNEMENTS DE LA CONSPIRATION ANGLAISE ANTÉRIEUREMENT A L'ARRESTATION DE MOREAU.

Au commencement de l'an XII, les préparatifs de guerre contre l'Angleterre continuaient avec la même activité avec laquelle ils avaient commencé; les journaux continuaient à être remplis d'imprécations contre la moderne Carthage; on poussait les préparatifs de la descente avec beaucoup de persévérance, et si quelque chose y paraissait ralenti, on pouvait naturellement l'attribuer à la nature de la saison qui y mettait nécessairement quelque obstacle. Bonaparte avait fait frapper par Denon une médaille relative à cette descente; elle représentait un Hercule étouffant un Triton terrassé par lui, et sur l'autre revers l'effigie du Premier Consul. C'est probablement la première médaille qui ait été frappée en présage et en prophétie d'un événement futur; les autres ne le sont ordinairement qu'en mémoire d'un événement déjà passé. On parlait assez publiquement, parmi les personnes attachées à Bonaparte, des objets d'art que possédait l'Angleterre et qui étaient réputés dignes d'être ajoutés aux richesses de la France en ce genre. On allait jusqu'à entrer dans le détail des mesures qui pourraient être prises envers l'Angleterre pour la gouverner comme conquête; et le journal officiel, qui ne pouvait sur ce point que répéter les paroles du chef de l'État ou du moins exprimer ses idées, avait évalué plus d'une fois avec une sorte d'affectation tout ce que pouvait perdre un pays aussi civilisé que l'Angleterre, envahi par un ennemi tel que la France; de sorte que, si, par hasard, les Anglais avaient été disposés à regarder le succès de la descente de Bonaparte chez eux comme uniquement dangereux pour leur liberté, ils auraient appris de la bouche même de leur ennemi que c'était leurs propriétés

et leur existence sociale qu'il fallait s'apprêter à défendre[1].

Mais tandis qu'on variait ainsi sur tous les tons les menaces contre l'Angleterre, et qu'on lui présageait sa perte future, on ressentait déjà dans le présent les inconvénients et les maux de la guerre. La moitié de nos vaisseaux marchands qui n'avait pas eu le temps de rentrer avant l'éclat de la rupture entre les deux pays, avait été capturée par les Anglais. De cette circonstance et de la brusque interruption de la circulation des capitaux avaient résulté une foule de banqueroutes dont la somme a été évaluée pour Paris seulement à plus de 80 millions. L'industrie avait été subitement arrêtée dans ses entreprises, et le commerce dans ses spéculations. L'agriculture éprouvait des pertes proportionnées à celles du commerce et de l'industrie en raison du trop bas prix des blés.

Le sentiment de ces diverses pertes était le seul qui fût bien sincèrement dans l'opinion publique.

[1]. Bonaparte avait à sa solde à Londres un journal, *The Argus*, dont il faisait continuellement insérer des extraits dans les journaux français. Voyez entr'autres, dans *le Journal de Paris* des 16 et 17 vendémiaire, an XII, p. 95 et 103 l'article intitulé : *Des suites probables de la descente en Angleterre.*

Elle n'avait au reste que des inquiétudes assez vagues sur les vues de Bonaparte tant avouées que secrètes. On murmurait en secret de son ambition, de ses projets; on faisait des railleries et des jeux de mots sur la résolution de la descente, au succès de laquelle tous étaient incrédules, même les journalistes qui publiaient chaque jour la prochaine destruction de Carthage, et les généraux qui parlaient déjà, avec une convoitise simulée par flatterie pour le chef de l'État, des immenses dépouilles qui seraient le prix de cette conquête. Mais, du reste, les esprits paraissaient calmes. A entendre le gouvernement, il n'y avait dans toutes les classes de la nation qu'une idée, qu'un sentiment unanime, celui de se venger sur la perfide Angleterre des traités indignement violés; à entendre la majorité de ceux qui parlaient des affaires publiques, le gouvernement n'était occupé que d'une seule vue, celle d'assurer le succès de l'expédition contre l'Angleterre.

Mais il n'en était pas ainsi. Dans le fracas des préparatifs militaires contre l'Angleterre, Bonaparte cachait des préparatifs d'un autre genre[1], et

1. « L'idée qui occupait le plus Bonaparte était celle du changement du gouvernement en monarchie absolue. Dépité d'avoir

dont le résultat devait être plus prochain et plus assuré. Dans ce silence de la nation, si semblable à cette apathie où il ne reste plus que la force, les maux de la servitude, mais où l'on ne sent plus la honte; dans ce silence se cachaient quelques manœuvres de partis peu redoutables par eux-mêmes, mais auxquels une force étrangère et supérieure voulait donner une impulsion artificielle, et les favoriser d'abord, pour avoir plus de moyens de s'en emparer ensuite.

Il est indispensable de faire connaître en peu de mots ces divers partis, leurs prétentions et leurs moyens personnels, et leur situation respective[1].

Le parti royaliste auquel il semblait que les projets bien connus alors de Bonaparte de relever le trône sur les débris de la République devaient donner de la force et rendre en quelque sorte une vie toute nouvelle, ce parti néanmoins semblait

manqué son coup en l'an XI, dans son voyage de Belgique, il était résolu à ne plus user de retards. » (*Note marginale.*)

1. « Il est indispensable de remarquer deux circonstances qui devaient donner aux partis existant à cette époque toute l'autorité possible relativement à leurs moyens : 1° l'état de guerre avec l'Angleterre ; 2° la connaissance et la prévoyance certaine du projet du Premier Consul de changer la forme du gouvernement. » (*Note marginale.*)

s'affaiblir de plus en plus. La division, qui s'était établie de bonne heure entre Louis XVIII et le comte d'Artois, avait pris plus de consistance. Ce que l'un faisait à Varsovie, l'autre le censurait à Londres ; et ces deux princes avaient chacun un conseil, conseils qui, avec les mêmes vues, étaient perpétuellement divisés sur les moyens ; ce qui les avait accoutumés l'un et l'autre à se cacher autant que possible leurs démarches et leurs plans respectifs, et à se servir en France d'agents qui ne communiquaient point entre eux et qui suivaient une marche différente. Le parti de Louis XVIII était nécessairement le plus fort, d'abord par la supériorité au moins nominale de dignité, mais surtout parce que les royalistes français s'accordaient assez généralement à lui supposer des vues plus modérées sur les conditions de sa rentrée en France. Cependant le renouvellement de la guerre en l'an XI avait rendu quelque importance au moins apparente au comte d'Artois et à son conseil. Au premier bruit de la rupture, il était accouru d'Édimbourg à Londres, et il avait proposé ses services au gouvernement anglais avec autant de pétulance et de prétentions que s'il eût été accoutumé à en rendre.

Cette seule circonstance de se trouver près du gouvernement anglais devait donner, du moins tant que l'Angleterre serait la seule puissance en guerre avec la France, quelque prépondérance au parti du comte d'Artois sur celui de Louis XVIII qui ne pouvait agir que de Varsovie, c'est-à-dire du sein même des états d'une puissance qui rendait à Bonaparte des respects peu sincères, mais si multipliés et si marqués que l'utilité en était la même pour celui-ci.

Cette division entre les deux chefs du parti royaliste n'était pas la seule qui existât dans son sein. Un troisième parti s'était formé aux dépens des deux premiers, en faveur du jeune duc d'Enghien. Ce jeune prince, qui à plusieurs qualités brillantes unissait de la grandeur et de la noblesse dans le caractère, était devenu l'idole de beaucoup de royalistes qui, persévérant dans une cause jusque-là malheureuse, en imputaient toutes les humiliations et tous les revers au défaut de caractère, de courage et d'habileté dans Louis XVIII et son frère, et pensaient qu'il ne fallait à cette cause qu'un meilleur chef. Ce parti prenait tous les jours plus de consistance et s'enrichissait des déserteurs des deux autres qui s'accordaient à trouver Louis XVIII trop faible, et le comte d'Artois trop ridicule comme gardant dans la condition d'un homme avili, la pétulance et la présomption que le succès explique sans les justifier. C'est un fait que je crois attesté par la correspondance des royalistes français qui avaient resté hors de la France, et par les discours de plusieurs d'entre eux rentrés depuis longtemps.

Quant aux d'Orléans, s'ils avaient dès lors quelques partisans et s'ils en ont aujourd'hui, ce dont je doute beaucoup, ce ne pouvait pas être parmi les royalistes véritables.

Au commencement de l'an XII, les royalistes de Varsovie et ceux de Londres avaient chacun en France leurs agents isolés et indépendants. Ceux de Louis XVIII consistaient en un très petit nombre d'hommes à la tête desquels étaient le vicomte de La Rochefoucauld et, je crois, un M. de Roquefeuille. Ils formaient un comité qui se bornait à correspondre, sur l'état actuel et l'état possible de la France, avec Louis XVIII. Mais ce comité n'avait, suivant toutes les apparences, ni les relations, ni le crédit, ni le caractère qui auraient pu en faire des conspirateurs. Il est même des personnes qui allaient jusqu'à douter de la sincérité du zèle des hommes qui le composaient pour les intérêts de Louis XVIII.

Quant au comte d'Artois, son parti en France était beaucoup mieux organisé, plus nombreux et plus fort, du moins en apparence. C'était Georges [1] qui avait débarqué en France vers la fin de l'an XI, avec un certain nombre d'agents, suivis bientôt de quelques autres. Il n'est pas encore temps de parler de ce parti, de manière à en faire connaître la véritable force ; il me suffit, pour le moment, d'en avoir remarqué l'existence.

Un second parti qui semblait avoir recouvré un peu d'activité, à peu près vers la même époque où

---

[1]. Georges Cadoudal, désigné ordinairement sous son prénom, était fils d'un meunier de Brech près Auray. Après avoir accepté la pacification (9 février 1800), il se rendit à Paris où il vit Bonaparte qui, le 14 ventôse, an VIII, écrivit au général Brune : « J'ai vu, ce matin, Georges. Il m'a paru un gros Breton dont peut-être il sera possible de tirer parti pour les intérêts mêmes de la patrie. » Mais Georges refusa ses offres et se retira en Angleterre, d'où il revint, dit-on, pour préparer l'attentat du 3 nivôse, y retourna, puis débarqua le 21 août 1803 au pied de la falaise de Biville et fut arrêté le 9 mars à Paris ; il avait alors trente-cinq ans. Il en sera longuement question plus loin.

le précédent se préparait à remplir son but, c'était celui ordinairement désigné sous le nom de Jacobins, composé presque entièrement d'hommes qui, avec des conduites diverses dans les événements les plus déplorables de la Révolution, s'étaient accordés sinon dans leurs idées sur la Révolution, du moins dans une sorte de sentiment extrême qu'ils en avaient. Ces hommes dépossédés successivement de leurs places et de leur crédit par les événements qui avaient suivi le 9 thermidor, par le Directoire, et enfin par la révolution du 18 brumaire, confondus dans la haine générale, étaient sans influence véritable; mais forts encore de leur nombre et de cette obstination qui accompagne les sentiments exaltés dans les esprits ignorants, ils n'avaient pas abjuré toute espérance, sinon de recouvrer leur premier crédit, du moins de voir changer l'ordre des choses établi en France à la suite du 18 brumaire.

Ils avaient été les premiers à attaquer le héros de cette journée, et, ne se bornant pas à prédire qu'avec tous les moyens imaginables d'être un tyran, il ne manquerait pas de le devenir, ils l'avaient, dès le premier jour de son pouvoir, regardé comme tel. Les premiers pamphlets, les premières chansons satiriques faites contre Bonaparte devenu premier consul, l'avaient été par eux, et les premiers actes arbitraires du gouvernement consulaire, les premiers actes de justice équivoque par lesquels il avait signalé sa sévérité étaient tombés sur ce parti[1]. De plus en plus persécuté, il s'était de plus en plus affaibli ; mais on ne pouvait cependant pas encore le regarder comme détruit. Ils avaient deux ou trois presses à eux où ils faisaient imprimer des pamphlets que tantôt ils répandaient dans le public par des moyens clandestins, et que plus souvent ils ne se communiquaient qu'entre eux. Il me paraît très digne de remarque que l'expérience des événements, loin d'avoir tempéré ce qu'il y avait d'exalté dans leurs idées et leurs sentiments sur la liberté, n'avait fait que les y confirmer davantage. Le gouvernement de Bonaparte leur paraissait la meilleure justification de leurs principes et de leurs sentiments politiques. Ils croyaient aimer et reconnaître la liberté, parce qu'ils étaient dominés par

---

1. « Jugement d'Arena et Ceracchi. Déportation du 3 nivôse. » (*Note marginale.*)

un instinct qui les portait à se révolter contre la tyrannie. Ils avaient plusieurs comités où se réunissaient ceux d'entre eux qui prétendaient encore à l'honneur de restaurer ce parti, ou qui croyaient qu'il fallait quelque concert entre eux pour se préserver des atteintes d'un pouvoir qui les haïssait et qui les avait traités plusieurs fois avec une sévérité aussi arbitraire qu'elle était cruelle. Mais ces conciliabules avaient beaucoup plus pour objet de se communiquer les terreurs trop fondées que le gouvernement leur inspirait, que les espérances vaines de voir renverser ce gouvernement auxquelles ils se laissaient aller quelquefois.

Il me reste à parler d'un troisième parti presque également éloigné des deux autres et beaucoup plus nombreux qu'eux deux pris ensemble. Je veux dire le parti républicain. Mais ici, il faut prévenir, par quelques considérations, l'obscurité et le vague qui résultent toujours des mots mal définis, surtout de ceux dont l'abus a été en quelque sorte populaire.

En quel sens peut-on dire qu'il y avait à l'époque dont il s'agit un parti républicain? Ou bien que doit-on entendre par un tel parti?

A cette époque, l'esprit du gouvernement n'était certainement pas plus républicain qu'à Constantinople; mais son langage l'était encore à plusieurs égards, et les institutions l'étaient par leur forme, sinon par leur résultat. En un mot, la France était censée une république, et sa constitution, acceptée, avait-on dit, par plus de trois millions de votes, était une constitution républicaine pour les formes, même depuis que le premier consul temporaire était devenu premier consul à vie. Toutes les fois que les voix, données pour la voix publique, s'étaient fait entendre sur les affaires générales, elles supposaient l'existence d'une république, et même toutes la supposaient pour s'en féliciter. Il semble que, si l'on parle à cette époque d'un parti républicain, ce parti ne devait être autre que la nation entière elle-même; mais ce n'est point dans ce sens que j'entends parler d'un parti républicain. La nation, considérée dans sa masse, n'avait qu'un pressentiment très vague des intentions de Bonaparte, et plus vague encore des conséquences qui pouvaient en résulter pour la tranquillité de la France et de l'Europe.

Je n'entends ici par parti républicain que la

réunion de ceux qui prévoyant la perte de la République avaient le désir de l'empêcher, qu'ils en eussent ou non les moyens et le courage. J'ajoute que je comprends sous ce nom tous ceux qui regardaient la liberté comme possible en France, qui croyaient que l'existence d'une représentation nationale votant la loi et l'impôt pouvait suffire au sentiment et au besoin que la nation avait conservé de la liberté, et compatir avec une magistrature unique et à vie, mais non héréditaire, exerçant les fonctions du pouvoir exécutif; en un mot qui regardaient la constitution de l'an VIII, malgré toutes les violations et les altérations qu'elle avait subies, comme une garantie du degré de liberté possible après les maux et les excès de la Révolution.

D'après ces idées, il me semble facile de voir que la dénomination de parti ne peut ni proprement, ni strictement convenir aux hommes que je viens de désigner par le nom de républicains, d'abord parce qu'ils n'étaient point formés en parti, et qu'ils n'avaient d'autre concert que celui de vœux impuissants et stériles; en second lieu, parce qu'à l'idée de faction et de parti s'attache nécessairement celle d'un changement dans un état convenu et déterminé soit de choses, soit de personnes. Or, dans le cas dont il s'agit, les vœux étaient pour la conservation de l'état de choses actuel; et, si l'on désirait le renversement du gouvernement établi, c'était beaucoup plus relativement à tout ce qu'il pouvait et voulait faire encore, que pour ce qu'il avait déjà fait.

Ce qui faisait la grande différence entre ce parti et les deux précédents était en même temps ce qui semblait faire sa supériorité de forces et son avantage de position. Il avait un centre de ralliement, en quelque sorte une représentation, dans une des autorités de l'État, dans celle précisément qui avait été instituée pour veiller au maintien de la constitution républicaine. On verra bien, et j'espère le montrer assez, que cet avantage n'était qu'une pure illusion. Mais cette illusion même me paraît devoir entrer dans les données nécessaires pour apprécier les événements subséquents, et pour en expliquer la cause.

Presque tous les hommes qui avaient été placés dans les principales autorités, à la suite de la révolution du 18 brumaire, étaient réputés des amis

7

de la liberté et de la République. Presque tous ceux qui avaient concouru à cette journée fameuse s'en repentirent le lendemain. Les premiers mots de Bonaparte après la victoire les avaient éclairés sur les suites de cette victoire. Aussi se forma-t-il de très bonne heure, dans le Sénat, le Tribunat et le Corps Législatif un parti d'opposition prononcée. J'ai déjà parlé de ce qui fut fait, dans ces deux derniers corps, pour y prévenir les conséquences de cette opposition. On prit une autre voie pour produire le même effet dans le Sénat. Bonaparte, par le sénatus-consulte du 21 thermidor an x, s'était réservé le droit de le convoquer; il s'en était fait le président naturel et perpétuel; il y avait ajouté arbitrairement un certain nombre de membres pris dans sa famille ou parmi ses créatures. Le Sénat, qui déjà auparavant avait perdu sa force constitutionnelle en faisant par faiblesse des actes attentatoires à la Constitution, ne pouvait plus opposer de barrière efficace aux débordements toujours croissants de la puissance arbitraire qui s'était emparée de lui et de toute chose. L'opposition qui s'était manifestée dans ce corps depuis son origine, quoique toujours en minorité, était néanmoins assez forte. Elle avait été d'une vingtaine de membres, dans un temps où le Sénat n'était composé que d'environ cinquante. Mais la crainte, la corruption, la faiblesse l'eurent bientôt réduite à quatorze ou quinze. Vers le temps du consulat à vie, elle n'avait paru que de sept ou huit; et nous la verrons bientôt plus faible encore et plus nulle.

Mais, tout faible qu'il était, ce parti ne laissait pas d'inspirer à Bonaparte des inquiétudes véritables, et, pour que ces inquiétudes eussent été fondées, il n'aurait fallu peut-être aux huit ou dix hommes qui en étaient l'objet que le courage d'interrompre par une protestation solennelle ou une démission le concert de bassesses et de flatteries qui secondait les entreprises de Bonaparte.

De ce tableau rapide des divers partis alors en opposition déclarée ou secrète aux vues de Bonaparte, il résulte que nul n'était très redoutable, non seulement faute de résolution et de moyens, mais plus encore pour des raisons que j'indiquerai bientôt.

Ce qui faisait surtout la nullité de ces partis, c'était le défaut d'un chef qui eût en sa faveur l'opinion nationale. Il leur eût fallu nécessairement un point d'appui dans la nation ou dans l'armée; or, la nation mécontente, mais incapable de mettre un intérêt réel aux projets qui avaient pour but de lui rendre ses anciens maîtres, ou de lui conserver une liberté au sacrifice de laquelle elle était résignée, n'avait plus assez de courage pour favoriser un parti quelconque. L'armée avait conservé plus de son premier caractère; mais, de tous ses généraux qui avaient acquis de la gloire, les uns étaient avilis par leur propre cupidité, la faveur et les dons de Bonaparte; les autres, en butte à ses soupçons et à la vigilance de la police, vivaient loin des armées, qui les connaissaient et où leur influence aurait pu prendre une consistance funeste aux desseins de Bonaparte.

Parmi ces derniers, et dans une place à part, était Moreau, qui par une circonstance dont il semble que la République aurait pu concevoir d'heureuses espérances, étant celui de tous les généraux qui avait gagné le plus de batailles, était en même temps celui qui avait le plus montré les vertus d'un citoyen.

La situation de ce général, brouillé ouvertement

avec Bonaparte, le rendait extrêmement propre à devenir un chef de parti, si cela eût été dans son caractère. J'essayerai d'en expliquer la cause, en remontant aux événements antérieurs; je m'en tiendrai à ce qui peut jeter du jour sur les événements que je me propose de raconter.

La première origine de la division de Moreau et de Bonaparte remonte au milieu de l'an ix. Il paraît que la répugnance avec laquelle Moreau se décida à détacher de son armée, qui occupait alors le cœur de l'Allemagne, 25 000 hommes à Bonaparte pour le seconder dans son expédition d'Italie, fut ressentie par celui-ci. Quoi qu'il en soit, au mois de germinal de la même année [1], le journal officiel qui déjà à cette époque n'admettait aucun article concernant les affaires de l'État, sans l'ordre positif de Bonaparte ou sans son autorisation, imprima que la solde de l'armée de Moreau avait été faite par le trésor public, depuis le moment où ce général en avait pris le commandement en l'an viii. C'était un mensonge grossier. Moreau y répondit par une lettre du 29 floréal adressée au

---

1. Voyez les numéros du 12 et du 14 germinal, p. 809 et 817.

ministre de la guerre, dans laquelle il lui rendait un compte sommaire de l'état des fonds qui avaient servi à l'entretien de l'armée, et de leur origine. Il en résultait que Moreau avait reçu du trésor public environ dix-huit millions pour l'entretien de son armée, et qu'il en avait perçu quarante-quatre des contributions de l'Allemagne. Il rendait un compte sommaire de l'emploi de trente-six millions sur cette dernière somme, en déclarant qu'il s'était réservé l'emploi des sept millions de surplus.

La plus forte partie de cette dernière somme, de l'aveu même de Moreau, avait été distribuée à l'armée comme gratifications. Ces gratifications n'avaient enrichi personne, celles des généraux n'avaient pas excédé 50 000 fr. Moreau envoya à tous les journaux une copie de cette lettre au ministre de la guerre; mais un ordre venu du ministère de la guerre, ou peut-être de celui de la police, leur parvint en même temps, qui leur défendit de l'insérer[1]; et en même temps que

---

[1]. Moreau la fit imprimer, et Fauriel en avait conservé un exemplaire d'après lequel nous en donnons le texte à l'appendice.

cette défense était adressée aux journalistes, des hommes, qui approchaient de très près Bonaparte et qui étaient accoutumés à être ses échos, allaient répétant avec un mystère propre à donner plus de crédit à leur assertion, que Moreau s'était emparé d'un seul coup à son profit du huitième des contributions de l'armée.

Lorsque Moreau rentra en France avec cette armée qui venait de conquérir la paix, on prit des précautions pour la dispersion de ses différents corps, Bonaparte supposant Moreau aussi dangereux qu'il aurait pu l'être, s'il eût été ambitieux. De retour dans ses foyers, le général avait été en butte aux soupçons de Bonaparte et de la police. Des propos tantôt plaisants, tantôt sérieux, sur l'administration consulaire manifestaient jusqu'à l'évidence, et peut-être jusqu'à l'indiscrétion, le peu de cas qu'il faisait de Bonaparte. Il vivait retiré dans sa famille et au milieu d'une société assez frivole qui eût été peu digne d'un homme qui venait de faire de si grandes choses pour la patrie, dans un temps où il eût été moins dangereux d'avoir de la gloire et d'être estimé de la nation. Toutefois il ne manquait pas de fierté quand l'occasion lui permettait d'en montrer [1]; et, dans les sociétés où il croyait que les services qu'il avait rendus à la République pouvaient être dignement appréciés, il parlait quelquefois en homme qui avait le sentiment d'avoir donné la paix à la France, cette même paix dont un autre s'appropriait tous les fruits. Il avait peu d'amis parmi les généraux qui avaient servi sous lui et qui avaient été les compagnons de ses victoires, et, de ces généraux, les uns étaient suspectés comme lui, les autres revêtus d'emplois qui les écartaient.

Il n'est donc pas étrange que, dans une pareille position, les divers partis regardassent Moreau comme un homme très propre à devenir un ennemi actif de Bonaparte et de ses projets, et ne fussent disposés à faire des tentatives pour se l'attacher et profiter de sa gloire pour l'exécution de leurs plans.

1. « Il disait des choses qui indiquaient beaucoup de bon sens et de bons sentiments politiques. Il parlait même quelquefois des principes suivant lesquels il gouvernerait la France, ou croyait qu'elle devait être gouvernée. Le gouvernement était follement jaloux de lui, et faisait épier toutes ses démarches. On avait porté la petitesse de jalousie là-dessus jusqu'à solliciter la cessation de certains cercles de société où il venait, et où il trouvait assez ordinairement un grand nombre d'étrangers avides de le voir, de le connaître, de lui être présentés. » (*Note marginale.*)

Mais, par la nature de ses opinions et de son caractère, il ne pouvait avoir de relations et de sympathie ni avec les jacobins, qui le regardaient comme un royaliste ou prêt à chaque instant à le devenir, ni avec les royalistes purs qui ne lui faisaient pas l'affront de le regarder comme leur appartenant. Quelques indécisions dans ses opinions et dans ses sentiments politiques contribuaient peut-être à le leur faire regarder comme une conquête possible pour leur cause, et à leur faire penser qu'après avoir gagné tant de batailles pour la République, il pourrait enfin se résoudre à essayer d'en gagner une pour la restauration des Bourbons, qui eût expié les premières. Mais il est certain que Moreau n'avait jamais eu aucune relation, ni fait aucune démarche qui pût autoriser la moindre espérance des royalistes à son égard. Un pareil rapprochement n'était point dans la nature des choses ; c'est ce que l'on verra mieux par la suite, quand je ferai connaître ce qui a été fait pour l'opérer, et de quelle influence partait cette intention, et les actes qui en ont dérivé.

La vérité est que les hommes avec lesquels Moreau sympathisait par ses sentiments politiques se réduisaient à cinq ou six hommes qui faisaient partie de la minorité du Sénat, et qu'il n'avait de communications qu'avec deux ou trois d'entre eux; que ces communications se bornaient à de stériles vœux pour un état de choses meilleur que l'état actuel, et à des regrets tout aussi stériles sur ce dernier, qu'ils regardaient comme honteux et funeste pour la France, et qui n'était néanmoins que la préparation d'un ordre de choses plus déplorable encore pour la gloire et la liberté de la nation. Ni Moreau, ni ces hommes n'avaient de plan arrêté pour s'opposer à tout ce que préparait Bonaparte, ni pour détruire ce qu'il avait déjà fait; ils n'en avaient pas plus les moyens que le courage; et, si je ne me trompe, dans ces communications, qui ne pouvaient sembler des conspirations à Bonaparte que par le sentiment qu'il avait d'en provoquer de légitimes par ses projets et par sa conduite, dans ces communications, dis-je, ce n'était pas celui qui avait gagné des batailles qui montrait le moins d'irrésolution et de faiblesse. Le repos et l'indolence de la vie domestique semblaient trop lui plaire; il mettait une sorte de recherche à ne point paraître dangereux, et, dans le fait, il ne l'était guère plus qu'il ne cherchait à le paraître. Il jouissait de la considération universelle ; et il semblait même, dans ces temps de faiblesse et de lâcheté générales, que l'opinion lui tînt compte de ce qu'il faisait pour se dissimuler à lui-même l'état de la République, et pour paraître innocent des inquiétudes et des craintes de Bonaparte, quelque vaines qu'elles fussent.

Tel était à peu près, à l'époque dont il est question, l'état général des partis, leur état naturel, si l'on peut parler de la sorte. On peut en conclure avec justesse, ce me semble, qu'ils étaient peu redoutables aux desseins de Bonaparte. Nul n'osait agir pour lui-même ; chacun attendait qu'un autre engageât l'action pour en recueillir le fruit. Peut-être rien n'est-il plus favorable à la consolidation du despotisme qu'un état de choses où diverses factions opposées de vues sont connues pour être les ennemis du despote, sans avoir les moyens suffisants de l'attaquer. Le despotisme obtient sur elles une victoire aisée, dont les fruits sont les mêmes que si la victoire eût été difficile, et la lutte incertaine.

Cet état des factions était parfaitement connu de

Bonaparte. Il avait beaucoup de désir de les anéantir et de les réprimer à jamais. Il était sur le point, et c'est ce qu'il ne faut pas perdre ici de vue, il était sur le point de relever le trône des Bourbons. C'était dans un pareil moment qu'il lui importait véritablement de frapper ou de contenir à la fois, et ceux qui ne voulaient pas des choses anciennes, et ceux qui, avec les choses anciennes, voulaient aussi les anciennes personnes.

Mais, pour les gouvernements qui veulent concilier les honneurs de la justice avec les profits de la tyrannie, il semble très difficile de perdre des ennemis qui n'ont que de la haine sans courage, et qui se bornent à cacher dans l'ombre des vœux irrésolus et de vaines espérances, pour le succès desquelles ils n'osent rien mettre au hasard ; et cependant, pour un gouvernement soupçonneux, jaloux et qui médite des changements à son profit, de pareils ennemis ont ordinairement l'inconvénient des véritables ennemis ; d'abord parce que la mesure des craintes d'un pareil gouvernement, par la nature même des choses, excède toujours celle de son danger, et parce que, dans un état de choses compliqué et qui présente des apparences d'incertitude, un parti qui n'a point en lui-même la force de se faire craindre, peut souvent la trouver dans un incident inattendu.

Dans une pareille situation, que devait faire Bonaparte? Je dirai ce qu'il a fait. Ces ennemis qu'il connaissait parce qu'il les faisait surveiller avec beaucoup d'attention, il essaya de les pousser, et de leur inspirer des résolutions et une audace qu'ils n'avaient pas naturellement, afin de pouvoir les arrêter, les anéantir avec plus d'éclat, et les punir avec plus d'apparences de justice, c'est-à-dire les punir des délits qui leur auraient été inspirés, comme si ces délits eussent été spontanés.

Une telle assertion, je le sens, doit paraître bien étrange, et je la crois neuve dans l'histoire de la tyrannie; la révolution française lui servira de date; et certes ce ne sera pas un des moins étranges résultats de cette révolution. L'histoire est pleine d'oppresseurs qui accablent violemment leurs ennemis, sans prétendre à d'autres honneurs et à d'autres avantages que ceux de les anéantir. La révolution française présentera, à diverses époques, ces oppresseurs qui poussent au crime ceux qu'ils veulent perdre, afin de les perdre avec tout l'appareil et toutes les formes consacrés à garantir l'innocence de l'empire de la force.

Quelque étrange que paraisse l'assertion que je viens d'avancer, il me semble qu'elle sera prouvée par les faits subséquents. Mais il est indispensable, avant de passer en avant, de parler d'un genre d'autorité, également nouveau dans les annales des hommes, de l'autorité qui a été l'instrument du dessein dont nous verrons bientôt l'exécution ; je veux dire de la police [1]. J'espère qu'on sentira que ce n'est point ici une digression oiseuse, mais une explication nécessaire des événements ultérieurs.

La police fut une création du Directoire et spécialement de Merlin [2]. Dans ce temps-là, les factions avaient beaucoup plus d'énergie et d'activité qu'elles n'en ont eu depuis, parce qu'elles avaient

---

1. « Il faut parler de la police en général ; faire entendre ce qu'elle peut et doit être dans le gouvernement. C'est une autorité qui peut arrêter, détruire, déporter et livrer à des commissions militaires ceux qui sont l'objet de ses soupçons. Il faut faire envisager la police comme l'autorité par sa nature la plus exposée à devenir l'organe et l'instrument spécial des vues les plus individuelles des gouvernements ». (*Note marginale.*)

2. Le ministère de la police fut créé le 1ᵉʳ janvier 1796. Camus en fut le premier titulaire, mais il n'y resta que trois jours ; Merlin de Douai, alors ministre de la justice, lui succéda et quitta ces fonctions au mois d'avril lorsqu'il en eut complètement organisé le service.

pour moyens la liberté de la parole, de la presse, et, jusqu'à un certain point, celle des réunions politiques. Le Directoire devint bientôt arbitraire, parce qu'il était faible et méprisé, et il regarda la police comme sa meilleure défense contre ses ennemis. Elle prit d'autant plus d'accroissements que le Directoire perdait davantage de la considération publique. Je crois que, sous l'avant-dernier ministre de la police, sous Bourguignon[1], ce ministère employait sept ou huit cents espions.

Au 18 brumaire, elle put se relâcher beaucoup de cette rigueur, en raison de l'assentiment national à cette journée qui donnait au gouvernement qui en était né une force capable de l'empêcher de recourir aux moyens arbitraires. Le nombre des espions fut réduit. On attacha plus d'importance à la partie de ce ministère qui avait pour objet de réparer et de faire punir les désordres quand ils étaient arrivés, qu'à la partie qui a pour objet de faire deviner les désordres qui n'existent encore qu'en pensée. La plupart de ses actes sur les per-

---

1. Le Dauphinois Bourguignon-Dumolard fut ministre de la police du 23 juin au 20 juillet 1799. Il fut remplacé par Fouché.

sonnes furent des actes en réparation des proscriptions qui avaient eu lieu sous le Directoire ou qui remontaient à des dates antérieures [1].

La circonstance où elle commença à revêtir un caractère de fausseté et de perfidie, ce fut la pacification de la Vendée, où l'on acheva d'écraser par la ruse des hommes qui n'avaient été vaincus qu'à demi par les armes, et où l'on fit arrêter arbitrairement ces mêmes hommes, surpris dans la sécurité d'une négociation perfide avec le gouvernement consulaire [2]. La tentative d'assassinat contre Bonaparte, qui éclata le 3 nivôse an IX, acheva de confirmer la police dans le caractère qu'elle avait commencé à prendre [3]. Les ennemis que se fit Bonaparte par le sénatus-consulte du 15 nivôse [4], ceux

---

1. « Ces observations ne sont vraies que du ministère de la police en particulier, et point de la police en général, action qui était répartie entre divers agents indépendants les uns des autres. Par exemple, tandis qu'au ministère de la police on rappelait des proscrits, on faisait, au ministère de l'intérieur, sous Lucien, des machinations abominables. » (*Note marginale.*)

2. Allusion à l'exécution de M. de Frotté, en janvier 1800. Voy. Thiers, liv. II.

3. « L'esprit de Bonaparte passa par degrés dans la police ; avant qu'il y fût tout entier, il était dispersé entre d'autres hommes et d'autres autorités ». (*Note marginale.*)

4. Le 15 nivôse, un sénatus-consulte ratifia l'arrêté par lequel Bonaparte avait condamné à la transportation cent trente individus comme terroristes.

qui se déclaraient tous les jours davantage dans l'opposition des principales autorités, la frayeur que Bonaparte avait d'être assassiné, frayeur attestée par mille précautions que les anciens rois de France auraient rougi d'avouer utiles, toutes ces circonstances rendirent l'espionnage plus nécessaire, le forcèrent à être plus adroit, à avoir une armée plus nombreuse, des chefs choisis dans des classes moins suspectes de ce honteux métier. Les polices particulières se multiplièrent et se renforcèrent. L'état-major de Paris avait la sienne, le ministre des relations extérieures, celui de l'intérieur eurent la leur.

Le premier consul eut la sienne, et ce qui était arrivé sous le Directoire arriva de nouveau sous Bonaparte; à chaque nouvelle injustice, à chaque perte qu'il faisait dans l'opinion, la police devenait plus inquiète, plus soupçonneuse, plus active et plus entreprenante. Elle ne se contenta plus de faire tendre des pièges pour deviner les intentions et les projets des ennemis du gouvernement; elle leur fit tendre des pièges, pour les pousser à des actions punissables, dont les hommes qui en avaient paru un moment les complices devenaient aussitôt au besoin les délateurs devant la justice, après en avoir été les délateurs auprès du gouvernement.

Je citerai quelques faits que je crois peu connus, et propres à faire comprendre, par ce que la police a fait de bonne heure sous Bonaparte, ce qu'elle était capable de devenir par la suite entre ses mains.

Peu de temps après le 18 brumaire, Bonaparte, déjà irrité de l'opposition de sentiments et d'opinions qu'il commençait à éprouver, imagina un moyen par lequel il croyait s'assurer à volonté la faculté de les déshonorer ou de les punir. Il fit faire par Lucien une brochure dans laquelle il était diffamé, où son gouvernement était attaqué sans ménagement, et son caractère flétri par des injures et des calomnies grossières. Tous les hommes qui étaient censés avoir les sentiments manifestés dans cette brochure et avoir voulu les répandre, étaient nommés. Or, à côté des noms flétris de quelques démagogues qui n'avaient plus de place ni d'influence, s'y trouvent les noms de quelques-uns des hommes qui occupaient alors des fonctions importantes, et s'y conduisaient avec indépendance. Fontanes fut, dit-on, engagé par

Lucien à écrire cette brochure; il refusa cette proposition; on le connaissait assez vil pour la lui faire, mais il ne l'était pas assez pour l'accepter. Ce fut, autant que j'ose l'affirmer, un journaliste, nommé Isidore Langlois[1], déporté au mois de fructidor an v, et alors employé par Lucien dans ses bureaux, où il servait d'espion à Fouché. Je le nommerai parce qu'il est mort, et qu'une flétrissure de plus sur son nom déjà déshonoré[2] ne peut pas être une injustice véritable, même quand elle serait une erreur; ce que je ne pense pas ici.

Une autre circonstance qui n'est qu'un incident peu connu d'un événement qui l'est beaucoup, de l'attentat du 3 nivôse et des mesures qui en furent la suite, peut donner une idée de la manière dont Bonaparte entendait tirer parti de l'administration de la police. Quand on rédigea la liste des cent trente déportés, comme auteurs de cette journée,

---

1. Isidore Langlois, né à Rouen le 18 juin 1770, rédacteur du *Messager du soir* et l'un des journalistes proscrits après le 18 fructidor. Il fut rappelé après le 18 brumaire. — Je n'ai pu retrouver la brochure que lui attribue Fauriel.

2. Le général Hoche insulté par lui dans le *Messager* « s'était permis à son égard une vengeance toute militaire », dit la *Biographie moderne* (1807, Leipzig, in-8°, t. III, p. 68.)

la police et Bonaparte lui-même savaient très bien que les présomptions les plus naturelles sur les auteurs de cet attentat devaient porter sur les rebelles Vendéens, et non sur les jacobins [1]. Mais Bonaparte vit dans cette circonstance une occasion favorable d'affaiblir un parti qu'il craignait, et d'autant plus aisé à persécuter impunément qu'il était plus odieux à la nation. On dressa donc une liste des hommes réputés les plus dangereux de ce parti; et cette liste fut dressée si précipitamment, que l'on y porta des hommes morts et d'autres qui étaient absents de Paris. Quand ces hommes eurent été déportés, et avant que la police eût ressaisi le véritable fil de la conspiration qui aboutissait au parti royaliste, des hommes qui étaient ennemis de Fouché voulurent le forcer à déclarer, en présence du consul et en plein Conseil d'État, que, les hommes qui venaient d'être déportés étant censés les véritables auteurs de l'attentat du 3 nivôse, nul ne

---

[1]. « Certain instinct, racontait en 1805 Fouché à Bourrienne, me disait que la machine infernale était l'œuvre des royalistes; je le lui dis en particulier (à Bonaparte); il en fut, j'en suis sûr, bien convaincu lui-même; mais il n'en persista pas moins à proscrire une centaine d'hommes. » (*Mémoires de Bourrienne*, t. vi, p. 293). — Toute cette histoire de l'attentat et de ses conséquences est très détaillée dans Thiers, liv. viii.

serait plus poursuivi pour cet attentat. Le premier consul, qui n'avait plus d'intérêt à dissimuler le motif véritable de la déportation des malheureux jacobins, prit la peine de répondre lui-même à cette interpellation adressée à Fouché, et déclara que rien ne devait empêcher la police de faire de nouvelles recherches sur les auteurs du 3 nivôse, parce que les hommes qui venaient d'être déportés comme tels le méritaient et devaient l'être par mesure de salut public, lors même qu'ils ne seraient pas véritablement les auteurs du délit qui leur était imputé.

La destitution de Fouché[1] de la place de ministre de la police fit croire un moment que cette place allait devenir enfin moins importante, et les moyens dont elle se servait moins nécessaires au gouvernement. Soit par son union au ministère de la justice, soit qu'en effet Bonaparte, absorbé par les soucis que lui donnait le renouvellement de la guerre avec l'Angleterre, pût donner moins de soins aux factions de l'intérieur, l'administra-

---

1. Le ministère de la police fut supprimé le 14 septembre 1802 et rétabli le 10 juillet 1804; Fouché en devint de nouveau le titulaire.

tion de Régnier[1] fut assez calme, marquée par plusieurs actes arbitraires obscurs, mais non par des actes éclatants, comme plusieurs de ceux qui avaient eu lieu sous Fouché; cette différence pouvait aussi venir de celle des deux ministres.

Mais, par quelques coups que la police se fût jusque-là signalée, elle n'avait point encore atteint le degré d'audace et de raffinement que nous allons maintenant la voir développer par degrés dans un intervalle de six mois. Ce que j'en ai dit n'a pu montrer que ce qu'elle pouvait devenir; c'est aux faits maintenant à parler.

Pour remonter à l'origine de la conspiration dont Moreau a été regardé comme le complice, et à divers actes de Bonaparte auxquels cette conspiration a servi de prétexte, je suis forcé de reprendre les choses de plus haut.

La première circonstance dans laquelle Bonaparte manifesta le projet de perdre Moreau remonte à l'an x. Un abbé David[2], que nous verrons bientôt

---

1. Il était grand-juge.
2. P. David, curé de Pompadour puis d'Uzerche, embrassa la cause de la Révolution, fut, après le 18 brumaire, secrétaire général du département des Pyrénées-Orientales, puis (1801)

figurer parmi des conspirateurs d'un nouveau
genre, avait été lié avec Pichegru, Moreau et plusieurs autres généraux à l'armée du Rhin, où il
avait pris un emploi, après diverses métamorphoses
subies dans le cours de la Révolution, durant laquelle il avait eu des opinions et une conduite pour
chacune des circonstances où il s'était trouvé.
Après une longue absence occasionnée par la défection de Pichegru, en l'an v, il revint à Paris après
le 18 brumaire. Il y avait passé plus de deux ans
sans voir Moreau. Mais enfin, le 6 prairial, il demanda une entrevue au général, pour s'informer de
ses dispositions relativement à Pichegru, et lui
avouer l'intention qu'il avait de les réconcilier en-

vicaire général de l'évêque de Limoges. Venu à Paris, il chercha
à réconcilier Moreau avec Pichegru, fut arrêté à Calais (23 novembre 1803), transféré au Temple, mis en jugement avec Moreau et acquitté. Il avait publié, en 1796 (à Hambourg, chez
Fauche, in-12), une *Histoire chronologique des opérations de
l'armée du Nord et de celle de Sambre-et-Meuse, depuis germinal an II jusqu'au même mois de l'an III, tirée des livres d'ordre
de ces deux armées.* — On verra plus loin (p. 149) que Fauriel le
traite de bouffon, et il a bien raison, à en juger par la brochure
que cet ancien curé a publiée en 1817 (Paris, Le Normant, in-8°,
44 p.), sous le titre de *Seconde épître à M. l'abbé Sicard ou
Histoire en vers burlesques d'une partie des folies et des crimes
du Corse empereur, depuis son entrée en Égypte jusqu'à sa déportation à Sainte-Hélène.*

semble. Moreau accueillit assez froidement ce projet, en homme qui n'avait point de haine personnelle pour Pichegru, mais qui le regardait comme perdu dans l'opinion des Français par sa trahison de l'an v.

En même temps qu'il entamait cette négociation avec Moreau, l'abbé David en faisait part à plusieurs généraux parmi lesquels étaient Macdonald et Dejean, et au sénateur Barthélemy, qui tous approuvèrent ce projet de réconciliation. Les deux généraux se chargèrent même de solliciter de Bonaparte le rappel de Pichegru. Bonaparte le refusa nettement, mais de manière cependant à faire regarder son refus plutôt comme l'effet de circonstances qui le rendaient inconvenable, que comme absolu et irrévocable dans d'autres circonstances qui pouvaient se présenter.

David écrivit aussitôt à Pichegru à Londres tout ce qui se passait. Il lui annonçait son projet de le réconcilier avec Moreau, et lui mandait qu'il avait l'assurance que ce général ne mettrait point d'opposition à sa rentrée en France, ou même la seconderait, s'il en avait le pouvoir. Il avait cette assurance dans deux ou trois lettres que Moreau lui avait adressées, et où son opinion défavorable de la conduite de Pichegru n'était point dissimulée, mais où il exprimait sa bienveillance personnelle d'une manière assez marquée.

La police était parfaitement informée de toutes les démarches de David auprès de Moreau, et de toutes les réponses de Moreau à David. Cette circonstance aurait pu jeter quelque chose de louche sur les intentions de ce dernier; Moreau lui-même avait fini par en avoir quelque inquiétude; mais l'indiscrétion de l'abbé David suffisait peut-être pour le disculper de torts d'une nature plus grave et plus honteuse. Il demeurait à Paris dans un hôtel garni où il avait des occasions journalières de voir beaucoup de personnes de toute opinion et de tout caractère, et, en leur présence, il s'était vanté plusieurs fois de son projet de réconcilier Moreau et Pichegru, et il y avait ajouté, dit-on, une insinuation mystérieuse qui, si elle n'était pas une perfidie, était au moins une maladresse notoire dans un homme accoutumé aux intrigues politiques et qui n'ignorait pas la situation de Moreau par rapport au gouvernement consulaire. Il avait parlé non seulement de la réconciliation de Moreau avec Pichegru, mais encore avec un grand personnage qu'il ne nommait pas et qui pouvait n'être pas Bonaparte.

Quoi qu'il en fût des inquiétudes qu'une pareille conduite pouvait inspirer à Moreau, et des soupçons qu'elle inspira à plusieurs personnes, l'abbé David, au commencement de l'an xi, prit la résolution d'aller à Londres, soit qu'il ne voulût que s'y entretenir de plus près avec Pichegru sur son rapprochement projeté avec Moreau, soit qu'il y allât dans des vues plus personnelles. Il ne fit point un mystère de ce voyage; il demanda, suivant l'usage adopté, un passeport à la préfecture de police; il l'obtint et se mit en route. Arrivé sans contradiction, sans obstacle, à Calais, le 1ᵉʳ frimaire an xi, il y fut arrêté brusquement, et avec un appareil qui prouvait que cette mesure avait été concertée d'après des ordres arrivés avant lui. Ses papiers furent visités avec beaucoup de rigueur; on y trouva la copie d'un billet écrit à Moreau, et une lettre de Moreau lui-même, qui était relative à Pichegru, et pouvait être regardée comme sa profession de foi sur ce général. Ces papiers furent enlevés et envoyés au grand juge, qui aurait pu tout aussi bien les faire saisir à Paris, et y faire arrêter l'homme qui en était chargé. Mais cette arrestation, faite à Calais, presque sur la frontière de l'Angleterre, et au milieu d'un voyage qui avait pour objet avoué le projet d'une visite à Pichegru dans la vue de le réconcilier avec Moreau, était beaucoup plus propre à remplir les intentions du gouvernement vis-à-vis de ce dernier. La joie et les insinuations menaçantes que les partisans de Bonaparte laissèrent transpirer à la suite de l'arrestation de David et de la saisie des lettres de Moreau prouvèrent bien quel genre d'avantage on se proposait d'en tirer. On avait compté sur l'indiscrétion de Moreau, sur une condescendance pour un de ses anciens amis qu'il serait facile de présenter comme criminelle. On y trouva des témoignages bien différents des sentiments de Moreau. On y voyait un homme qui, sans ressentiment personnel contre Pichegru, n'avait néanmoins pas oublié sa trahison envers sa patrie. Moreau resta calme au milieu du bruit que le gouvernement essaya de faire de cette circonstance; ce bruit se dissipa peu à peu. David qu'on avait amené à Paris et qui avait été interrogé avec beaucoup de rudesse et même avec des menaces, fut relâché au bout de quelques mois; et cette espérance de perdre Moreau ayant avorté contre tout ce qu'elle présentait d'apparences flatteuses, il fallut chercher d'autres moyens d'arriver à ce but.

On va voir par quelle suite de détours le gouvernement crut y avoir enfin réussi.

C'est ici le cas de parler d'un homme qui s'était déjà rendu assez fameux dans le cours de la Révolution par les excès de ses opinions, et qui, depuis, l'est devenu par un nouveau genre de conduite que, jusque-là, les âmes les plus viles, celles qui avaient le moins de prétentions à l'estime publique, avaient soigneusement dissimulé tout en devenant coupables.

Il faut, avant tout, savoir de Méhée[1] qu'avant la fortune de Bonaparte, et surtout durant la courte

---

[1]. Jean-Cl.-Hipp. Méhée de la Touche, né à Meaux vers 1760, mort à Paris dans la misère en 1826, était fils d'un médecin, professeur au Val-de-Grâce. Voici quelle avait été sa vie avant l'époque où Fauriel le met en scène: Agent secret des révolutionnaires en Pologne et en Russie, il en fut chassé, revint à Paris en 1792, assez à temps pour être nommé secrétaire greffier de la Commune dite *du 10 août*, et participa, suivant ses ennemis, aux massacres de septembre. Incarcéré quelque temps sous la Terreur, il publia, après le 9 thermidor, divers pamphlets contre les jacobins. Secrétaire du département de la guerre puis de celui des relations extérieures (1795-1798), ce fut probablement dans le

période de son commandement de Paris, ces deux hommes avaient été liés ensemble avec assez d'apparence d'intimité. Méhée, qui n'était point déchu encore de la hauteur à laquelle il s'était élevé parmi les démagogues, regardait Bonaparte comme digne de lui, et ils étaient unis par l'accord de leurs opinions plus que par tout autre lien. Méhée, qui, jusqu'au 13 vendémiaire, avait été le plus puissant des deux, lui avait donné ces secours et ces soins qu'entre deux amis le plus fortuné doit à celui qui l'est le moins.

Méhée qui, durant la tourmente révolutionnaire,

premier de ces postes qu'il avait été à même de rendre service à Bonaparte. Après le 18 brumaire, il fut chargé de la rédaction du *Journal des Hommes libres*.

Il a raconté avec un rare cynisme, et en apportant force pièces originales à l'appui, les intrigues auxquelles il se livra pour faire tomber dans ses pièges le parti royaliste et le ministère anglais. Son livre, publié aux frais du gouvernement, est intitulé : *Alliance des jacobins de France avec le ministère anglais; les premiers représentés par le citoyen Méhée, et le ministère anglais par MM. Hamond, Yorke et les lords Pelham et Hawkesbury;* suivie des *Stratagèmes de Fr. Drake*, sa *Correspondance, ses plans de campagne*, etc. A Paris, de l'imprimerie de la République, germinal an XII, 278 p. in-8°. L'ouvrage fut envoyé avec un rapport du grand-juge aux membres du corps diplomatique par le ministre des relations extérieures. Les originaux des lettres de Drake qui y sont insérées furent adressés à l'électeur de Bavière, près duquel Drake représentait l'Angleterre. (*Journal de Paris*, 29 mars 1805, p. 1198.)

avait été le secrétaire de la fameuse Commune de Paris, avait été nommé, sous le Directoire, historiographe de la République française. J'ignore ce qu'il a fait pour remplir les fonctions de cette place; mais on verra bientôt quel homme le Directoire avait choisi pour historien. Ce qui l'occupa le plus sous le Directoire, ce fut la rédaction du *Journal des Hommes libres*, que Fouché acheta et continua, en le dirigeant, à peu près à l'époque du 18 brumaire. Méhée continua d'en être le rédacteur, et se trouva, par là, en liaison indirecte, en contact médiat avec Bonaparte; c'était se trouver en contact avec lui par le point le plus épineux. A cette époque, la presse avait déjà été soumise à des restrictions nombreuses et à une inquisition oppressive qui en rendit la demi-liberté à la fois dangereuse et difficile. Le nombre des journaux avait été réduit, par un arrêté consulaire [1], de 50

---

1. Le 27 nivôse an VIII (17 janvier 1800), un arrêté des consuls avait réduit le nombre des journaux à treize (en y comprenant le *Moniteur*, devenu journal officiel). Voici la liste de ceux qui, au moins momentanément, échappèrent à la proscription : le *Journal des Débats*, le *Journal de Paris*, le *Bien-Informé*, le *Publiciste*, l'*Ami des Lois*, la *Clef du cabinet*, le *Citoyen français*, la *Gazette de France*, le *Journal des Hommes libres*, le *Journal du soir*, le *Journal des défenseurs de la Patrie*, la *Décade philosophique*.

ou 60 à 12, et ces 12 privilégiés étaient restés soumis à la censure habituelle de la police. Toutefois, les faibles restes de l'ancienne licence de la presse, qui avaient subsisté, suffirent quelquefois pour former une ombre de sa liberté, et, dans les premiers mois qui suivirent le 18 brumaire, la plupart des journaux qui avaient été conservés avaient favorisé avec plus ou moins d'adresse ou de hardiesse l'opposition d'opinion qui, dans Paris et parmi les autorités, s'était manifestée contre Bonaparte, à mesure qu'il avait perdu de sa réputation d'héroïsme et d'amour de la liberté.

Méhée avait été de ce nombre; et, malgré les leçons réitérées de Fouché, qui était en quelque sorte responsable aux yeux du consul de tout ce qui lui déplaisait dans le *Journal des Hommes libres*, Méhée dis-je, soit malice, soit impossibilité de ne pas déplaire à un homme tout-puissant qui ne veut la liberté de penser que pour lui, déplaisait souvent au premier consul. Ses conversations étaient d'accord avec l'esprit de son journal; il écrivit même une brochure contre une note fort travaillée dans laquelle le sénateur Garat avait eu pour but de prouver que les grands personnages qui étaient parvenus au pouvoir par la gloire des armes avaient été en même temps des amis de la liberté.

Dans l'été de l'an IX, Méhée conta, sous la forme d'un apologue oriental, une complaisance ridicule de Talleyrand pour le premier consul. Voulant lui donner le plaisir de la chasse dans un parc où il n'y avait point de gibier, il avait fait acheter et y avait fait placer, la veille, quelques douzaines de lapins qui se trouvèrent si domestiqués, qu'ils ne purent être tués qu'à coups de pied.

Cet article et quelques autres amenèrent la suppression du journal[1] et, peu de temps après, l'exil de Méhée à Dijon, sans que l'on puisse voir d'autre cause à cet exil que ce qui s'était passé relativement au journal et à la manière dont Méhée se permettait de parler de son ancien camarade de révolution, devenu le chef unique et suprême de la République.

Fouché, qui était censé le patron de Méhée, et qui aurait dû être sa garantie contre la colère du

---

1. Dans une altercation avec Fouché, Bonaparte lui dit : « On me laisse faire un journal par un Méhée, un homme qui a fait le 2 septembre ; j'ai le tout signé de sa main. Voilà les gens que l'on protège ! » (*Mémoires sur le Consulat*, p. 102.)

premier consul, n'en put être que l'instrument;
ce fut lui qui signifia à Méhée l'ordre de se retirer
à Dijon, et qui le détermina à y obéir.

Cet exil de Méhée dura peu; il obtint son rappel
au bout d'environ cinq ou six semaines, et revint
à Paris. Mais, soit qu'il y continuât la conduite ou
plutôt les discours qui venaient de le faire exiler à
Dijon, soit pour des raisons qui ne me sont pas
connues, il fut arrêté et déporté à Oléron [1]. Il n'est
pas inutile de dire que cette déportation eut lieu
avec des formes si brusques et si arbitraires, qu'il
est presque impossible d'y supposer le moindre
concert entre Méhée et la police, pour parvenir à
un but secret, par un détour artificieux.

Oléron fut le lieu où Méhée fut déporté; et
c'était là qu'on avait déporté aussi plusieurs des
victimes du sénatus-consulte du 15 nivôse, et
quelques autres hommes du même parti qui avaient
eu le malheur facile de déplaire à Bonaparte.

Ici, les faits deviennent plus singuliers, plus importants et d'une nature plus équivoque. Je ne

---

1. « C'était encore Fouché qui avait été l'instrument de son exil à Oléron. » (*Note marginale.*)

dissimulerai pas des soupçons trop motivés; mais je ne dirai, comme faits, que les choses que je regarde comme des faits.

Autant que je puis l'affirmer, le séjour de Méhée à Oléron fut de plus d'une année.

Fouché, durant cet intervalle, avait quitté le ministère de la police[1]; mais, comme j'aurai l'occasion de le dire bientôt d'une manière plus précise, il n'était point retiré de ces sortes d'affaires; et les restes de son crédit et de ses fonctions auprès du premier consul lui permettaient de s'intéresser à Méhée et de solliciter son rappel. La femme de ce dernier l'importunait de sollicitations qu'il ne pouvait pas repousser au sujet d'un homme qu'il aurait dû protéger plus efficacement contre les coups du pouvoir arbitraire.

Méhée s'évada d'Oléron le 16 frimaire de l'an XI. C'est ici que les faits commencent à prendre un caractère équivoque et mystérieux. D'abord cette évasion avait quelque difficulté en elle-même, à cause de la surveillance établie dans l'île, et elle

---

[1]. Comme nous l'avons dit plus haut (p. 117, note), le ministère de la police dont Fouché était alors titulaire fut supprimé le 14 septembre 1802.

en avait de particulières, dans la situation où était Méhée. Ensuite, c'est à Paris que Méhée se réfugie¹, c'est-à-dire sous les yeux du pouvoir qui l'avait persécuté, et qui pouvait le persécuter avec plus de rigueur que jamais, après une évasion qu'il devait regarder comme un surcroît de délit contre lui.

Je livre ces conjectures à la sagacité et à la réserve des lecteurs. Mais un fait plus remarquable, et que je regarde comme assuré, c'est que peu de temps avant l'époque que Méhée donne comme celle de son évasion, sa femme disait publiquement qu'il avait obtenu par l'intervention de Fouché la permission de se retirer en Hollande et en Angleterre.

Quoi qu'il en soit, quand on voit Méhée, peu de jours après son arrivée à Paris, former le projet de se rendre en Angleterre pour y mystifier les princes et les émigrés français, il est impossible de ne pas avoir quelque soupçon sur la spontanéité de ce projet. Mais la curiosité de savoir la vérité

---

1. « Il demandait partout à Paris des lettres de recommandation ; un de ses amis en demanda une pour lui à un Irlandais très connu, il ne l'obtint pas ». (*Note marginale.*)

tout entière sur une circonstance aussi curieuse n'a pas besoin d'être satisfaite pour mettre le lecteur à même de porter un jugement sérieux et motivé sur les conséquences subséquentes. A la manière dont on a profité du voyage de Méhée, j'avoue que l'avoir inspiré ne me paraîtrait qu'une circonstance peu aggravante.

Méhée, qui s'était arrêté quelques jours à Guernesey, et qui avait fait la première confidence de son projet et ses premières offres de service au gouverneur de cette île [1], arriva à Londres, vers la fin de pluviôse an XI [2], avec des lettres du gouverneur de Guernesey pour le ministère anglais, déjà prévenu d'ailleurs par M. Doyle des intentions du nouveau débarqué. Ce fut donc au gouvernement anglais qu'il se présenta d'abord, et ce fut avec lui qu'il chercha à lier la négociation qu'il avait en vue.

Il se présenta comme un ennemi de Bonaparte, disposé à se venger par toute sorte de moyens et à tout prix de la longue oppression qu'il venait de subir. Par une circonstance qui fut très favorable à

1. Le général Doyle. Voy. Méhée, *Alliance des Jacobins*, p. 10.
2. En février 1803.

Méhée, et que néanmoins il ne connaissait peut-être pas, la conduite de Bonaparte envers Méhée avait été contée à Londres avec quelque détail et y avait fait quelque bruit.

Il ne paraît pas que le gouvernement anglais ait aucunement révoqué en doute les dispositions et la sincérité d'un homme qui paraissait animé du désir de la vengeance, qui en avait des motifs et assurait en avoir des moyens. Mais il fut toutefois assez froidement écouté, et même négligé[1]; la paix qui subsistait encore entre les deux nations, paraissant rendre ses offres de service moins urgentes à accepter. Ce ne fut qu'après la rupture qu'on eut l'air de l'accueillir avec empressement, et de rendre plus de justice à ses démarches jusques-là négligées[2].

Il n'est point de mon sujet de suivre les inci-

1. Voy. *Alliance*, p. 18 et suiv.
2. « Il est assez remarquable qu'au moment où le ministère anglais avait l'air d'accepter les propositions de Méhée, celui-ci reçut la visite d'un nommé Baudo, qui arrivait de France ; cet homme ne serait-il pas un envoyé des commettants de Méhée pour lui communiquer des avis et des instructions particulières relativement à la rupture ? » (*Note marginale*.)

Méhée prétend (p. 31) que ce Baudo, qui lui avait rendu, à Paris, « une infinité de petits services, était chargé de prendre des notions sur les procédés de quelques fabriques anglaises ».

dents et la progression de cette intrigue inouïe[1]. D'ailleurs, je ne pourrais les rapporter que d'après le propre récit de Méhée, qui me paraît devoir être nécessairement infidèle dans beaucoup de détails. Je m'en tiendrai aux principaux résultats de cette affaire et aux circonstances qui, d'une part, sont nécessaires pour jeter du jour sur les événements postérieurs, et qui, d'une autre part, sont prouvées par ces mêmes événements.

La base du plan que Méhée avait fait présenter au gouvernement anglais était assez simple, et pouvait même paraître spécieuse à des hommes qui ont toujours été très mal informés du véritable état des choses et des esprits en France. Il prétendit qu'il y existait un comité jacobin qui avait des intelligences dans toutes les parties de la République avec les hommes de ce parti, et dans les armées au moyen d'un général influent dévoué à ce même parti. Le but de ce comité était de renverser le gouvernement de Bonaparte et de rétablir

---

[1]. « Baude entre volontairement dans une partie des projets de Méhée. Un homme qui n'eût pas eu une mission analogue à celle de celui-ci eût-il consenti à y jouer spontanément, et comme par occasion, un rôle que l'homme le moins délicat devait réputer étrange? » (*Note marginale.*)

la République. Méhée s'annonçait comme ayant des relations intimes et du crédit dans ce comité, et il proposait de venir en France pour s'y servir de ce crédit dans une double vue : 1° de ramener le plus qu'il pourrait des jacobins membres de ce comité à des opinions et à une conduite royalistes; 2° de faire attaquer Bonaparte par ce même comité, et de susciter, par là, un mouvement et des troubles que les Anglais ou les princes feraient aussitôt tourner à leur profit par des moyens qui leur seraient propres et qui auraient été disposés d'avance pour cet objet. Tel fut à peu près le plan qu'il fut convenu que Méhée viendrait exécuter en France; on y ajouta que, dans son voyage, il passerait à Munich, où il s'arrêterait auprès de M. Drake, ministre anglais résidant dans cette ville, pour prendre de lui des instructions particulières, et convenir de quelques mesures plus détaillées relativement à l'exécution du plan général concerté à Londres.

Malgré toute l'attention de Méhée à présenter ce plan et la négociation qui en avait été la suite comme ayant eu lieu entre lui et le gouvernement anglais, il ne cite jamais que M. Bertrand de Moleville comme négociateur unique et immédiat dans cette affaire; or, par ses relations connues avec les princes émigrés en Angleterre, cet homme ne peut être considéré que comme leur agent auprès du ministère anglais, et non comme l'agent immédiat de ce dernier. De plus, les instructions générales données à Méhée par l'intervention de M. Bertrand de Moleville, et sous sa direction, sont très vagues et n'énoncent positivement que le but de renverser le gouvernement actuel de la France, laissant à la nation le choix de celui qu'elle jugerait le plus convenable à y substituer. Je dois mentionner ces deux circonstances, parce qu'elles servent naturellement de réponse à la plupart des imputations dont la France entière allait bientôt retentir contre le gouvernement anglais.

D'après le récit de Méhée, son dessein était de se borner à négocier avec le gouvernement anglais, et de cacher aux princes français le résultat de cette négociation; c'était une condition qui lui avait été, dit-il, rigoureusement imposée par les ministres anglais, et dont l'observance lui avait été fortement recommandée par M. Bertrand.

Que cette défense lui eût été faite ou non, il est

impossible de ne pas sentir qu'elle ne convenait pas à Méhée, et qu'il avait besoin de la transgresser pour compléter l'exécution du plan qu'il s'était fait, ou qui lui avait été tracé à Paris. En effet, il prit des mesures pour se lier avec quelques-uns des agents du comte d'Artois; il eut une conférence avec l'évêque d'Arras [1], favori de ce prince, et se ménagea par le moyen d'un M. de Mervé [2] une recommandation pour Louis XVIII, avec lequel il avait le projet d'entrer en correspondance, et qu'il se promettait d'intéresser en sa faveur en lui offrant : 1° de lui sacrifier le secret des ministres anglais, et de subordonner à ses vues particulières l'emploi des moyens qu'il tenait d'eux [3]; 2° en se plaignant à lui de l'accueil qu'il avait reçu des agents du comte d'Artois, de son favori et de son conseil.

Le résultat des conférences de Méhée avec

---

1. Louis-François-Marc-Hilaire de Conzié, évêque d'Arras de 1769 à 1790. Voy. Méhée, p. 42 et suiv., 63.

2. C'était un ancien garde du corps, émigré de bonne heure. Il fonda à Londres un établissement de librairie qui n'eut pas grand succès; je crois que c'est lui qui, en 1826, publia une traduction du *Voyage de Humphry Clinker*.

3. « Louis XVIII est censé ici avoir de la défiance des vues des Anglais. » (*Note marginale.*)

l'évêque d'Arras, Willot ¹ et Henry La Rivière² fut singulier.

Il y eut l'air de ne pas s'accorder, et ne s'engagea pas avec eux; il y eut même une sorte de rupture, ou du moins une sorte d'éclat de mécontentement entre lui et l'évêque d'Arras. Mais la communication qu'il leur avait faite de quelques-unes de ses idées, ces ouvertures qu'il avait laissé échapper dans la conversation sur la situation générale de la France et en particulier sur les vues, les ressources du parti qu'il prétendait avoir à sa disposition, parurent faire impression sur tous ceux qui les avaient écoutées; et il est impossible de douter que le but de Méhée ne fût de leur inspirer de fausses notions, qui, dans un moment où le renouvellement de la guerre rajeunissait en quelque sorte les espérances des princes

---

1. Amédée Willot, officier avant la Révolution, servit dans les armées de la République, où il devint général de division (1795). Envoyé au conseil des Cinq-Cents, et l'un des chefs du parti de Clichy, il fut, après le 18 fructidor, déporté à la Guyane, d'où, étant parvenu à s'enfuir (1708), il passa en Angleterre et s'attacha à la cause des Bourbons. Il est fort maltraité par Méhée (p. 60).
2. Henri La Rivière, avocat à Falaise, membre de l'Assemblée législative, puis de la Convention et du conseil des Cinq-Cents, fut déporté après le 18 fructidor. Cf. Méhée, p. 01.

et de leur parti, ne pouvaient pas rester d'oiseuses spéculations, mais devenaient nécessairement la base de déterminations actives.

Ici se place naturellement le premier acte de la conspiration que nous verrons bientôt éclater. La guerre résolue entre les gouvernements d'Angleterre et de France, et les princes français voulant aider le premier pour leur propre compte et mettre en mouvement les moyens d'hostilité qui leur étaient propres, commencèrent à envoyer des émissaires dans les lieux qui avaient été l'ancien théâtre de la guerre appelée guerre de la Vendée, pour y disposer les choses et les esprits à un nouveau soulèvement, et à Paris, soit pour y observer l'état des choses, soit pour vérifier ce qu'ils en avaient ouï-dire par Méhée et d'autres agents français du même caractère, soit pour y agir sur un plan convenu d'avance, soit enfin, et plus vraisemblablement, pour y agir suivant les occurrences qui se présenteraient, et d'après les observations qui seraient faites sur les lieux.

Le premier débarquement de ces émissaires eut lieu du 1er au 10 fructidor an XI. Il était composé de sept ou huit individus dont les plus marquants étaient Georges[1], Joyaut[2] et un nommé Querelle[3] que nous allons voir jouer un grand rôle dans la suite des événements.

Dire que ces hommes ne seraient point venus en France, si Méhée n'eût été donner à leurs chefs à Londres de fausses notions capables de déterminer leur voyage, ce serait probablement trop dire. Rigoureusement parlant, le simple renouvellement de la guerre suffirait pour motiver leur descente sur le territoire français. Mais, quand on a bien suivi le fil de l'intrigue que Méhée était allé ourdir à Londres, on sent combien il est difficile que

---

1. « Méhée resta encore près d'un mois à Londres après que Georges et les autres en furent partis pour la France. » (*Note marginale.*)

2. A. A. A. Joyaut, dit d'Assas, dit Villeneuve, né à Lénac (Morbihan) en 1778, fut accusé d'avoir pris part à l'attentat de nivôse, put s'échapper de Paris et gagner Londres d'où il revint avec Georges; arrêté avec Datry et Burban, il fut condamné à mort et exécuté.

3. Querelle ou Querel, né à Vannes, avait servi sous Georges. Amnistié en 1800, il passa en Angleterre, et revint avec lui chargé d'une mission des princes pour les provinces de l'Ouest. Une lettre qu'il eut la maladresse d'écrire à son frère pour le prier de remplir cette mission à sa place donna l'éveil à la police, « qui avait l'œil partout », dit le *Moniteur*. Il fut arrêté à Paris, en vendémiaire an XII. Deux mois après, deux autres agents des princes, Picot et Lebourgeois, furent arrêtés à Pont-Audemer et transférés à Paris. Tous trois passèrent, au commencement de pluviôse, devant une commission militaire qui les condamna à mort. Les deux derniers furent fusillés. Querelle, au moment de

sa conduite n'ait pas eu une véritable influence sur la détermination prise par le conseil du comte d'Artois d'envoyer Georges en France. D'ailleurs, Méhée l'avoue positivement dans le récit qu'il a publié de ce qu'il appelle sa transaction diplomatique en Angleterre; mais ce qu'il n'a fait qu'avouer dans cet écrit, il s'en est glorifié en face de vingt personnes, avec une effronterie qui pouvait être qualifiée de férocité, à une époque où ces mêmes hommes qu'il se vantait d'avoir attirés dans le piège pouvaient être regardés comme déjà condamnés à l'échafaud.

Quoi qu'il en soit de cette circonstance qui peut être évaluée inégalement, mais ne peut être ni omise, ni regardée comme nulle, la troupe de Georges débarquée se dispersa et prit diverses directions. Georges et quelques autres prirent leur route sur Paris; et Querelle, qui paraissait avoir reçu une mission particulière pour une ville de

---

subir le même sort, racheta sa vie en faisant à Réal des révélations qui apprirent à la police la présence à Paris de Georges et de Pichegru, et permirent de saisir successivement tous leurs complices. Il resta détenu, mais on se garda bien de le faire figurer dans leur procès, quoique la présence « du lâche dénonciateur » fût réclamée par plusieurs accusés.

l'un des départements de l'Ouest, au lieu de se hâter de remplir cette mission, s'arrêta dans une ville où il n'avait rien à faire, et, de là, écrivit à un frère qu'il avait dans le pays pour lequel était sa mission, afin de le prier de s'en acquitter à sa place. Cette indiscrétion, de charger par écrit d'une mission punissable quelqu'un qui ne devait peut-être pas même en être le confident, paraît inouïe, quand on ajoute que la lettre qu'il écrivit à son frère lui fut envoyée par la poste. Cette lettre fut surprise par la police; et, dans ce cas, elle ne serait pas, mais elle pourrait être donnée comme le premier indice qu'ait eu la police de l'arrivée de Georges en France [1]. Mais il reste un soupçon qui n'est pas gratuit : c'est que Querelle, avant d'arriver en France, appartenait déjà à la police. Au reste, ce soupçon, quel qu'il soit, ne change rien à la nature ni à l'ordre des événements subséquents.

Après avoir indiqué ce premier résultat des in-

---

[1] « La police aurait pu savoir l'arrivée de Georges 1° par Méhée qui était encore à Londres; 2° par quelqu'un des espions qu'elle entretenait dans cette ville; 3° peut-être par Lajolais, qui dès lors était en correspondance avec Pichegru; 4° par les agents qu'elle a parmi les chouans dans les lieux où s'était arrêté Querelle. » *(Note marginale.)*

trigues de Méhée, il faut revenir un instant à ce dernier, et le suivre jusque sur le continent, où nous allons le voir entamer ou plutôt poursuivre l'exécution de son projet relativement à l'Angleterre.

Il arriva à Altona au commencement de vendémiaire an XII [1]. C'est de là qu'il prétend avoir mis le gouvernement français dans sa confidence. Que ce fût là réellement le début de cette confidence, ou que ce n'en fût que la continuation, il ne faut plus perdre de vue que du moins, à dater de ce moment, toutes ses démarches étant connues du gouvernement français, toutes sont censées agréées par lui.

Débarqué à Altona, son premier soin fut d'aller trouver La Chevardière [2], consul français dans cette

1. Voy. Méhée, p. 81 et suiv.
2. A.-L. La Chevardière, qui était, au commencement de la Révolution, chef de bureau de la caisse de l'extraordinaire, fut chargé, après le 10 août, d'une mission en Vendée et devint à son retour l'un des membres assidus de la Société des jacobins, où Robespierre prit un jour sa défense. Après le 18 fructidor, nommé successivement secrétaire général de la police, consul à Palerme, membre de l'administration du département de la Seine, il fut condamné à la déportation lors du 18 brumaire; ce qui ne l'empêcha pas d'être, en 1802, envoyé à Hambourg en qualité de commissaire des relations commerciales. Il était né en 1766, à Paris, où il est mort en 1828.

ville, résolu de le choisir pour l'intermédiaire des révélations qu'il avait à faire au gouvernement français et à partager, si je ne me trompe, entre le ministre des relations extérieures et celui de la police. La rencontre de La Chevardière était une sorte de bonne fortune pour Méhée, soit qu'il fût question de nouer une correspondance inopinée avec Bonaparte, soit qu'il ne s'agît que de rendre compte d'une mission concertée d'avance. Ce La Chevardière était fort connu de Méhée; ils s'étaient trouvés ensemble dans les rangs des révolutionnaires dans les temps où ce mot était devenu synonyme d'assassin. Tombé dans la misère et le mépris, il imagina de se tirer au moins de la première, en dénonçant au premier consul quelques intrigues de jacobins où il était acteur et confident, et dont il paraît qu'un chef de bataillon, nommé Donadieu[1], était le chef. Il ne se trompa pas; il fit sa révélation au premier consul en personne; et ce

---

1. C'est le général Donadieu qui se montra, en 1816, si impitoyable dans la répression de la conspiration de Didier. Il était alors adjudant général. Il fut arrêté avec le chef de brigade Fournier. Je crois qu'ils faisaient partie de l'armée de l'Ouest, qui était profondément hostile à Bonaparte. (Voy. *Mémoires sur le consulat*, p. 322.)

consulat d'Altona, où Méhée l'avait trouvé, avait été le prix de cette conduite. On voit que la rencontre de ces deux hommes devait ressembler assez à celle de deux augures.

Après avoir écrit en France, Méhée écrivit aussi, suivant l'intention qu'il avait eue étant encore à Londres, à Louis XVIII à Varsovie, pour lui offrir les mêmes services qu'il avait déjà offerts aux princes français en Angleterre et au gouvernement anglais, avec cette circonstance caractéristique de plus, qu'il avait l'air de sacrifier à Louis XVIII, autant que ses intérêts pourraient l'exiger, et les ministres anglais et les princes français. Il envoya au duc de Gramont[1], le principal confident du prétendant, la lettre de recommandation qu'il était parvenu à se faire donner pour lui, et moyennant la perfide adresse de sa lettre et cette recommandation, ne doutant pas d'obtenir une réponse, il indiqua l'adresse à laquelle il allait l'attendre[2]. Tout cela fait, il partit de Hambourg

---

1. Ant.-G.-Her. Agénor, duc de Gramont, lieutenant général et pair de France, né le 17 août 1775, mort à Paris, le 28 août 1830.
2. Voy. Méhée, p. 83 et 274.

et prit la route de Munich, où l'attendait M. Drake[1], déjà prévenu à cet égard par son gouvernement.

Arriver à Munich, voir M. Drake, lui communiquer ses projets et recevoir des ordres, des instructions et de l'argent pour mettre en mouvement, au profit de l'Angleterre, ce fameux comité jacobin sur l'existence duquel Méhée avait bâti toutes les illusions qu'il fit adopter aux agents anglais, ne fut pour Méhée qu'une affaire de trois ou quatre jours.

Il partit aussitôt; dès les premiers jours de brumaire, il était à Paris, d'où il suivait cette fameuse correspondance avec M. Drake[2], dont il n'a tenu qu'à l'Europe d'être étonnée et scandalisée dans plus d'un sens. Il n'est pas nécessaire d'entrer dans le détail de cette correspondance; il suffit de remarquer et de se souvenir que chaque lettre de M. Drake, aussitôt arrivée, était communiquée à Bonaparte, qui indiquait dans quel sens devait être faite chaque réponse, auquel du moins chaque réponse était

---

1. François Drake, ministre de l'Angleterre à Munich. Voy. Méhée, p. 84.
2. Voy. Méhée, p. 110-263.

soumise par l'intervention du grand juge. Cette correspondance était dirigée dans le but d'entretenir et de fortifier l'erreur où était M. Drake sur le véritable dessein de Méhée, en lui communiquant des informations sur les desseins du premier consul, et sur les intrigues de police à Paris, qui, d'une part, devaient le faire regarder comme bien instruit, et, de l'autre, étaient censées se rattacher au développement des projets du comité. Elles étaient contenues tantôt dans la correspondance même de Méhée, tantôt dans des bulletins qui étaient pareillement l'œuvre de Méhée, mais qui étaient supposés par M. Drake l'ouvrage du comité en question, et former une correspondance à part de celle de Méhée, et même dirigée par d'autres vues. Mais le fruit que l'on voulait surtout tirer de cette étrange correspondance, c'était, moyennant les demi-confidence que l'on faisait à M. Drake de tout ce qui se passait à Paris, d'en obtenir, en échange, des révélations sur les relations que l'on supposait qu'il pouvait avoir avec les hommes contre lesquels la police allait éclater, et qu'elle voulait punir d'être tombés dans les pièges qu'elle-même leur avait tendus.

Il faut donc maintenant reprendre les choses de

plus haut et remonter à celles qui s'étaient faites au dedans, et par l'opération immédiate de la police, tandis que Méhée organisait au dehors des intrigues qui devaient avoir un double résultat : celui de seconder les intrigues des conspirations du dedans, et de pouvoir être ajoutées au nombre des prétextes des mesures générales de politique et de réforme de gouvernement, dont cette conspiration a eu l'air d'être l'occasion, tandis, que dans la réalité, elle n'en était que la suite.

On a vu, et il faut se rappeler que la police, ou plutôt Bonaparte, dont elle était l'instrument, n'avait pas eu lieu d'être satisfait des suites de l'arrestation de David, de ses indiscrétions et peut-être de ses intrigues. Cette circonstance, loin de nuire à Moreau dans l'opinion, n'avait pu que lui donner un nouveau crédit, parce que cette attaque manquée contre lui, l'importance que l'on y avait attachée, le mystère avec lequel elle avait été conduite, la peine que l'on s'était donnée pour qu'elle ne restât pas vaine, étaient des preuves certaines, aux yeux même des moins soupçonneux et des moins clairvoyants, que Bonaparte ne voulait pas s'en tenir envers Moreau à une haine stérile. D'ailleurs, le moment destiné à l'établissement de l'Empire approchait, et il devenait tous les jours plus urgent d'anéantir ou le crédit ou la personne de l'homme que Bonaparte et l'opinion publique s'accordaient à regarder comme le centre de toutes les tentatives qui pourraient être faites dans la nation ou dans les armées, sinon pour sauver la République, du moins pour conserver quelques restes de liberté.

Il fallait tendre à Moreau des pièges. Dès qu'il n'allait chercher personne avec qui conspirer, l'unique moyen à prendre était de lui inspirer la tentation de le faire par des hommes qui y parussent bien disposés et qui eussent l'air de le trouver facile. Avant de rendre compte de ce que je sais avoir été fait dans cette vue, il est nécessaire de prévenir que je me crois loin de savoir tout ce qui a été fait. Je suivrai l'ordre des dates autant que cet ordre est compatible avec l'enchaînement politique des événements.

A peine le bruit qu'on avait fait de l'arrestation de David avait-il cessé, et à peine cet homme intrigant et bouffon avait-il été mis en liberté, que Moreau vit se rapprocher de lui un homme beau-

coup plus dangereux. Cet homme c'était Lajolais[1].
Il avait été lié avec Pichegru, avait commandé sous
lui une division de l'armée du Rhin; il avait été
dénoncé par Moreau comme complice de cette trahison, et en conséquence détenu dans les prisons
jusqu'au commencement de l'an VIII, pendant vingt-huit mois entiers.

Cet homme, sans état et sans place, accablé d'anciennes dettes, obligé d'en contracter de nouvelles,
mais trop connu pour faire autant de dupes qu'il en
aurait eu besoin, ne subsistait que par des moyens
équivoques et n'avait plus d'autre asile contre ses
créanciers, qui le poursuivaient de toutes parts, que
les plus honteux tripots. La somme des contraintes
obtenues contre lui s'élevait de son aveu à plus de
quatre-vingt mille livres, et cette somme n'était pas

---

[1]. Fréd. Lajolais était né en 1761 à Weissembourg, où son père était lieutenant de roi. Dénoncé par Moreau et arrêté comme complice de Pichegru, sous les ordres duquel il avait servi, il fut acquitté (janvier 1800) par un conseil de guerre à Strasbourg. Après avoir vainement demandé à rentrer au service, il devint l'un des émissaires du parti royaliste. Arrêté le 25 pluviôse an XII et condamné à mort avec Georges, il vit sa peine commuée en une détention de quatre ans qu'il subit au fort de Joux.

Une note marginale écrite au crayon sur le feuillet 30 du manuscrit, et qui n'est point de la main de Fauriel, porte ceci :
« Chabaud-Latour a conté à qui a voulu l'entendre que Lajolais avait débuté dans l'armée par voler des couverts d'argent. »

à beaucoup près celle de ses dettes. Il avait une femme qui passait pour avoir des agréments, et dont il vendait les faveurs à ceux auxquels il supposait de l'argent ou du crédit[1].

Tel fut l'homme qui, après l'avoir perdu de vue pendant six ans, se présenta devant Moreau dans sa maison de Grosbois, vers la fin de prairial ou au commencement de messidor an XII. Moreau dut trouver assez étrange la visite d'un homme qui devait avoir contre lui quelques ressentiments de sa longue détention. Ce qui devait lui sembler plus étrange encore, c'était le motif de la visite de cet homme, qui venait lui demander des recommandations dans un temps où sa disgrâce auprès du gouvernement ne pouvait être ignorée de personne. Enfin la circonstance la plus remarquable de cette visite de Lajolais, c'était qu'il portait à Moreau un billet de Pichegru dans lequel celui-ci lui recommandait ce même Lajolais, qui avait eu autrefois des liaisons avec tous les deux, et auquel il semblait que Pichegru dût particulièrement de la reconnais-

---

[1]. Elle fut arrêtée à Strasbourg le 24 février 1804, quatre jours avant Pichegru, et les journaux, en annonçant le fait, la qualifièrent d'ancienne maîtresse de ce général.

sance comme à une victime de ses anciennes relations avec lui.

Il n'est pas inutile de remarquer que Pichegru n'avait pu envoyer à Lajolais une lettre de recommandation pour Moreau sans qu'elle lui eût été demandée. L'entrevue entre ces deux derniers fut assez insignifiante. Moreau parla de son peu de crédit, et eut l'air d'en témoigner quelque regret dans cette occasion. C'était une bienveillance ou une simple civilité bien naturelle envers un homme à la misérable condition duquel il pouvait se regarder comme ayant contribué. Peu de jours après, Lajolais revit Moreau à Paris deux ou trois fois de suite. Dans ces dernières visites, il fut spécialement question de Pichegru, de sa situation en Angleterre, des probabilités qu'il pouvait avoir de rentrer en France, et enfin des sentiments de Moreau pour lui. Celui-ci lui confirma ce qui était déjà connu publiquement par tout ce qui avait transpiré de la correspondance entre Moreau et David qui avait eu lieu un an auparavant, et enfin Lajolais termina par exprimer le désir de se rendre en Angleterre par l'Alsace, pour y voir Pichegru et lui confirmer tout ce qu'il devait déjà savoir des dispositions bienveillantes de Moreau à son égard. Il demanda vingt-cinq louis à emprunter pour ce voyage, et Moreau les refusa.

Il est indubitable que Lajolais a été l'instrument de la police, dans la suite de toute cette intrigue, et même dans ses incidents les plus remarquables; c'est un fait qui n'a pu rester caché à personne. Mais je ne me hasarderai pas à fixer la date précise de ses liaisons avec la police; il me suffira de marquer le moment où cette liaison se trouvera prouvée par les faits qui en seront la conséquence.

Quoi qu'il en fût des dispositions de Lajolais, au mois de messidor an XI, il se retira en Alsace, où il passa environ cinq mois, sans qu'il fût question de lui à Paris.

Dans le même temps, à peu près, où Lajolais faisait à Moreau des visites si suspectes, on tendait à ce général des pièges par une autre voie.

Le fameux Fauche-Borel[1], libraire de Neuchâtel, si connu par le rôle qu'il a joué dans les intrigues ourdies par les émigrés contre la République

---

1. Il était imprimeur du roi de Prusse à Neuchâtel (Suisse) et fut le premier à entamer des négociations avec Pichegru de la part du prince de Condé (1795). Venu à Paris en 1803, il y fut

française, et notamment par son entremise dans les négociations entre le prince de Condé et Pichegru en l'an V, ce Fauche-Borel était détenu au Temple à l'époque dont il s'agit. Il est peu ordinaire, pour l'homme le plus décidé dans ses sentiments et ses habitudes, de continuer dans les prisons les intrigues qui l'y ont fait mettre. C'était pourtant ce que faisait Fauche-Borel. Sous les yeux et sous la main de la police, il s'occupait de projets contre le gouvernement français; ces projets avaient pour but de favoriser les plans qui, à la même époque, se tramaient à Londres. Ses idées, sur cet objet, avaient trouvé une issue hors des murailles du Temple; son neveu, nommé Vitel, qui le voyait habituellement, était devenu son messager; et c'était à Moreau que ce messager était chargé de faire parvenir les insinuations et les espérances de Fauche-Borel détenu au Temple. Moreau ne les écoutait que comme des rêves ridicules. S'il eût été plus pénétrant, il aurait senti que Fauche-Borel ne pouvait

arrêté; mais, après dix-huit mois de détention, il fut, dit-on, sur la réclamation de la Prusse, transporté hors de la frontière (suivant Fauriel, il se serait évadé), et devint, en 1803, imprimeur de la cour à Berlin.

agir que par l'influence même[1] de l'autorité qui le retenait dans les fers. Ce Fauche-Borel, depuis cette époque (peu de temps avant la mise en jugement des conspirateurs), s'est évadé du Temple.

Toutes ces tentatives de séduction envers Moreau, tous ces pièges qui lui étaient tendus, très propres à attester les projets que l'on avait conçus contre lui, et à servir de présages de sa prochaine destinée, n'étaient cependant pas capables de perdre un homme qui, pour être plus tranquille, se dissimulait toutes les chances de succès qu'il aurait pu avoir, s'il eût eu de la résolution et une ambition qu'il aurait pu facilement concilier, sinon avec le meilleur état possible des choses dans sa patrie, du moins avec un état plus conforme à l'opinion générale que celui où il était si suspect et si menacé. Mais des événements dont il ne se doutait pas grossissaient à chaque instant autour de lui, et, par des moyens dont il se doutait moins encore, il allait se trouver condamné à y jouer un rôle.

Vers le milieu du mois de frimaire an XII, un

---

1. « Ou du moins au su » (*Note marginale au crayon, pas de la main de Fauriel*). Une autre note de la même main ajoute : « Je crois qu'il était de bonne foi. »

second débarquement d'émissaires des princes eut lieu sur les côtes de France[1]. Ce débarquement, si l'on s'en rapporte à la police, qui a pu être bien informée sur ce point, était de sept ou huit personnes, dont les principales étaient un des fils du duc de Polignac (l'aîné)[2], et Coster-Saint-Victor[3], homme qui avait été signalé en l'an IX comme ayant joué un rôle dans l'affaire du 3 nivôse, et qui, dans toute la suite du procès où il a figuré depuis, a montré une noblesse et une fermeté de caractère qui ont dû faire plaindre sa destinée aux hommes justes de toutes les opinions, et qui est mort par-

---

1. Le 16 janvier 1804, au pied de la falaise de Biville, entre Dieppe et le Tréport, où Georges avait débarqué.
2. Armand-François Héraclius, comte, puis duc de Polignac, né à Paris le 17 janvier 1771, mort le 30 mars 1847 à Saint-Germain en Laye. Il fut arrêté, le 20 février 1804, et condamné à mort, mais eut sa peine commuée en prison perpétuelle. — Son frère puîné, Auguste-Jules-Armand-Marie, prince de Polignac, arrêté le 4 mars 1804, fut condamné à deux ans d'emprisonnement. A l'expiration de sa peine, il continua à être détenu comme prisonnier d'État. Né à Versailles le 14 mai 1780, il mourut à Paris dix jours avant son frère.
3. J.-B. Coster-Saint-Victor, né à Épinal en 1771, chasseur à cheval en 1791, déserta et, après avoir servi dans les corps d'émigrés, fit la guerre des chouans sous Puisaye. Arrêté (1797), il s'évada, passa en Angleterre puis au Canada. Il se trouvait à Paris lors du complot de nivôse, put s'enfuir en Angleterre et, revenu à Paris, fut arrêté le 10 pluviôse avec Roger, condamné à mort et exécuté.

faitement lavé de la tache d'avoir contribué à
l'affreux attentat du 3 nivôse, c'est-à-dire de la
prévention qui devait lui nuire le plus dans la
seconde accusation dont il devint l'objet. Il est
très vraisemblable que l'arrivée de ces hommes
n'était point étrangère au projet qui, trois mois
auparavant, avait fait envoyer Georges en France
avec cinq ou six compagnons dont il pouvait être
regardé comme le chef. Mais, comme renfort à un
parti de huit hommes arrivés avant eux, huit hommes
ne pouvaient pas paraître très redoutables[1].

Ce qu'il y a de très singulier, c'est qu'ils se
rendaient presque tous à Paris, où n'étaient pas les
véritables forces de leur parti, celles dont ils
auraient pu faire usage pour arriver à leur but, et
où l'ennemi dont ils devaient craindre la main et
les regards était dans sa toute-puissance. Cette
conduite était la suite de l'erreur où ils étaient sur
le véritable état des choses, de l'espérance où ils
étaient qu'un autre parti que le leur était sur le
point d'engager le combat avec le gouvernement
consulaire; ils venaient en quelque sorte attendre

---

[1]. « Il n'est pas prouvé que tous fussent véritablement des émissaires des princes ». (*Note marginale.*)

le moment de s'emparer des fruits de la victoire, et peut-être au besoin d'y contribuer. Toutes ces illusions étaient la suite immédiate des erreurs que Méhée avait semées à Londres dans l'esprit des émigrés et des principaux agents du comte d'Artois.

La conduite des émissaires des princes serait inexplicable de toute autre manière, et je crois qu'il n'a pu rester aucun doute dans les esprits sur la vérité de l'explication que je viens d'en donner.

Ces quatorze ou quinze hommes étaient nécessairement dans la situation la plus défavorable et la plus périlleuse. Pour les simples besoins de la vie, obligés de se mettre en relation avec un assez grand nombre de personnes, de se disperser dans des logements divers, de communiquer entre eux à des distances assez considérables, mille incidents pouvaient les trahir. Ils étaient surtout exposés à entrer en communication avec les agents que la police entretenait dans ce qu'elle appelle le parti des chouans. Georges était celui de tous qui avait le plus besoin de se cacher, et qui en sentait le mieux la nécessité; aussi employait-il toute la discrétion possible pour ne pas se trahir; il avait plusieurs logements, plusieurs retraites, et, parmi les hommes mêmes qui étaient censés ses agents ou ses complices, et qui couraient les mêmes hasards que lui, il n'avait guère qu'un ou deux confidents du secret de son logement ; les autres n'en pouvaient avoir que des notions vagues et conjecturales.

La situation des hommes dont il s'agit, dans les circonstances que je viens de dire, doit être bien appréciée en cette occasion, pour mieux juger des événements ultérieurs. En les supposant unis pour le même dessein, en supposant que le point essentiel de ce dessein fût l'assassinat du premier consul, leur position ne les mettait pas dans l'impossibilité de réussir. L'occasion de cet attentat pouvait se présenter fréquemment à des hommes qui étaient à portée de l'épier et qui y avaient intérêt ; et elle pouvait se présenter efficacement à des hommes qui auraient été résolus au genre de dévouement indispensable en pareil cas. Néanmoins il paraît certain qu'à l'époque dont il s'agit, ni postérieurement, aucun de ces hommes n'a jamais fait aucune tentative pour s'approcher du premier consul dans des vues d'assassinat. La raison en paraît simple : c'est qu'en réussissant dans cet attentat, ils se seraient perdus, sans aucune assurance d'être utiles à leur parti, ni d'avoir rien fait pour leur objet, qui était l'établissement du gouvernement royal au profit des Bourbons. C'était là ce qu'ils voulaient, ou plutôt ce qu'ils avaient été déterminés à vouloir par les insinuations perfides d'un homme qui avait formé le plan de les tromper. Mais c'était en quoi ils sentaient bien qu'ils ne pouvaient pas réussir seuls ; ils attendaient un auxiliaire, et cet auxiliaire, c'était celui que Méhée avait promis aux princes, aux ministres anglais, à M. Drake : ce comité jacobin que Méhée était supposé avoir mis en correspondance directe avec M. Drake et qui n'existait que dans la pensée de Méhée et du gouvernement français.

Quoi qu'il en soit de ces considérations, un fait indubitable et de la plus grande importance à remarquer, avant de passer outre, c'est que la police était informée dans le mois de frimaire de la présence de Georges et de plusieurs compagnons destinés à seconder ses projets, quels qu'ils fussent. Seulement il y a des raisons de croire qu'elle ignorait le nombre et les noms de ceux qui avaient débarqué avec lui, et surtout le lieu où ils se cachaient, certainement du moins celui où se cachait Georges lui-même. Elle aurait pu, dès cette époque, le faire chercher et le poursuivre; mais elle avait des desseins plus vastes et plus profonds.

J'ai déjà dit que Méhée était de retour de Munich à Paris, vers le commencement du mois de brumaire. On se rappellera qu'il avait écrit d'Altona à Louis XVIII, pour lui offrir ses services, et il en avait reçu une lettre qui était probablement une réponse à la sienne, mais qui pouvait être aussi une lettre pour un des agents de Varsovie à Paris, lettre qui, dans ce cas, le moins probable des deux, n'aurait été que confiée à Méhée. Cette circonstance peu importante est restée dans le vague, parce que les personnes[1] qui ont eu occasion de voir cette lettre, n'ont pu en voir l'adresse, qui avait été enlevée avec des ciseaux. J'ignore aussi si cette lettre fut envoyée à Paris par Méhée, quelques jours avant son arrivée, ou s'il l'y apporta lui-même; c'est encore une circonstance fort indifférente.

Cette lettre tomba entre les mains de qui elle devait tomber, entre celles de Bonaparte ; et elle était de nature à mériter son attention la plus sérieuse, et même à exciter ses soucis. Elle était,

1. Peut-être Fauriel lui-même.

dit-on, de la main même de Louis XVIII; et, comme elle était adressée à un homme supposé plein de zèle pour son service, et ayant de grands moyens de concourir à sa restauration, Louis XVIII y expliquait d'une manière sommaire les vues et les conditions générales de son rétablissement sur le trône de ses pères. Il s'engageait à établir une représentation nationale à côté de ce trône, et à garantir la liberté civile. Il y était encore question, si je ne me trompe, de quelques autres concessions moins importantes que ces deux premières, mais cependant dignes de remarque [1].

Il faut se rappeler qu'au moment où Bonaparte lisait cette lettre, il n'était encore que premier consul de la République, mais profondément occupé de son projet d'établissement de l'Empire. Dans son antipathie connue pour l'idée d'une représentation nationale, il est plus que vraisemblable qu'il avait songé plus d'une fois à la manière dont il anéantirait et ce nom et l'institution même dont il est le signe;

---

1. « Il y comprenait aussi de la manière la plus formelle la vente des biens nationaux et s'engageait à faire de sa légalisation un des premiers actes de la nouvelle monarchie. » (*Note marginale*, pas de la main de Fauriel.)

et rien n'était plus capable de provoquer son humeur et son dépit que la disposition de Louis XVIII à faire plus de concessions pour sa restauration dans le royauté que lui pour son élévation à l'Empire.

L'homme auquel, soit de propos délibéré, soit par occasion, il communiqua cette lettre, ce fut Fouché. J'ignore s'il avait quelque part aux intrigues antérieures, mais c'est lui qui va être le directeur de celles qui suivent, et c'est de lui que vient l'idée de les lier et d'en former, pour ainsi dire, un vaste filet dans lequel on pousserait à volonté les ennemis réels ou supposés de Bonaparte.

Pour concevoir la conduite de Fouché dans cette occasion, il faut avoir quelque idée de son caractère, et connaître quelques particularités antérieures à cette occasion même.

Cet homme, auquel il était réservé de s'approprier les divers genres de scandale, et de se faire distinguer dans les excès les plus opposés de la Révolution, cet homme qui, proconsul dans les départements, s'était souillé de tant d'actes féroces et avait applaudi avec un enthousiasme si voisin du délire à tous ceux dont il n'avait été que le témoin; qui, dans les ruines encore fumantes de Lyon, avait cru trouver le genre de spectacles qu'il faut aux républiques, sera peut-être l'exemple le plus frappant pour la postérité de la facilité avec laquelle les ministres d'une liberté cruelle et extravagante peuvent devenir les agents soumis et complaisants d'un despotisme avilissant. Avide de ce genre de pouvoir qui s'exerce immédiatement sur les personnes, et simple dans ses goûts domestiques; ayant le privilége de paraître sincèrement attaché au sentiment le meilleur, à l'opinion la plus sage, lorsqu'il est abandonné à lui-même, et sacrifiant cependant sans remords toutes les opinions et tous les sentiments quand il s'agit de sauver son crédit ou son influence; réunissant la fausseté et l'indiscrétion, de l'esprit et de l'ignorance; ayant, comme tous les hommes qui, dans leur conduite à travers la Révolution, n'ont été inspirés que par des motifs d'intérêt personnel, contracté l'habitude de regarder les principes absolus de la justice et de la vérité comme des niaiseries qui ne peuvent duper que les sots, Fouché, arrivé au ministère de la police sous le Directoire par l'influence de Barras, s'y était maintenu après le 18 brumaire par le zèle avec lequel il s'efforça de contribuer à cette journée [1] sans y avoir été appelé par personne, et surtout par le dévouement sans bornes qu'il manifesta pour les intérêts de Bonaparte, le soin qu'il prit de son pouvoir et l'assistance qu'il prêta à tous ses projets. N'ayant d'opinion sérieuse et raisonnée sur aucune partie de la politique, son instinct et ses déterminations le porteraient naturellement vers les idées démagogiques; mais la fortune et l'éclat d'une existence sinon considérée, du moins bruyante, lui paraissaient des compensations suffisantes dans le service d'un despote. Il a toujours servi Bonaparte sans l'aimer, et l'a toujours craint, sans autre motif que celui de connaître les replis secrets de son âme et de son caractère, et de quelles déterminations il est capable, soit pour augmenter son pouvoir, soit pour suivre l'impulsion de sa vengeance.

Quand il fut renvoyé en l'an X, il eut l'air d'être absorbé dans la nullité honorifique du Sénat; mais le fait est qu'il continua à servir la curiosité de Bonaparte, qui avait consenti à tirer encore de lui ce

---

1. « Je crois qu'il n'y contribua pas du tout, mais il s'y rallia avec beaucoup de prestesse. » (*Note marginale*, pas de la main de Fauriel.)

parti. Il lui faisait, par intervalles, des rapports de police, et il recevait pour cet objet une somme de 12,000 francs par mois[1]; cette somme, avec le degré d'influence qu'elle lui donnait, était loin de lui suffire, mais elle lui rappelait du moins l'image des joies de son ministère; à peu près comme les héros de Virgile cherchent encore dans l'Élysée l'image de ces combats où ils ont acquis la gloire de l'immortalité. En un mot, la retraite de Fouché était l'exercice d'un homme qui, ayant été ministre de la police, regrette de ne plus l'être et se conserve, au risque de beaucoup de bassesses gratuites, la possibilité de le redevenir.

Armé de la lettre de Louis XVIII, Fouché conçoit un projet qui doit être regardé, dans la postérité, comme un des plus propres à caractériser et le temps où il a eu lieu, et l'homme qui l'a conçu, et le gouvernement qui l'a adopté et l'a fait servir au cours de ses desseins.

Ce comité jacobin allié des royalistes, ce comité d'après la supposition duquel les princes français

---

1. « Il recevait, je crois, un peu plus. Ce taux était celui de Lefebvre. » (*Note marginale,* pas de la main de Fauriel.) Le général Lefebvre commandait la 17e division militaire (Paris).

à Londres, le gouvernement anglais et Louis XVIII avaient pris des déterminations de conduite, ou du moins modifié les déterminations qui pouvaient d'ailleurs en être indépendantes, ce comité qui n'existait que dans le cerveau de Méhée, Fouché résolut de lui donner une existence plus réelle, mais une existence dont il aurait d'autant plus sûrement la direction qu'elle serait plus son propre ouvrage. On jugera mieux de l'intention qui présidait à ce plan par les tentatives qui furent faites et par les divers degrés de succès qu'elles obtinrent.

Son premier soin fut de remettre la lettre de Louis XVIII à un personnage connu pour avoir conservé des opinions révolutionnaires et des sentiments de jacobinisme sous le régime consulaire, et qu'il chargea de se présenter avec cette lettre, comme si elle lui eût été adressée, à un comité royaliste dont l'existence était connue ou soupçonnée d'après des informations venues soit de Méhée, soit d'ailleurs. C'était le même comité que j'ai désigné déjà auparavant comme ayant pour chef le vicomte de la Rochefoucaud, et un M. de Roquefeuille, pour secrétaire. Il fut appelé dans le temps *Comité de Varsovie*, parce qu'il était supposé dévoué de bonne foi aux projets et aux intérêts de Louis XVIII.

Cet homme était chargé, comme jacobin, de négocier une alliance entre son parti et le parti royal de Varsovie, représenté par les quatre ou cinq personnages dont MM. de la Rochefoucauld et de Roquefeuille faisaient partie. Le point jusqu'auquel l'émissaire de Fouché surprit la confiance des émissaires de Varsovie ne m'est point connu; mais il est certain qu'il fut ajouté foi à sa mission et à son caractère d'agent de Louis XVIII, d'après la lettre de ce prince. Il est également assuré que, d'après l'insinuation de l'agent de Fouché, le comité jacobin royal convint de choisir Moreau pour son général, et de lui faire faire des propositions à cet égard; je crois même pouvoir assurer que ces propositions lui furent faites réellement. Il suffisait d'un peu de prudence pour sentir combien elles étaient insensées ou suspectes; et Moreau avait, à cet égard, peut-être plus que de la prudence. D'ailleurs, il lui était parvenu des avis qui, dans toute supposition, devaient lui suffire pour le porter à se tenir en garde contre des piéges dont le but était indubitable, par cela seul que ceux qui en tenaient le premier fil étaient connus.

Après cette première opération, particulièrement dirigée contre Moreau, d'autres émissaires jacobins furent chargés de mettre en mouvement ce qu'il y avait encore de gens de bonne foi dans le parti auquel ils étaient supposés appartenir, et de se lier, s'il était possible, avec la minorité opposante du Sénat, alors réduite à sept ou huit membres, en leur présentant avec quelle facilité leurs efforts combinés contre Bonaparte pourraient obtenir un changement dans l'état des choses; et afin d'engager plus facilement cette liaison qui devait donner à Bonaparte les moyens de traiter à son gré les seuls hommes qui lui fissent encore quelque ombrage dans les autorités de cette époque, les jacobins simulés avaient l'art de paraître disposés à toutes les concessions que les républicains modérés exigeraient d'eux avant ou après leur attaque combinée contre le gouvernement.

Ces pièges ne furent pas tout à fait inutiles; et il y eut à cette époque un assez grand nombre d'hommes amis de la République, avec diverses nuances d'opinion, qui prirent pour l'effet naturel et spontané d'un parti véritable et décidé à agir, ce qui n'était qu'une suite des machinations de Fouché. Des hommes qui habituellement n'avaient manqué jusque-là ni de sagesse ni de réserve, furent sur le point d'en manquer dans cette occasion; d'autres, également de bonne foi, mais plus ardents et plus faciles dans leurs espérances, eurent, pendant plusieurs jours, l'assurance que Bonaparte allait être attaqué au milieu des préparatifs de son avènement à l'Empire. Mais, de tous les membres du Sénat auxquels furent adressées directement les insinuations par lesquelles Fouché voulait les surprendre, aucun n'y prêta l'oreille. Soit qu'ils eussent des informations qui les fissent se tenir en garde, soit qu'ils fussent résolus à s'abstenir de toute détermination qui eût exigé de leur part du dévouement et du courage, ils écartèrent les émissaires de Fouché et restèrent paisibles. Il n'est pas hors de propos de citer celui des émissaires qui se conduisit avec le plus de zèle, et qui parut le mieux entrer dans les vues de Fouché; ce fut un nommé Thureau[1], qui, depuis, a ob-

---

1. Je n'ai pu retrouver dans quelle localité il avait été envoyé.

tenu en récompense un consulat dans les États-Unis d'Amérique.

A peu près dans le même temps, Fouché envoyait à Varsovie un autre agent qui, profitant de tous les renseignements dont Fouché pouvait disposer à cette époque, et probablement de ceux qu'il avait dû obtenir du Comité de Varsovie, était chargé de recueillir des lumières nouvelles sur les trames extérieures dont la police tenait le fil, et qu'elle voulait aider elle-même à ourdir. Cette mission était en quelque sorte le pendant ou la singerie de celle de Méhée; il est probable que le résultat n'en fut pas très brillant; du moins il n'a pas éclaté. Mais l'émissaire a été récompensé, sinon pour avoir fait beaucoup, tout au moins pour avoir beaucoup voulu. Il occupe aujourd'hui sur les côtes de l'Océan une place de commissaire général de police, et il avait été le secrétaire intime de Fouché durant son premier ministère[1].

Je touche à l'événement le plus marquant de ceux qui ont précédé la conspiration dont j'essaye

[1]. Il devait être bien connu de Fauriel; mais je n'ai pu découvrir son nom.

d'exposer l'origine et le développement, à celui qui en a, pour ainsi dire, formé le nœud et lui a donné cette apparence de gravité dont Bonaparte a si bien profité pour l'accomplissement de ses vues, et dont il n'a pas profité néanmoins autant qu'il l'avait espéré d'abord.

En résumant, sous un point de vue unique et général, les circonstances les plus marquantes de l'influence que la police avait essayé de prendre sur les éléments de conspiration qui lui étaient connus, pour les combiner à son gré, on y voit clairement l'intention de compromettre Moreau, soit isolément, soit en le liant à un parti quelconque avec lequel on se serait ménagé d'avance les moyens de prouver sa complicité. Le premier était à peu près impossible, et jusque-là le second n'avait pas réussi; car, à tout prendre, il n'est pas si aisé de faire conspirer un homme malgré lui, quand il ne manque pas d'un certain degré de prudence, et que, d'ailleurs, il est bien décidé à supporter toutes les injures faites à la patrie et à lui-même.

Le moment est venu de parler d'un homme dont j'aurai à parler beaucoup encore, d'un homme qui a eu cela de singulier dans sa destinée, d'illustrer le rôle d'agent impuissant des princes, fugitifs et peu honorés, pour lesquels il avait trahi sa patrie, et de flétrir celui de général des grandes armées d'une grande République, qu'il avait menées souvent à la victoire, de Pichegru.

Retiré à Londres près du comte d'Artois, il y vivait peu satisfait, à ce qu'il paraît, et du comte d'Artois et de son propre rôle. Il paraît aussi qu'il avait eu sincèrement le désir de rentrer en France, et que les tentatives qui avaient été faites à cet égard près de Bonaparte ne l'avaient pas été à son insu, ni sans son consentement. Il affectait, auprès des princes et de leurs agents favoris, de l'humeur et une fierté qui prouveraient peut-être qu'on ne lui pardonnait pas, dans son nouveau parti, de n'y avoir pas toujours été ou de ne pas l'avoir servi plus efficacement, avec d'aussi grands moyens que ceux qu'il avait eus entre les mains, dans un temps où il était déjà dévoué à la cause des Bourbons, de projet et de pensée. Il était à Londres dans le temps où Méhée y poursuivait ce qu'il a appelé depuis sa négociation diplomatique. Il est probable qu'il ne fut pas aussi ébranlé que ceux à la cause desquels il se trouvait lié pour avoir trahi celle de la République, de toutes les insinuations par lesquelles Méhée semblait provoquer quelque démarche téméraire de la part des princes contre le gouvernement de Bonaparte. Du moins, son nom n'a pas été prononcé parmi ceux dont Méhée s'est glorifié d'avoir capté la crédulité durant son séjour à Londres.

Cependant c'était l'homme que la police désirait le plus d'engager dans le complot qu'elle poussait et surveillait en même temps. D'abord le nom seul de Pichegru, d'un homme qui n'avait trahi la France qu'après s'être couvert de gloire à la tête de ses armées, pouvait donner à ce qui n'eût passé, d'ailleurs, que pour un assez misérable complot, un air assez imposant de conspiration. En second lieu, c'était le seul homme par lequel on pût compromettre Moreau avec le parti dont Georges était supposé le chef. Tous les autres pièges que l'on avait tendus à ce dernier[1] n'ayant abouti à rien de suffisant pour qu'il fût possible de le perdre en gardant un certain respect pour les formes,

1. A Moreau.

c'était l'unique tentative qui restât à essayer contre lui. C'était celle qui présentait le plus de chances de succès, et c'était celle aussi dont les résultats paraissaient devoir être les plus graves. D'après l'idée que l'on avait assez généralement de Georges à cette époque, le gouvernement et la police étaient autorisés à croire que la moindre apparence de liaison entre Moreau et ce chef des chouans donnerait un moyen assuré de perdre le vainqueur de Hohenlinden, ou tout au moins de le déshonorer ; ce qui valait encore la peine d'une tentative.

Si le comte d'Artois et son conseil avaient eu réellement l'espérance d'être secondés dans leurs attaques contre Bonaparte par un parti organisé dans l'intérieur de la France et qu'ils le regardassent ou comme leur allié, ou comme étant leur auxiliaire à son insu, il n'y aurait eu rien que de très naturel à ce que le comte d'Artois et son conseil eussent essayé de communiquer à Pichegru ces mêmes espérances, et de le déterminer à les faire réussir, en s'entremettant dans le plan qui avait cet objet. On peut supposer qu'ils y réussirent, d'après la conduite même de Pichegru : je dis le supposer, car j'ignore absolument quelles étaient les idées et les intentions de Pichegru, antérieurement à la circonstance dont je vais rendre compte.

On se rappellera que Lajolais, presque aussitôt après les visites qu'il avait faites à Moreau dans des intentions que je n'ai point voulu apprécier, faute d'avoir les données suffisantes pour le faire avec équité, s'était retiré en Alsace. Il y avait passé quatre ou cinq mois, sans que personne eût entendu parler de lui, ni sans qu'on eût présumé deviner ce qu'il y faisait. Il revint à Paris vers la fin de brumaire, ou au commencement de frimaire an XII. Il importe peu pour mon objet de savoir si, avant ce voyage, il avait eu ou non des relations avec la police; mais il importe beaucoup de savoir, et c'est un fait qui me paraît hors de doute, qu'il entra du moins alors en communication avec l'autorité dont il s'agit, ou plutôt avec Fouché, qui était l'âme de toutes les poursuites dont elle était alors occupée. Il fut chargé d'abord d'aller à Londres, d'y voir Pichegru, de lui présenter sous les couleurs les plus spécieuses les chances d'une conspiration dans laquelle Moreau était disposé à entrer avec lui, Pichegru, avec lequel il était réconcilié plus sincèrement et plus efficacement que jamais. Il devait ajouter que la haine de Moreau et celle de la nation contre Bonaparte étaient plus fortes et plus prêtes à éclater que jamais; que les partis contre lui se renforçaient journellement et qu'il y avait plus que jamais apparence que celui de Louis XVIII s'appropriât, en se mêlant adroitement à l'occasion, les fruits de la victoire.

Il est inutile d'observer que la partie la plus importante de ses instructions consistait à avouer, comme complice de Pichegru, tout ce qu'il aurait fait par l'inspiration de la police, sauf à colorer ses aveux de manière à leur ôter l'apparence d'une combinaison antérieure; il était également tout simple que, dans cette mission qu'il allait remplir, il eût l'air d'être le député de Moreau et le porteur de ses intentions et de ses projets à Pichegru. Une circonstance plus remarquable de cette étrange ambassade supposée dont Moreau était censé l'instigateur, c'était que l'homme qui devait représenter le rôle d'émissaire de ce général ne l'avait point vu depuis cinq mois; que la date à laquelle il était censé avoir reçu sa commission était nécessairement celle de leur dernière entrevue, et qu'enfin Lajolais, revenant à Paris après cinq mois passés sans voir l'homme dont il était censé aller porter les commissions en Angleterre, ne le revit pas à ce dernier voyage. Le gouvernement français n'ayant tenu aucun compte de cette particularité dans le récit officiel des événements au moment où il a convenu de les faire éclater, ayant même supposé des circonstances contradictoires à cette même particularité, j'ai cru que c'était un motif de plus pour la notér.

Lajolais, après avoir prévenu Pichegru, par une lettre, de sa prochaine arrivée en Angleterre, partit muni des instructions dont j'ai tâché de présenter le sens dans sa vérité et sa simplicité; passa par l'Allemagne, seul passage alors possible pour un voyage qui devait avoir toutes les apparences d'un voyage mystérieux et clandestin, et arriva à Londres du 20 au 25 frimaire. Un mois après, le 25 nivôse, Pichegru, Lajolais et trois ou quatre autres personnages d'assez peu d'importance débarquèrent sur la côte, près du Havre [1]. Là, ils se séparèrent et prirent par des routes différentes leur direction

---

[1]. Suivant la *liste des brigands* publiée le 16 ventôse dans le *Moniteur*, ils auraient débarqué au pied de la falaise de Biville, à quinze kilomètres de Dieppe.

sur Paris. Lajolais arriva à Paris le 1ᵉʳ pluviôse. Pichegru, au devant duquel Georges était venu, y arriva le lendemain ou le surlendemain, et fut loger à Chaillot dans une maison qui avait été louée pour Bouvet de Lozier[1], par l'entremise d'une femme de la famille de Turgot[2], et où Georges lui-même était alors réfugié. Cette circonstance de Georges allant au devant de Pichegru[3] mérite d'être remarquée : d'abord elle ne peut guère être révoquée en doute, quoique constamment niée par Georges et Pichegru, parce que Lajolais, qui

---

1. A.-H. Bouvet de Lozier, né à Paris en 1769. Il passa en jugement avec Georges, fut condamné à mort, mais sa peine fut commuée en détention suivie de déportation.

2. Marie-Adelaïde Turgot, dame de Saint-Légier. Elle avait trente-neuf ans. Il en sera parlé plus loin, dans la relation du procès.

3. On lit dans l'interrogatoire que, le 8 ventôse, Réal et Dubois firent subir à Pichegru : « D. Avez-vous vu Georges à Paris ? — R. Du tout. — D. Avez-vous fait une partie de la route depuis la ferme de la Poterie jusqu'à Paris avec Georges ? — R. Non. » Voy. p. 97 le *Recueil des interrogatoires subis par le général Moreau, des interrogatoires de quelques-uns de ses co-accusés, des procès-verbaux de confrontation et autres pièces produites au soutien de l'accusation dirigée contre le général,* — à Paris, de l'imprimerie impériale, prairial an XII. Cette brochure, de 190 p. in-8, parut, je crois, le 8 ou le 9 juin 1804, c'est-à-dire l'avant-veille ou la veille du jour où fut rendu le jugement dans le procès du général et de ses co-accusés.

en a été nécessairement le premier révélateur auprès de la police, n'a pas pu se tromper là-dessus; qu'il n'y avait pas d'intérêt bien déterminé, et que son témoignage à cet égard a été confirmé postérieurement par d'autres preuves; en second lieu, elle me semble devoir faire présumer que les indications que Georges avait eues de l'arrivée de Pichegru en France lui étaient venues de la police, ou, ce qui est ici la même chose, de Lajolais lui-même.

C'était beaucoup pour la police que Pichegru fût à Paris, qu'il y fût avec Georges et d'autres hommes qui, d'après les habitudes de jugement contractées par l'opinion publique, ne pouvaient pas y être innocemment. Mais ce n'était pas assez pour ce que voulait la police, pour ce dont le gouvernement avait ou croyait avoir besoin. L'essentiel de son dessein, sa profondeur tenaient à mettre Moreau en relation non seulement avec Pichegru, ce qui à toute force eût pu lui suffire, mais avec Georges, ce qui était beaucoup plus avantageux. Le premier n'était pas difficile et était même, en quelque sorte, inévitable, d'après les idées que l'on avait données à Pichegru des idées et des intentions de Moreau, et d'après les assurances que Moreau avait données à Pichegru de n'être point son ennemi, ou même de prendre un intérêt véritable à sa destinée. Le second n'était pas à beaucoup près impossible parce que, sans qu'il y eût une communauté absolue de projets et de sentiments entre Georges et Pichegru, il était néanmoins très simple qu'ils se trouvassent, ou de les faire se trouver réunis, dans telle ou telle démarche particulière.

Lajolais était encore l'homme le plus propre à procurer, à cet égard, l'exécution des vues de la police. Le plus difficile était fait, depuis que Pichegru était à Paris; il ne s'agissait que d'en tirer le plus aisé, mais aussi le plus décisif et le plus concluant, relativement à l'effet que l'on voulait produire.

Ici, il m'est impossible de ne pas entrer dans quelques détails qui peuvent paraître minutieux par eux-mêmes, mais qui n'en sont pas moins indispensables, parce qu'ils donnent la clef d'événements postérieurs beaucoup plus intéressants, et qui ne pourraient être bien appréciés faute d'en bien connaître la source première et le développement progressif; je tâcherai de ne dire que ce qui est nécessaire soit pour comprendre, soit pour mieux juger des faits qui ne sont que trop propres à piquer dans tous les temps la curiosité des hommes, et qui serviront un jour à l'instruction des peuples, si les peuples ne sont pas condamnés à végéter dans une éternelle dégradation, et à rester le jouet de ceux qui les gouvernent pour leurs passions ou leur plaisir.

Les scènes bruyantes, les catastrophes inopinées qui remplissent les pages de l'histoire ne manqueront pas à la suite de ce récit; qu'il me soit permis de rapprocher ces scènes et ces catastrophes de leurs causes et de leurs motifs secrets, autant que cela a dépendu de moi, dans une situation où je n'ai pu tout savoir, et dans un temps où s'informer de la vérité est peut-être le plus grand de tous les dangers, après celui de la dire.

Le 3 pluviôse, deux jours après son retour d'Angleterre à Paris, Lajolais rendit une visite à Moreau, pour lui annoncer l'arrivée de Pichegru en France et sa prochaine arrivée à Paris, sans lui parler, comme on peut bien le croire, du genre et du degré d'influence qu'il avait eus dans cette étrange détermination de Pichegru. Il demanda un rendez-vous pour lui à Moreau. Moreau, d'un côté, ne pouvait pas entendre sans étonnement et même sans une certaine inquiétude la brusque nouvelle de l'arrivée de Pichegru à Paris, et ne pas sentir le genre d'inconvénient qu'il y avait à lui accorder un rendez-vous. Il n'était pas nécessaire pour cela d'être faible et timide ; il suffisait d'être prudent. D'un autre côté, il n'osait pas refuser à un homme qui avait été son maître dans l'art de la guerre, son ami, auquel il avait fait donner depuis plus d'un an des assurances réitérées de réconciliation, il n'osait pas, dis-je, refuser à cet homme de le voir. Plus la situation de Pichegru était hasardeuse et voisine de la proscription, moins la générosité et l'honneur permettaient à Moreau de tenir une conduite qui, à plusieurs égards, aurait eu l'air d'une perfidie concertée, et tout au moins d'un égoïsme pusillanime. Moreau accorda donc le rendez-vous qui lui était demandé mais il l'accorda avec une réluctance assez mal dissimulée, et l'ajourna à trois jours, sous prétexte

---

1. *Réluctance* est un vieux mot que je n'ai trouvé dans aucun dictionnaire, et dont le vrai sens serait résistance ; mais je crois qu'ici il doit plutôt signifier répugnance.

d'une partie de chasse, prétexte qui, pour la disposition d'esprit où était Moreau, était assez grave, mais qui serait inconcevable dans un homme qui eût attendu, comme un auxiliaire de conspiration, celui qu'il s'agissait de voir. Le rendez-vous fut assigné pour le 6 pluviôse sur le boulevard de la Madeleine, entre sept et huit heures du soir. Par un incident qui peut être remarqué dans une affaire dont les résultats allaient devenir si graves et faire tant d'éclat, ce jour se trouvait être un jour de pleine lune. Le rendez-vous ne fut demandé uniquement que pour Pichegru. Peut-être néanmoins fût-ce dans cette visite de Lajolais que Moreau apprit la présence de Georges à Paris, ce qui, jusque-là, avait été un secret pour tout le monde, excepté pour la police[1].

L'intervalle qui s'écoula entre le 3 et le 6 pluviôse fut employé par Lajolais à des démarches qui four-

---

1. « Georges, deux mois auparavant, avait fait sonder les dispositions de Moreau par Villeneuve (Joyaut), qui s'était adressé à Fresnières, secrétaire de Moreau. Mais cela pouvait avoir lieu, sans que Moreau fût informé positivement de la présence de Georges à Paris. Villeneuve était très lié avec Fresnières et, je crois, son compatriote. (*Note marginale.*) Une autre note au crayon, mais pas de Fauriel, porte : « Fresnières avait fait ses études avec Georges.

nirent les deux principaux incidents de la conspiration prochaine.

Le 4 pluviôse, c'est-à-dire le lendemain de sa visite à Moreau, il en fit une à Rolland [1], dont les motifs apparents sont assez simples et assez naturels, mais ne sont pas aussi faciles à déterminer.

Rolland avait eu des relations nécessaires, et même, à ce qu'il paraît, de l'estime et de l'affection pour Pichegru, dans le temps où celui-ci commandait les armées françaises, et lui-même était dès lors chargé en chef d'une partie considérable du service admini stratif de ces armées, et l'était encore à l'époque dont il s'agit maintenant. Il avait été lié aussi avec Moreau et Lajolais, qui servaient alors avec Pichegru et sous son commandement. Il voyait quelquefois le premier, et il avait conservé avec le second des relations habituelles assez intimes. Lajolais, au moment de partir pour l'An-

1. Henri-Odille-Pierre-Jean Rolland, né à Dieppe en 1759. A l'époque de la Révolution, il devint entrepreneur général des transports militaires, ce qui le mit en relation avec Pichegru et Moreau. Arrêté le 25 pluviôse, il fut condamné à deux ans de détention dans un château fort. « On a cru généralement, dit la *Biographie moderne* (t. III, p. 207) que les révélations qu'il fit le sauvèrent. »

gleterre, l'avait vu et lui avait fait la confidence de son projet en termes généraux insignifiants. Il paraissait donc naturel qu'il lui rendît compte de son retour, et en même temps du résultat de son voyage, c'est-à-dire de l'arrivée de Pichegru en France. L'entrevue se borna à cette confidence de la part de Lajolais, et en témoignages de bienveillance pour Pichegru, de la part de Rolland[1].

Cependant le 6 pluviôse était arrivé, jour important et fameux destiné à l'entrevue de Pichegru et de Moreau. D'un côté, Lajolais vint chercher Moreau pour le conduire au lieu convenu; et, de l'autre, Bouvet-Lozier y amena Pichegru, qui y était encore logé en ce moment[2]. Mais Pichegru n'était point seul; un autre personnage était avec lui, et ce personnage, c'était Georges.

Sur la route du lieu du rendez-vous, et un moment avant d'y arriver, Moreau, par un mouvement qui pouvait être ou l'effet de ses inquiétudes, ou le résultat d'un pressentiment vague et irréfléchi des chances possibles en pareil cas, demanda

---

1. Voy. *Recueil des interrogatoires*, p. 44 et suiv.
2. Y, chez lui, Bouvet.

à Lajolais si Pichegru serait véritablement seul, ainsi qu'il s'y attendait. Lajolais, qui ne pouvait ignorer que Georges y était, et qui vraisemblablement avait fait toutes les démarches nécessaires pour qu'il y fût, dut avouer la vérité.

Un moment plus tard, Georges, Moreau et Pichegru se rencontraient; mais Moreau, en entendant la réponse de Lajolais, prit aussitôt le côté du boulevard opposé à celui où était assignée l'entrevue; et l'entrevue fut totalement manquée. Moreau ne vit, ce soir-là, ni Georges, ni Pichegru lui-même.

Il est probable que tous ceux qui s'étaient attendus à trouver Moreau au lieu convenu et à s'entretenir avec lui furent très surpris d'un contretemps qui trompait si inopinément, et presque sous leurs yeux, l'attente dont ils s'étaient flattés. Mais celui de tous qui dut ressentir le plus vivement ce contre-temps, ce fut Lajolais, qui avait pris envers la police un engagement rendu vain par ce qui venait de se passer. Il prit un parti qui, même dans l'abîme d'infamie où il était plongé dès lors, était une infamie de plus. Au lieu de conter purement et simplement à la police les choses telles qu'elles s'étaient passées et l'échec qu'il venait d'essuyer, il lui conta les choses telles qu'elles auraient dû se passer et qu'elles avaient été sur le point de se passer. La police crut donc réellement que Moreau avait vu Georges en même temps que Pichegru, et cette erreur importante et singulière, par laquelle elle se trouvait prise en quelque sorte dans ses propres filets, donne la clef de plusieurs incidents ultérieurs sur lesquels je m'arrêterai.

Dès ce moment, la police se crut pleinement triomphante et sûre de ses desseins : et, si elle attendit de nouveaux incidents, ce fut plus par le désir d'avoir plus de détails, pour motiver l'éclat qu'elle allait faire, que par l'inquiétude de n'en avoir pas assez pour écraser les ennemis qu'elle croyait avoir amenés au point où elle les souhaitait. Du 5 au 12 pluviôse, plusieurs choses se firent, qui étaient autant d'apprêts pour poursuivre avec appareil la conjuration dont on venait de rapprocher et de mêler aussi spécieusement que possible les divers complices et les divers agents; mais je continuerai à rapporter, des circonstances de cette conjuration, celles que l'on voulait rendre personnelles à Moreau, afin de ne pas interrompre des séries de détails qui ont besoin d'être groupés autour de leurs centres particuliers pour être embrassés clairement et facilement.

Le 12 pluviôse fut le jour où se virent enfin pour la première fois depuis l'an V, et après tant d'événements où ils avaient pris une part si différente, Pichegru et Moreau. Le premier se rendit chez celui-ci avec Lajolais et Couchery, frère d'un autre Couchery[1] déporté à la suite du 18 fructidor, et qui avait vécu, depuis, à Londres, dans une société intime avec Pichegru, dont il paraissait avoir toujours été, depuis l'an V, une créature très dévouée. J'ai lieu de croire que cette visite de Pichegru était tout à fait inattendue de la part de Moreau. Elle fut courte, insignifiante, et se borna à des témoignages d'affection plus qu'à demi étouffés par la contrainte et par l'inquiétude. Moreau qui, depuis la dernière aventure du boulevard, ne pouvait plus être exempt de soupçons sur le carac-

1. J.-B. Couchery, membre du Conseil des Cinq-Cents (1795), condamné à la déportation après le 18 fructidor, se retira en Allemagne et fut rappelé par les consuls en décembre 1799 ; mais il ne tarda pas à aller rejoindre Pichegru en Angleterre, où il dirigea longtemps un journal français. — Son frère, Victor, celui dont il est question ici, arrêté le 28 mars, passa en jugement avec Georges, et fut condamné à deux ans de détention.

tère de Lajolais, lui signifia de ne plus se présenter chez lui.

Lajolais, ne pouvant plus communiquer avec Moreau, n'avait plus auprès de lui d'autre intermédiaire que Rolland; il se rendit donc chez ce dernier et le pria, au nom de leur commune amitié pour Pichegru, d'aller demander pour celui-ci un asile à Moreau. Rolland, jusque-là de bonne foi dans son intérêt pour Pichegru et dans les démarches qu'il avait faites ou plutôt qu'il avait paru disposé à faire, ne soupçonnant rien de tout ce qui se tramait, alla porter à Moreau la demande de Pichegru. Moreau la refusa avec des expressions de regret qui pouvaient être sincères, et par des motifs beaucoup plus graves qu'il ne pouvait le craindre alors.

Si Pichegru eût reçu asile chez Moreau, il est très vraisemblable qu'il y eût été arrêté et que la police aurait fait son éclat dès ce moment. Lajolais, voyant la persistance de Moreau à se tenir à l'écart, et sentant que ce n'était plus que par Rolland qu'il pourrait faire ce général s'engager plus avant dans

1. Voy. *Recueil des interrogatoires*, p. 57.

les filets qui lui étaient tendus, pria Rolland de donner asile à Pichegru. Rolland y consentit, et Pichegru se rendit chez lui le 15 pluviôse.

Quelles que fussent alors les idées et les inquiétudes de Pichegru, rien n'était changé ni dans les motifs personnels qu'il avait de voir Moreau, ni même dans ceux qui pouvaient être relatifs à des projets hostiles contre le gouvernement. Rien n'avait pu encore le détromper de l'erreur où l'avait jeté Lajolais sur l'état des choses en France, et sur les chances d'un bouleversement favorable aux Bourbons. Le lendemain même du jour où il était venu loger chez Rolland, il le pria d'aller chez Moreau lui demander un second rendez-vous. Moreau ne pouvant pas refuser absolument toute communication avec Pichegru, mais craignant de le voir chez lui, envoya son secrétaire Fresnières chez Rolland, pour savoir de la bouche même de Pichegru ce qu'il désirait et le lui rapporter. C'était là le terme moyen que Moreau pouvait prendre convenablement dans une conjoncture où il se trouvait pressé entre la crainte de paraître lâche envers un homme engagé dans une situation difficile, et celle de se compromettre. Fresnières se rendit donc chez Rolland et y vit Pichegru; mais, soit que celui-ci ne voulût point se confier à un intermédiaire, soit qu'il eût besoin de s'expliquer décidément avec Moreau, il demanda au secrétaire de le conduire chez le général; et c'est de la sorte que fut amenée la seconde et dernière entrevue de Pichegru et de Moreau. Il est nécessaire d'observer que Lajolais accompagna, cette fois-là, Pichegru comme la première; mais, n'osant plus entrer chez Moreau, d'après la défense que celui-ci lui en avait faite, il attendit dans la rue le retour de Pichegru et ne put être près de la police que le témoin d'une visite faite par ce dernier à Moreau, et non le narrateur de la conversation des deux généraux.

Au reste, qui peut être maintenant le narrateur de cette conversation? Des deux hommes entre lesquels elle a eu lieu, l'un est mort sans en avoir rapporté un seul mot à personne, sans avoir fait autre chose que manifester d'une manière vague et générale qu'il avait été mécontent de Moreau, qu'il lui avait soupçonné en cette occasion des sentiments d'ambition personnelle qu'il ne lui supposait pas auparavant; et à qui cette révélation a-t-elle été faite? A un seul homme que nous allons voir brusquement changer de caractère et de rôle, et trahir, pour l'intérêt de sa conservation, deux hommes dont il avait été l'intermédiaire, sans intérêt privé de sa part, et en quelque sorte malgré le désir exprès de l'un des deux hommes dont il s'agit. Quant à l'autre personnage, aujourd'hui vivant dans un exil lointain, il n'a dit à cet égard que ce qui était convenable et nécessaire pour sa justification judiciaire, à laquelle rien n'a manqué, mais non pas à l'intégrité de l'histoire, qui doit juger les hommes et les actions sous un point de vue beaucoup plus général et moins strict qu'un tribunal de justice. Au reste, la vérité fût-elle connue avec plus de précision qu'elle ne peut l'être d'après les aveux judiciaires d'un homme dans la situation où s'est trouvé Moreau, est-il permis de la dire, lorsque les oppresseurs jouissent encore de la plénitude de toute-puissance dont ils ont voulu user contre lui? C'est ici un des inconvénients de l'histoire contemporaine, et peut-être le seul réel, et celui qui, pour l'intérêt même de l'humanité, exige que la vérité ne soit dite qu'avec des ménagements adroits qui ne donnent pas à la tyrannie d'un homme et au malheur d'une époque plus d'avantages et plus de prétextes qu'elle n'en aurait dans le cas du silence absolu de tous sur les événements dont tous ont été les témoins.

Toutefois je ne dirai rien de contraire à ce que je crois la vérité dans la circonstance dont il s'agit ici. Moreau est devenu assez grand pour entendre dès aujourd'hui la voix de la postérité ; et rien, ce me semble, ne peut ajouter à la haine de son oppresseur, ni donner contre lui des armes qui n'aient pas déjà été en la puissance de ce dernier.

De toutes les informations immédiates qu'il m'a été possible de recueillir, de toutes celles que j'ai pu tirer, par induction, de l'ensemble des faits et de leur comparaison, je conclus donc que, dans cette dernière conversation entre Moreau et Pichegru, il y eut, de la part de ce dernier, des ouvertures relatives à la possibilité et aux chances de succès d'un plan qui aurait eu pour objet le renversement de Bonaparte et le rétablissement des Bourbons; et je crois que les réponses de Moreau, vagues et équivoques sur le premier point, ne furent claires et positives que sur le dernier, sur l'absurdité duquel, dans les circonstances alors données, il s'expliqua nettement avec Pichegru.

Pichegru, qui avait nécessairement porté dans cette entrevue des espérances qui lui avaient été inspirées par des hommes dont le but était de dresser une grande embûche à Moreau, dut être nécessairement mécontent de lui. Il dut voir en lui un homme qui, sans avoir de résolution positive de conspirer pour la République, n'en eût pas rejeté la chance, si elle lui eût été présentée toute arrangée par d'autres, mais en même temps un homme décidé à ne pas conspirer pour les Bourbons.

Ce fut à l'humeur de Pichegru, en rentrant chez Rolland, à quelques mots entrecoupés sur le sujet de la conférence qu'il venait d'avoir avec Moreau, que Rolland entrevit pour la première fois avec évidence le véritable motif de la présence de Pichegru à Paris; et tout porte à croire qu'il en fut sincèrement effrayé[1]. Sa première pensée fut d'éloigner avec décence un hôte si dangereux, auquel néanmoins il devait des égards. Il prétexta un voyage pour le service militaire dont il était inspecteur;

---

1. « Il ne fut véritablement très effrayé qu'au retour de chez Moreau. Ce ne fut qu'alors qu'il songea à des prétextes pour éloigner Pichegru. » (*Note marginale.*)

et, le 17 pluviôse, Pichegru, après avoir couché deux nuits seulement chez Rolland, fut obligé de chercher un nouvel asile qu'il demanda à Lajolais ou accepta de lui.

Mais, avant de quitter l'asile qu'il avait trouvé chez Rolland, Pichegru pria ce dernier d'aller de sa part chez Moreau, pour lui demander son dernier mot sur les ouvertures de la veille. Rolland s'y rendit avec quelque répugnance, à ce qu'il paraît ; et Moreau eut l'indiscrétion de lui répondre à peu près comme il l'avait fait la veille à Pichegru, peut-être seulement en précisant davantage qu'il ne voulait point faire cause commune avec les agents des Bourbons, pour le compte des Bourbons, et que, s'il y avait un changement à opérer dans l'état actuel des choses, ce changement devait être dicté par l'opinion publique ; or ce que Moreau pensait, et même ce qu'il avait exprimé à Pichegru, c'est que l'opinion publique n'était point favorable aux Bourbons. Il me paraît convenable de rappeler ici littéralement la réponse de Moreau à Rolland, telle qu'elle fut révélée par ce dernier à la police et insérée dans l'acte d'accusation contre Moreau :

« Je ne puis me mettre à la tête d'aucun mouvement, est censé avoir dit Moreau. Si Pichegru fait agir dans un autre sens (et, en ce cas, je lui ai dit qu'il faudrait que les consuls et le gouverneur de Paris disparussent), je crois avoir un parti assez fort dans le Sénat pour obtenir l'autorité. Je m'en servirai aussitôt pour mettre son monde à couvert ; et ensuite l'opinion dictera ce qu'il conviendra de faire[1]. » Il y a beaucoup d'apparence que ces expressions se rapprochent le plus possible de celles de Moreau, dans la circonstance en question, et expriment avec assez d'exactitude l'opinion véritable de ce général dans cette affaire.

Une particularité qu'il est aussi facile qu'important de remarquer, c'est que toutes les démarches de Rolland envers Moreau, et tous les résultats de ces démarches étaient connus nécessairement de Lajolais, demeuré confident de Pichegru et de Rolland, après avoir perdu la confiance de Moreau ; c'est dire assez que la police en était exactement informée. La dernière entrevue de Moreau et de

---

1. Voy. dans le *Procès*, t. II, p. 457 et suiv. les interrogatoires et les débats de Rolland, t. IV, p. 469, et suiv.

Rolland est du 18 pluviôse ; c'est le dernier fait relatif à la conspiration, celui qui précède immédiatement l'éclat de la police.

Dès ce moment, les événements que j'ai à raconter changent de caractère et d'aspect ; je m'arrêterai ici un instant sur quelques considérations qui me paraissent utiles.

Jusqu'ici, les événements dont j'ai rendu compte sont d'une nature et présentent des difficultés sur lesquelles il est de mon devoir de fixer un instant la réflexion du lecteur, et d'avouer mes propres impressions. Tous ces événements sont le résultat d'une suite d'intrigues, dont l'existence, les motifs et les circonstances principales ne sauraient être révoquées en doute par aucun homme passablement informé des affaires de France à l'époque dont il est question. Mais les détails et l'enchaînement rigoureux de ces intrigues supposaient sans doute des informations plus variées et plus complètes que celles qu'il a dépendu de moi de me procurer. Des faits que j'aurais eu besoin de connaître, les uns sont restés cachés dans des pays étrangers, d'où il est difficile qu'ils passent en France pour y balancer les récits dont le gouvernement français a autorisé la publicité; les autres sont cachés dans la conscience de quelques hommes si vils, qu'il est douteux qu'ils osent s'avouer à eux-mêmes la vérité tout entière ; plusieurs sont ensevelis dans les repaires de la police, autorité bizarre, aveugle et passionnée, pour qui tous les faits dont elle s'occupe changent de nature; et devant laquelle toutes les violences, toutes les injustices nécessaires pour atteindre le but que lui prescrit l'autorité suprême, ne sont autre chose que des devoirs simples et rigoureux.

De ces mêmes faits, beaucoup sont abîmés dans les replis de l'âme de Bonaparte, et quelques-uns ne seront jamais bien connus à cause de la faculté qu'il a eue d'en partager la confidence entre plusieurs agents et plusieurs complices. D'autres enfin reposent dans le silence prudent ou pusillanime d'un très petit nombre d'hommes que le hasard ou l'indiscrétion des agents du pouvoir suprême ont mis à portée de surprendre quelques-uns de ces redoutables secrets des abus de la puissance des gouvernants, destinés à servir de leçons aux générations futures. Au milieu de tant d'obstacles pour rencontrer et savoir la vérité, il m'est évident à moi-même que j'en ai laissé échapper une portion considérable, et je ne puis garantir la stricte exactitude des récits que j'ai pu faire. La seule chose que je crois pouvoir garantir, c'est la vérité des circonstances principales et la justesse du point de vue auquel j'ai ramené le détail des faits.

Une nouvelle carrière s'ouvre devant moi. Les événements dont j'ai à entretenir le lecteur ont été, les uns avoués avec une impudence inouïe, les autres publiés avec une ostentation presque aussi remarquable. Presque tous ont eu pour témoins ou Paris tout entier, ou la France elle-même. Ce n'est pas que plusieurs détails de ces mêmes événements ne soient aussi enveloppés de mystères; mais, d'une part, ces mystères n'ont pas été de nature à pouvoir rester secrets, et, de l'autre, ils sont peu nécessaires pour déterminer la véritable nature des événements. Il me sera facile de les négliger quand ils seront douteux; et je ne les présenterai comme certains que quand j'aurai des motifs plus que suffisants de les présenter tels. Je n'aurai presque plus à craindre, dans la suite de mon travail, que les erreurs de mon jugement. Après tous les soins possibles pris pour m'en préserver, il ne me restera plus qu'un seul devoir à remplir, ce sera de présenter toujours le motif ou le sentiment qui auront dicté mes jugements sur les faits, afin que ceux qui ne partageraient pas mes sentiments et mes idées puissent voir la cause de mes erreurs et tirer, à leur gré, d'autres conséquences des mêmes faits.

III

LE DUC D'ENGHIEN. — ARRESTATIONS DE MOREAU, PICHEGRU, GEORGES, ETC.

Ce troisième chapitre où devaient être racontées les arrestations de Moreau, Pichegru, Georges, etc., l'instruction de leur procès, l'affaire du duc d'Enghien, ce chapitre n'a jamais été écrit. Fauriel, pourtant, en avait eu le dessein, comme le prouvent les notes diverses qu'il avait recueillies et une dizaine de feuillets où il ne faut pas chercher une rédaction définitive, mais seulement l'indication sommaire des faits et des idées qu'il comptait développer. Cette lacune si regrettable, je n'essayerai pas de la combler. Je vais seulement présenter un court résumé qui puisse relier le chapitre précédent au chapitre suivant, en ayant soin d'utiliser quelques-unes de ses notes. Je commencerai par celle-ci, qui est relative au duc d'Enghien[1] :

---

1. Voy. sur ce sujet les chapitres IV, V et VII des *Mémoires de madame de Rémusat.*

Quels que soient les prétextes donnés pour l'arrestation et la mort du duc d'Enghien, il est difficile de ne pas en chercher d'autres raisons que celles que présente son jugement.

Le premier consul voulait-il à jamais effrayer les Bourbons? Mais, comme le fait l'a prouvé, c'était raviver l'intérêt à peu près éteint en leur faveur.

Il ne considérait pas les projets du prince d'Enghien comme faisant partie de ceux des conspirateurs de Paris; car, dans ce cas, il eût dû le faire juger avec eux.

Il ne pouvait pas considérer ces projets comme étant plus coupables que ceux de Georges et de ses complices, et par conséquent le faire juger d'une manière plus brusque et plus sévère.

Les complices du duc d'Enghien dont plusieurs étaient connus par d'anciennes liaisons avec les ennemis de l'État n'ont pas été mis en jugement. Quelques-uns ont été mis en liberté, entre autres son secrétaire. Plusieurs espèrent leur élargissement. On avait parlé de ce procès, pourquoi n'a-t-il pas eu lieu?

Il y avait donc nécessairement un motif particulier à une action qui devait attirer tant l'attention, et pouvait avoir tant de conséquences.

Quel était ce motif?

Il est important et peut-être facile de le pénétrer.

Le projet de relever le trône était déjà connu, et il était sur le point d'être avoué.

La connaissance de ce projet pouvait produire plusieurs effets :

1° Réveiller les bruits qui avaient si généralement circulé après le 18 brumaire, que le premier consul agissait en faveur des Bourbons;

2° Inquiéter, parmi les hommes dévoués au premier consul, ceux qui avaient un intérêt personnel à ce que les Bourbons ne rentrassent pas, et paralyser les services de ces hommes dans une circonstance où ils étaient extrêmement nécessaires.

Il fallait donc en quelque sorte donner à ces hommes une garantie qu'on ne travaillait pas pour leur ennemi.

Un acte éclatant de violence contre les Bourbons pouvait être regardé comme une telle garantie.

Moreau, alors dans les fers, avait pu, plusieurs

fois, faire prisonnier le jeune prince et l'avait épargné à cause de sa bravoure. — Le duc d'Enghien arriva à Paris vers une heure du matin. Murat et Savary avaient été l'attendre à la barrière. Savary l'accompagna à Vincennes; il donna aux soldats le signal de la fusillade; il a eu de Fouché quatre-vingt mille francs au moins pour prix de ses services dans cette circonstance. Surprise et stupeur générale, lorsqu'on entendit crier dans les rues le jugement du duc d'Enghien, dont on savait à peine l'arrestation. Le premier consul fut frappé, dit-on, de l'effet de cette nouvelle sur les esprits.

Le *Moniteur* donna le jugement sans en annoncer l'exécution. Ce fut dans la nuit du 30 ventôse au 1er germinal qu'il subit sa sentence.

Madame Bonaparte demanda grâce pour le duc, et fut indignement traitée. M. Louis (Bonaparte) demanda la même chose et fut traité de même.

Grâce aux intrigues dont on était parvenu à l'entourer, tout était prêt pour perdre le grand homme de guerre dont Bonaparte jalousait la gloire et la popularité et qui seul aurait pu, en ralliant les mécontents, et ils étaient nombreux dans l'armée et ailleurs[1], mettre un obstacle à ses projets ambitieux.

Le 11 pluviôse (1ᵉʳ février 1804), Réal, par l'influence de Fouché, fut nommé adjoint au grand juge Régnier[2], et spécialement chargé de l'instruction et de la suite de toutes les affaires relatives à la tranquillité et à la sûreté intérieure de la République. Des mesures de police rigoureuses vinrent s'ajouter à celles qui existaient déjà[3] et de nombreuses arrestations portèrent le trouble et la consternation dans Paris, où l'on se rappelait les actes odieux qui avaient suivi l'attentat de nivôse. C'était un moyen de préparer les esprits au coup inattendu que l'on allait frapper.

Le 25 pluviôse, de grand matin, un chef d'escadron de la légion d'élite, accompagné d'un détachement, se présenta rue d'Anjou-Saint-Honoré[4], au domicile de Moreau;

---

1. Joséphine disait à un conseiller d'État : « Les généraux crient qu'ils ne se sont pas battus contre les Bourbons pour leur substituer Bonaparte. » (*Mémoires sur le Consulat*, p. 212.)
2. Le gros juge, comme l'appelait Fouché.
3. Le 4 pluviôse, une ordonnance de police avait enjoint à tous les officiers de santé qui auraient administré des secours à des blessés d'en faire sur-le-champ la déclaration à la police. Cette déclaration devait contenir, avec les noms, demeure et profession du blessé, la cause des blessures, leur gravité et les circonstances qui y auraient donné lieu.

Une ordonnance semblable fut rendue par M. Gisquet, préfet de police, après l'insurrection des 5 et 6 juin 1832; mais elle souleva une telle réprobation, qu'on fut obligé de la retirer immédiatement.

4. Au n° 122. C'était la proximité de cette habitation avec le

il était dans sa propriété de Gros-Bois, et après une perquisition minutieuse et la saisie de ses papiers[1], c'est là qu'on alla le chercher ; on le rencontra près de Charenton. On lui signifia l'ordre d'arrestation donné par le grand juge et il fut immédiatement conduit au Temple. On arrêta en même temps ses domestiques, ses aides de camp, et, entre autres, un officier très distingué, Le Normand, dont Fauriel nous parlera plus loin[2]. Son secrétaire Fresnières, qui avait assisté à la perquisition, avec la belle-mère et un frère de Moreau, ne fut d'abord l'objet d'aucune poursuite ; plus tard, un mandat d'amener fut lancé contre lui; mais il s'était mis en sûreté[3].

boulevard de la Madeleine qui avait fait choisir ce dernier endroit pour le rendez-vous de Moreau et de Pichegru.

1. Il avait commencé à rédiger l'histoire de ses campagnes. Son manuscrit et ses notes furent saisis chez son aide de camp, Lachasse de Vérigny, qui fut arrêté.

2. Bonaparte, qui avait probablement quelque grief personnel à venger, fit arrêter et mettre au secret, « comme prévenus de conspiration », les généraux Liebert et Souham (Voy. *Correspondance de Napoléon I*[er], t. IX, p. 315, 421). Inutile de dire qu'aucune des personnes arrêtées en même temps que Moreau ne figura au procès. — Dès que la nouvelle de l'arrestation de son mari avait été connue, madame Moreau avait reçu de nombreuses visites. La police fit saisir la liste de ceux qui venaient s'inscrire chez elle.

Ce fut Couchery qui annonça à Pichegru l'arrestation de Moreau et de Lajolais. « Il fit un geste d'étonnement et de douleur et ne dit rien. » (*Procès*, t. II, p. 441).

3. Dans les débats, Joyaut, accusé d'avoir vu Fresnières, de lui avoir écrit et fait des propositions, nia le fait, et Thuriot fut obligé d'avouer que c'était une simple déclaration de Lajolais. « Du reste,

Le soir même, le général subit devant le grand juge un interrogatoire où il eut l'indigne et maladroite faiblesse, qui lui fut justement reprochée, de nier des faits dont on parvint sans peine à lui démontrer l'évidence.

Le surlendemain (27 pluviôse), les Parisiens purent, dès le matin, lire sur les murs un ordre du jour du gouverneur, Murat, dont la haine pour Moreau était bien connue [1]. S'inspirant de l'imprécation de Thésée contre Hippolyte [2], il annonçait aux troupes placées sous ses ordres que « cinquante brigands, *reste impur* de la guerre civile [3], ayant à leur tête Georges et le général Pichegru avaient pénétré jusque dans la capitale », et il ajoutait ce fait mensonger : « Leur arrivée a été provoquée par un homme qui compte encore dans nos rangs, par le général Moreau, qui fut remis hier aux mains de la justice nationale [4]. »

on ne lui en faisait pas une charge », dit le président. (Voy. *Procès*, t. V, p. 378.)

1. Voy. les *Mémoires de madame de Rémusat*, t. I'', p. 303.
2. « Reste impur des brigands dont j'ai purgé la terre. »
Il avait peut-être entendu ce vers, quelques jours avant, (21 pluviôse) au Théâtre-Français, où l'on avait joué *Phèdre*, et le mot de *brigands*, qui se trouvait alors dans la bouche de tous les agents du gouvernement, avait dû le frapper.
3. Cette expression parut si heureuse au procureur général qu'il la reprit dans son discours (*Procès*, t. VI, p. 275).
4. « A cause du ton dans lequel cet ordre du jour est écrit, dit une note de Fauriel, il fut attribué au premier consul lui-même. » Publié par les journaux dès le lendemain de son affichage, il ne fut inséré que le 2 ventôse dans le *Moniteur*.

C'est dans ce même numéro que commencèrent à paraître les

Le même jour [1], le gouvernement communiqua au Corps législatif et au Tribunat le rapport du grand juge sur la conspiration [2]. La lecture de cette pièce, où Moreau était indignement traité, souleva au Tribunat une protestation énergique de la part d'un de ses membres, frère du général [3].

Si Moreau, dont la capture n'avait jamais pû offrir la moindre difficulté, était au pouvoir de ses ennemis, si la plupart des conjurés étaient successivement tombés entre les mains de la police [4], les plus redoutés d'entre eux, Pichegru et Georges étaient encore en liberté, malgré l'ardeur de ses investigations et les appels sans cesse renaissants aux citoyens. Le 1er ventôse (12 février), le grand juge fit afficher à Paris une proclama-

adresses des commandants de corps d'armée, du clergé, des villes, etc., au premier consul, pour le féliciter d'avoir échappé à la conspiration. L'adresse du général Soult fut la première. Il y est parlé « des monstres qui oseraient porter une main sacrilège sur l'*auguste personne* du premier consul ».

1. « Le premier consul, dit une note de Fauriel, avait mandé, la veille, aux Tuileries les présidents des trois grandes autorités pour leur faire part de la nouvelle, et pour leur inspirer ou leur commander la conduite qu'ils avaient à tenir dans la circonstance, c'est-à-dire dans la séance de leurs corps respectifs qui devait avoir lieu le lendemain, et où ils devaient recevoir la communication officielle du grand juge. »

2. Il avait été rédigé par le troisième consul, Lebrun.

3. Moreau avait un autre frère, lieutenant de vaisseau. Bonaparte lui fit donner l'ordre de se rendre à Morlaix dans sa famille et d'y rester. (*Correspondance de Napoléon 1er*, t. IX, p. 342.)

4. Voyez, dans le chapitre précédent et dans les suivants, les notes consacrées à chacun d'eux.

tion où il les invitait, au nom de leurs plus chers intérêts, à dénoncer les étrangers suspects et surtout à se garder de donner asile « à des monstres à qui la terre entière devrait le refuser ». Sept jours après, trahi par un sieur Leblanc [1], qui alla le dénoncer à Murat et reçut cent mille francs pour récompense [2], Pichegru, surpris dans son sommeil à deux heures du matin, rue Chabanais, était arrêté après une vigoureuse résistance [3]. Mais Georges échappait toujours. « On s'affligeait beaucoup, dit madame de Rémusat, de l'adresse avec laquelle il se dérobait à toute poursuite [4]. »

Le 9 ventôse, fut rendue une loi portant que « tous les recéleurs de Georges ou de quelqu'un de ses complices seront traités à l'égal de ces brigands, s'ils n'en font la déclaration ». En même temps, les mesures qui furent prises pour les empêcher de sortir de Paris « rappelèrent le plus, dit Fauriel, par le silence, la consternation du peuple, et par l'activité de mouvement

---

1. Voy. Treillo, *La Vérité dévoilée par les temps, ou le Vrai Dénonciateur du général Pichegru signalé*, Paris, 1814, 16 p. in-8.
2. L'arrestation de Charles d'Hozier fut payée 12 000 francs, celle de Georges 48 000, et enfin celle de Pichegru, 100 000. Voyez la lettre de Bonaparte à Régnier en date du 4 avril 1804, *Correspondance de Napoléon I*[er], t. IX, p. 398-399.
3. « Il s'est battu une demi-heure avec trois ou quatre gendarmes d'élite à coups de poing, » écrit Bonaparte au général Soult, le 10 ventôse. (*Correspondance de Napoléon I*[er], t. IX, p. 336.)
4. *Mémoires*, t. Ier, p. 305.

de la force armée, les tristes époques de 93 ». — « Des factionnaires, rapporte le *Journal de Paris*[1], ont été placés le long des murailles de Paris et personne ne pourra franchir les barrières, de nuit. De jour, des officiers de police, des adjudants de place et des gendarmes vérifieront les passe-ports et reconnaîtront tous les individus sortants, afin de s'assurer que les brigands ne fuiront point de Paris et n'échapperont pas au supplice qui les attend. — Les citoyens s'empresseront de dénoncer les maisons où ils soupçonneraient qu'ils pourraient être cachés. »

En publiant la loi qui punissait les recéleurs de Georges et de ses complices, le gouvernement avait oublié de donner leurs noms et leur signalement. Cette omission, le *Moniteur* la répara dans le numéro du 16 ventôse[2], où le grand juge fit insérer une *Liste des brigands chargés par le ministère britannique d'attenter aux jours du premier consul*[3]. Cette liste comprenait cinquante-neuf individus, savoir : 1° vingt et un débarqués sur un cutter anglais, capitaine Wright, au pied de la falaise de Biville en août (le 21) et en décembre 1803 et le 16 janvier 1804 ; 2° trente-huit *complices* débarqués

---

1. N° du 10 ventôse an XII, p. 1010. Voyez, sur toutes ces mesures diverses, les lettres de Bonaparte dans le tome IX de sa *Correspondance*, p. 331 et suiv., 351, 362.
2. « Le journal, dit une note de Fauriel, avait été retardé de plusieurs heures, pour que cette liste y fût insérée ce jour-là. » Elle fut en même temps affichée dans Paris et envoyée partout.
3. Les noms de plusieurs individus y sont estropiés.

en Bretagne ou résidant en France. Parmi ces derniers figurait Moreau. Sur ce nombre de cinquante-neuf, il y en avait trente-trois qui n'étaient pas arrêtés et trente et un dont on donnait le signalement[1].

Deux jours après cette publication, le 18 ventôse (9 mars), à sept heures du soir, Georges, qui était en cabriolet avec Leridant le jeune[2], fut arrêté près du carrefour de l'Odéon, après avoir, de deux coups de pistolet, tué l'officier de paix qui avait pris la bride de son cheval et blessé grièvement un autre agent qui s'était jeté sur lui. Quant aux autres conjurés, la plupart tombèrent successivement aux mains de la police. Nous les verrons figurer dans le chapitre suivant.

---

1. Voici, entre autres, le signalement de Georges « chef de brigands ».

« Georges Cadoudal, dit Larive, dit Masson, trente-quatre ans et n'en paraissant pas davantage, cinq pieds quatre pouces, extrêmement puissant et ventru, épaules larges, d'une corpulence énorme ; sa tête très remarquable par sa prodigieuse grosseur. — Col très court, le poignet fort, doigts courts et gros, jambes et cuisses peu longues. — Le nez écrasé et comme coupé dans le haut, large du bas, yeux gris dont un est sensiblement plus petit que l'autre, sourcils légèrement marqués et séparés. — Cheveux châtain clair, assez fournis, coupés très courts, ne frisant point excepté le devant, où ils sont plus longs ; teint frais, blanc et coloré, joues pleines, sans rides. — Bouche bien faite, dents très blanches, barbe peu garnie, favoris presque roux, assez fournis, mais n'étant ni larges ni longs, menton renforcé. — Il marche en se balançant, et les bras tendus de manière que les mains sont en dehors. »

2. Leridant ne figurait pas sur la liste des brigands. Il ne fut condamné qu'à deux ans de prison.

La veille de cette capture, qui donna une si grande joie au gouvernement, que le *Moniteur* l'inséra en tête de son numéro du 29 ventôse, Moreau venait encore de tomber dans un piège que lui avait tendu Réal; et Fauriel nous raconte l'origine, ignorée jusqu'alors, de cette démarche maladroite [1], rendue excusable par l'ennui d'une captivité que l'on maintenait fort rigoureuse, comme il s'en plaignit aux débats.

« Le 17 ventôse, dit-il, Moreau écrivit au premier consul. On fut plusieurs jours inquiet de cette lettre, dont les ennemis du général parlaient comme d'une pièce qui compromettait la dignité de son caractère. On sut que le premier consul avait ordonné qu'elle fût jointe aux pièces du procès. On en conclut qu'il en était mécontent, et par conséquent que Moreau ne s'était point avili dans cette lettre [2].

L'histoire de cette lettre se rattache à une particularité fort insignifiante par elle-même, à la visite que madame Récamier fit à Réal, mandée par lui pour recevoir une réprimande de la liberté de ses

---

1. Voy. cette lettre dans le tome III du *Procès*, p. 71.
2. Fauriel, quand il écrivit ceci, ignorait la teneur de la lettre, qui ne fut connue du public qu'au moment du procès. Il en parlera plus loin comme d'une « lettre imprudemment écrite et dans un moment de faiblesse ».

propos sur l'arrestation de Moreau, et sur d'autres circonstances de la conspiration. Le but réel de cette démarche de Réal était d'inspirer à Moreau, par sa femme que voyait madame Récamier, l'idée d'écrire au premier consul.

Pour disposer l'opinion à trouver Moreau aussi coupable que l'on voulait qu'il le parût, on publia diverses brochures où l'on tâchait de jeter du louche sur la loyauté de ce général [1].

Un fait équivalent à celui de la *liste des brigands*, ce fut la gravure, certainement faite par l'entremise du gouvernement, qui représentait les figures des soixante brigands [2], au milieu desquels se trouvait celle de Moreau. Cette gravure se vendait ou se

---

1. Les principales sont *Moreau et Pichegru*, rédigée par Rœderer sur l'ordre de Bonaparte (Voy. les œuvres de Rœderer in-4, t. III, p. 373 et suiv.), et le *Mémoire concernant la trahison de Pichegru*, par Montgaillard, 1804, in-8. — Cf. le t. III, p. 247-248 du *Catalogue des imprimés de la Bibliothèque nationale* (Histoire de France).

2. Tous ces portraits des *brigands*, dont les uns sous les verrous étaient rigoureusement tenus en secret et dont les autres n'avaient pas encore été pris, où même ne le furent jamais, ces portraits étaient de pure fantaisie. On peut en juger par la note suivante du *Journal de Paris* (N° du 20 ventôse, p. 1080): « Un dessinateur a tracé le portrait de Georges, *d'après le signalement publié par le grand juge*, et l'on en a fait une gravure qui se vend aujourd'hui rue du Coq-Saint-Honoré. »

voyait partout ; c'était la liste du *Moniteur* traduite à l'usage de ceux qui ne savaient pas lire. Les portraits de Moreau avaient disparu, et avaient été remplacés par cette gravure.

Un dernier mot. Si le récit de Fauriel pouvait laisser quelque doute sur le rôle provocateur joué par la police dans l'organisation de ce complot, ce doute serait levé par le passage suivant des *Mémoires* de Bourrienne. Pendant deux jours qu'il alla, en mai 1805, passer chez Fouché à sa terre de Pont-Carré, le ministre de la police, « qui était souvent d'une grande indiscrétion », lui fit d'étranges confidences. « J'en tirai la preuve certaine, de l'ensemble de tout ce qu'il me dit, qu'il n'agit que pour lui, et sans me dire précisément : « j'ai fait la conspiration de Georges, de Pichegru et de » Moreau pour rentrer au ministère et pour me consoler » de n'avoir pas découvert l'attentat du 3 nivôse, » il me confirma pleinement dans l'exactitude des idées que j'ai émises en parlant des machinations du commencement de 1804. Il se félicitait d'une manière peu couverte d'avoir joué Régnier et contraint Bonaparte à le rappeler auprès de lui; et la preuve qu'il faisait mouvoir les ressorts capables de réunir les conjurés ou plutôt de transformer les mécontents en conjurés, c'est qu'il me dit : « Instruit comme je l'étais, si j'étais resté au » ministère, il est probable que j'aurais prévenu la con-

» spiration; mais Bonaparte avait encore à craindre la riva-
» lité de Moreau; il ne serait pas empereur, et nous, nous
» aurions encore à redouter le retour des Bourbons; ce
» que, grâce à Dieu, nous ne craignons plus[1]. »

Laissons maintenant de nouveau la parole à Fauriel.

1. *Mémoires de Bourrienne,* t. VI, p. 295.

IV

TABLEAU HISTORIQUE DU PROCÈS
DE GEORGES ET DE MOREAU

Trois mois s'étaient écoulés depuis l'instant où avait éclaté le bruit d'une conspiration contre le gouvernement consulaire, qui n'était plus[1], depuis le jour où Moreau avait été arrêté comme le complice de Georges ; et toutefois ni Moreau, ni Georges, ni leurs divers complices n'étaient encore en jugement. Au milieu de cette étrange variété d'événements relatifs à l'établissement de l'Empire sur les ruines de la République, l'opinion n'avait été que

---

1. Le 18 mai 1804, un sénatus-consulte organique avait conféré au premier consul le titre d'empereur sous le nom de Napoléon Ier, et avait établi dans sa famille l'hérédité de la dignité impériale.

faiblement distraite de ce qui se passait dans les prisons du Temple et de l'attente du jugement de Moreau. La curiosité publique était même exaltée par le surcroît d'inquiétude que le souvenir encore récent de la mort du duc d'Enghien[1] ajoutait à l'inquiétude que l'on avait eue sur la destinée de Moreau, dès le premier instant de son arrestation. Bonaparte avait préludé à la fondation de l'Empire par le meurtre du rejeton le plus intéressant de l'ancienne famille des rois de France. Quel présage pour le sort du plus illustre des généraux qui avaient vaincu pour la République et la liberté, placé désormais entre les mains de son ennemi devenu empereur ! On venait de voir par quels prétextes, par quels moyens, avec quels sentiments, Bonaparte était monté sur le trône; et par une circonstance remarquable, ses premiers actes en qualité d'empe-

---

1. 22 mars 1804. — « Des souvenirs encore vifs et récents servaient pour ainsi dire de présages à l'issue de ce jugement, et ce qu'il y avait de sinistre dans ces présages n'en était que plus propre à exalter la curiosité publique; les temps de servitude et de lâcheté ayant cette singulière propriété de laisser aux maux publics une sorte d'attrait qui n'est pas troublé par la crainte du danger personnel prochain, ni par le sentiment du devoir de les empêcher ou de s'y opposer. » (*Note marginale.*)

reur allaient décider du sort de l'homme qu'il craignait le plus[1].

Bonaparte lui-même, au milieu des sollicitudes que devait lui inspirer sa résolution relativement au duc d'Enghien, au milieu du trouble qui suivit d'abord l'accomplissement de cette résolution, au milieu des intrigues par lesquelles il fallait régler parmi ses agents l'initiative de la fondation de l'Empire, au milieu de l'ivresse des premières jouissances impériales, n'avait jamais perdu un instant de vue ces brigands qu'il accusait d'avoir voulu l'assassiner.

Tous les agents supérieurs ou subalternes de la police, le tribunal criminel étaient occupés sans relâche à la procédure contre ces brigands. Tout autre intérêt paraissait suspendu; toute autre pen-

---

1. « L'opinion était encore, et surtout, effrayée par le sénatus-consulte du 8 ventôse, par la liste du 16, par toutes les mesures de violence qui avaient eu lieu dans l'arrestation d'un grand nombre de prévenus. » (*Note marginale*.)
Un sénatus-consulte du 8 ventôse avait suspendu les fonctions du jury pendant deux ans pour le jugement des crimes de trahison et d'attentat contre la personne du premier consul et contre la sûreté intérieure et extérieure de la République, et renvoyé devant un tribunal spécial les accusés, qui devaient être défendus par des avocats. Cette dernière clause, suivant une note de Fauriel, avait pour but d'empêcher Garat de se charger de la cause de Moreau.

sée paraissait anéantie en eux. On jugera bientôt, de l'étonnante fatigue de la tâche qui leur était imposée.

Les poursuites contre les conspirateurs étaient dès lors très avancées. Il y en avait déjà vingt-trois d'arrêtés; et de ce nombre étaient ceux qui jouaient ou auxquels on voulait faire jouer le plus grand rôle. Les autres ne furent saisis à diverses reprises que dans le courant de germinal. Du jour de l'arrestation de Moreau jusqu'à celui où parut l'acte d'accusation, il y a un intervalle juste de trois mois consacré à préparer les moyens de convaincre les prévenus du délit qui leur était imputé, et à les préparer à être livrés à leurs juges. Je réunirai sous le même coup d'œil toutes les circonstances qui peuvent donner une idée de l'instruction de ce grand procès, de toutes les mesures tant de la police que du tribunal pour la préparer, des incidents qui s'y sont mêlés. J'esquisserai ensuite l'histoire même du procès, et je dirai les circonstances les plus remarquables qui ont suivi la reddition et l'exécution du jugement, et j'aurai soin que toutes ces parties d'un même événement s'éclairent les unes les autres.

Dans la multitude presque infinie des détails de cet étrange événement[1], je ne m'attacherai qu'à ceux que je croirai suffisants pour donner une idée générale de l'ensemble, de la marche et du résultat de ce grand procès; et, parmi les faits accessoires, je ne m'attacherai qu'à ceux qui peuvent donner une idée de l'opinion publique, dans la circonstance dont il s'agit, et propres à jeter quelque jour sur le cœur humain, ou à caractériser le genre d'influence que le gouvernement a exercé alors, et à faire sentir que les hommes qui servent le pouvoir absolu n'ont plus rien à lui refuser, dès l'instant où ils lui ont fait le sacrifice de leur dignité morale, et que la différence entre être vil et être injuste est nulle, au gré de ce même pouvoir[2].

Le nombre des prévenus qui furent atteints par

---

1. « L'instruction judiciaire proprement dite fut entamée le 18 ventôse, et terminée le 11 floréal. » (*Note marginale.*)

2. « Faire ici les rapprochements convenables entre la liste du 16 ventôse et celle des accusés. » (*Note marginale.*) — Ce rapprochement, que n'a pas fait Fauriel, nous le ferons en deux mots : La *liste des brigands chargés par le ministère britannique d'attenter aux jours du premier consul*, comme nous l'avons dit plus haut, comprenait cinquante-neuf individus, dont un certain nombre ne purent être saisis. La police, depuis, en arrêta d'autres qui ne figuraient pas sur la liste, et il y eut seulement (Pichegru étant mort) quarante-sept accusés qui passèrent en jugement.

la police et les informations judiciaires, était de quarante-huit; mais, dans ce nombre, il y en avait quatorze parmi lesquels se trouvaient plusieurs femmes, qui ne pouvaient, sans un ridicule évident, être considérées comme des conspirateurs. C'étaient des personnes des classes inférieures de la société, dont l'unique accusation pouvait être d'avoir donné asile à des prévenus moyennant un salaire accoutumé en pareil cas, ou d'avoir eu avec eux des relations de service qu'ils avaient avec le public en raison de leur profession. Il y en avait même parmi eux qui avaient fait spontanément à la police des déclarations utiles. Je ne parlerai pas d'eux ou n'en parlerai que peu. Une injustice presque inévitable de l'histoire, c'est d'oublier ou de traiter légèrement les malheurs des individus obscurs.

Les trente-quatre autres (si l'on excepte Moreau, qu'il faudra constamment mettre à part) présentaient plusieurs caractères qui pouvaient donner des apparences spécieuses à une accusation de conspiration dirigée contre eux. Presque tous avaient porté les armes contre la République, dans les guerres civiles de la Bretagne. Plusieurs avaient eu un commandement parmi les révoltés; et le plus célèbre de leurs chefs, celui qui avait montré le plus de capacité, de persévérance et d'audace était là. Quelques-uns, condamnés par la grossièreté de leur éducation à végéter dans les derniers rangs de la société, paraissaient assez peu propres à jouer le rôle de conspirateurs; mais ces souvenirs d'une guerre civile où toutes les âmes avaient été exaltées par un fanatisme féroce, pouvaient les faire paraître jusqu'à un certain point redoutables. Parmi ces prévenus, quelques autres, sans avoir pris une part immédiate à la guerre civile, tenaient par des liens intimés à ceux pour l'intérêt desquels s'était faite cette guerre. Enfin presque tous étaient unis non seulement par des opinions communes, mais par des liens communs à la cause et au service des princes français réfugiés dans diverses parties de l'Europe. Tous n'étaient pas proscrits en France; mais presque tous, malgré ce demi-pardon que la nécessité finit par obtenir aux partis révoltés, appartenaient à une classe objet de la surveillance assidue de la police, qui plusieurs fois avait été perfide envers elle, et avait toujours à en craindre des représailles violentes.

Si donc il n'eût été question que de prononcer sur le sort de ces hommes, le gouvernement n'eût éprouvé ni sollicitude ni embarras. Le nom de Georges, à cette époque et avant ce procès, où il devait acquérir une plus honorable renommée que celle que jusque-là il avait obtenue, ne rappelait guère que des idées défavorables. Le préjugé national ne l'envisageait guère que comme un brigand féroce, et tous les hommes qui avaient eu des relations avec lui n'étaient guère mieux traités par l'opinion. On eût pu les traduire devant une commission militaire sans exciter la surprise de la nation, les faire condamner sans éveiller aucun scandale; juste ou injuste, politique ou atroce, cet acte n'eût excité qu'une vaine curiosité de quelques jours; après quoi, il eût été oublié; car c'est là un des grands malheurs d'une nation accoutumée à la violence et à l'arbitraire : elle perd jusqu'à la faculté de se souvenir longtemps des crimes dont elle souffre.

Ce qui rendait donc ce procès difficile à nouer, ce qui autorisait toutes les précautions et toutes les sollicitudes du gouvernement, c'était l'intention et le besoin d'associer Moreau à Georges; de présenter le plus grand des généraux de la République comme le chef d'une troupe d'hommes que l'on croyait assuré de faire passer pour de vils et féroces sicaires. Cette intention donne et peut seule donner la clef du mode d'instruction de ce fameux procès, et le motif réel de toutes les mesures prises pour en garantir le résultat désiré.

Aussitôt qu'un des hommes inscrits sur la fameuse liste des brigands était arrêté dans les murs ou dans les environs de Paris, il était traduit à la préfecture de police avant d'être conduit en prison, à moins que l'importance du personnage ou des motifs particuliers ne lui méritassent l'honneur d'être d'abord interrogé par le directeur général de la police, Réal. Mais la plupart des premiers interrogatoires avaient lieu par devant le préfet de police, Dubois[1]. C'est ici le cas de dire en passant un mot de ce chef de la police de Paris.

[1]. Louis-Nicolas-Pierre-Joseph Dubois, né en 1758, avocat au Parlement, fut successivement procureur au Châtelet, président du tribunal criminel, préfet de police (24 mars 1803) et conseiller d'État à vie. Il fut remplacé à la préfecture par Pasquier (décembre 1810) et siégea à la Chambre des Cent-Jours; il mourut en 1854.
La *Biographie moderne* le juge plus favorablement que Fauriel. « Il montra, dit-elle, dans cette place délicate et difficile, la sagesse d'un bon administrateur et l'impartialité d'un juge équitable. »

Peu d'hommes étaient plus capables d'exercer, au gré de Bonaparte, les fonctions de cette place : insolent, vain et sot, la seule condition qu'il exige pour exercer avec joie son despotisme subalterne sur les personnes, c'est d'en recevoir l'ordre immédiatement du chef de l'État; car il a la prétention d'être dans sa sphère une puissance glorieuse et indépendante, et il a formé souvent une sorte d'opposition au ministère de la haute police; et la politique de Bonaparte a été constamment de fomenter, autant que cela pouvait se concilier avec le but de la police et la rapidité de son action, sa jalousie et sa haine contre Fouché, qui l'a toujours méprisé comme un homme incapable de manier les ressorts déliés et secrets de la police, toujours ivre de quelques bribes de pouvoir arbitraire, et dont le plus grand mérite est de flatter, de servir les soupçons journaliers et les inquiétudes minutieuses du despote en chef, sans être capable de l'inspirer ou de le servir dans les circonstances extraordinaires et difficiles. Il serait impossible, à moins d'entrer dans des détails multipliés et dégoûtants, de donner une idée juste du repaire où règne ce ministre subalterne de la police, et que l'on nomme l'hôtel de sa préfecture. On y trouve réuni tout ce qu'il y a de plus hideux dans l'aspect et dans les vices des prisons ; un homme honnête en sortit rarement sans avoir été blessé de quelque spectacle avilissant pour l'humanité, et un homme vicieux, sans être plus propre au crime, à cause du mépris et de la brutalité avec laquelle on y traite tout ce qui est soupçonné d'être criminel.

C'était dans ce lieu et devant cet homme qu'étaient traduits, au moment de leur arrestation, non seulement les prévenus de conspiration, mais encore la plupart des personnes arrêtées comme soupçonnées d'avoir eu des relations quelconques avec eux. Dans la multitude et la confusion d'informations par leur nature très difficiles à recueillir, je ne me crois pas autorisé à la prétention de faire un tableau complet de la conduite de la police relativement aux prévenus, ni de décrire avec détail tous les procédés qui ont été mis en usage pour obtenir l'aveu de leurs crimes. Mais, en ne jugeant de tout ce qui a été fait pour cela que par ce qu'il a été impossible d'en cacher, malgré l'intérêt qu'avait le gouvernement à ce que tout fût secret, et en dépit de tous les moyens qu'il avait de tout cacher, on a encore de quoi être surpris et effrayé. Ce qui est indubitable pour les personnes les moins bien informées suffirait à l'indignation d'un déclamateur et est plus que suffisant pour motiver le jugement de l'historien.

Les menaces d'une mort brusque, violente, les promesses d'argent, de faveur, surtout celles de la vie, furent prodiguées tour à tour. Là où les menaces et les promesses étaient vaines, les tortures venaient au secours[1].

Ce que la frayeur ou la douleur avaient répondu à des questions insidieuses, dirigées sur un plan concerté d'avance, était recueilli pour servir de base à la procédure judiciaire. Plus d'une fois ces réponses étaient altérées avec l'impudence la plus marquée ou la perfidie la plus astucieuse. Les

---

1. Ce ne fut pas seulement lors de l'instruction de ce complot que la torture fut employée pour arracher des aveux aux accusés. Dans les pièces du procès relatif à l'attentat du 3 nivôse figure une lettre de Saint-Réjant à sa sœur, lettre où on lit le passage suivant : « Je puis vous assurer que, depuis que je suis arrêté, j'ai souffert le martyre, et que je n'ai rien dit contre mes camarades ni contre le parti, quoiqu'on me mît deux fois à la question secrète. Vous ne savez pas quel est ce genre de torture; je vous dirai cela de vive voix. » Cette pièce fut lue en partie à l'audience et ne souleva aucune protestation ni observation de la part du président du tribunal (Voy. *Procès de Saint-Réjant*, t. I, p. xlv, 230 et 231).

aveux étaient surchargés de quelques particularités qui pouvaient les rendre plus propres aux vues et aux besoins de la police ; là où l'on n'avait rien pu obtenir de favorable, on s'arrêtait à quelque chose d'équivoque.

Les conspirateurs qui, au lieu d'être traduits à la préfecture de police et d'être en premier lieu interrogés par Dubois, étaient traduits devant le directeur général de la police pour être interrogés par lui, n'étaient guère traités avec plus de ménagement. Il faut justifier ces assertions générales par quelques détails. Cela est nécessaire, non seulement pour la satisfaction du lecteur, mais encore et même bien plus pour l'intelligence des faits ultérieurs et de la marche du procès.

On se rappelle que non seulement les aides de camp de Moreau, mais encore des officiers qui n'avaient eu avec lui que de simples relations de subordination ou d'amitié avaient été emprisonnés en même temps que lui [1]. Parmi ces derniers se trouvait un chef de brigade, nommé Le Normand, estimé à l'armée pour sa bravoure, unissant à la

1. Voy. plus haut, p. 207.

connaissance de l'art de la guerre le goût des études philosophiques, d'une vivacité d'humeur un peu déréglée qui lui donnait une teinte d'étourderie et de légèreté. Il avait été le premier aide de camp de Moreau, et lié avec lui au delà de ce que comportent nécessairement les relations du général à l'aide de camp. Mais, depuis un certain temps, il y avait quelque refroidissement entre eux ou même une division déclarée, née, suivant les apparences, de quelque défiance sur leurs opinions politiques respectives. Chacun d'eux semblait craindre que le dévouement de l'autre à la République ne fût ni assez assuré, ni assez entier; mais néanmoins ils s'estimaient trop pour faire entrer leurs griefs dans le jugement qu'ils portaient l'un de l'autre, et leurs dissentiments ne servaient qu'à faire paraître plus sincère la justice qu'ils continuaient à se rendre. Réal voulut se réserver le privilège d'interroger un homme qu'il croyait ennemi de Moreau, et l'honneur de tirer parti de sa haine.

Après divers propos qui avaient pour but d'exalter le ressentiment du jeune militaire, il termina par lui présenter une bourse qui contenait une somme de cent mille écus [1] et le brevet de général de division, à condition de livrer des secrets de Moreau tout ce qu'il était présumé en connaître. Le Normand accueillit ces offres comme elles méritaient de l'être, et Réal eut le chagrin d'avoir tendu un piège inutile à la loyauté d'un jeune militaire. Que l'on juge par l'impudence de cette tentative à l'égard d'un officier généralement connu pour avoir des sentiments énergiques d'honneur et de probité, et qui, d'ailleurs, ne pouvait être, sous aucun prétexte tant soit peu plausible, compromis dans la destinée de Moreau, de ce que la police pouvait oser avec des hommes que l'opinion regardait encore comme des brigands, avec des hommes auxquels, en offrant la vie, elle offrait un bien dont elle était réellement la maîtresse, dont elle pouvait disposer sans remords et presque sans scandale.

Picot [2], domestique de Georges, villageois breton, homme grossier, d'une humeur fanatique et

1. Fauriel avait mis d'abord : *une somme assez considérable.*
2. Louis Picot, capitaine chouan, né à Josselin en 1776. Il passa en Angleterre après la paix d'Amiens, revint en France avec Georges, fut arrêté le 18 pluviôse, condamné à mort et exécuté. On verra plus loin la scène dramatique à laquelle donna lieu son interrogatoire devant le tribunal (Voy. ses déclarations et interrogatoires dans le *Procès*, t. II, p. 381 et suiv.).

violente, fut particulièrement exposé à la fureur avec laquelle on cherchait des preuves de la conspiration que l'on poursuivait.

Le jour où Picot fut arrêté, Georges était encore libre, et malgré la multiplicité des révélations qui avaient mis la police sur ses traces, malgré le nombre et l'activité des agents qu'elle employait à sa poursuite [1], elle tremblait encore qu'il n'échappât. Dans cet état de choses, son domestique était un homme important; il pouvait donner des lumières sur l'asile de son maître. On lui proposa d'abord une somme d'argent considérable que l'on fit compter à ses yeux, on lui promit de le laisser fuir où il voudrait; ces offres furent vaines. Alors on le garrotta, et on commença à lui faire subir des tortures aussi affreuses que le permettaient l'oubli déjà long de cette pratique et le défaut d'instruments qui y fussent savamment appropriés. Le mal-

---

[1]. L'un des chefs de l'insurrection vendéenne, devenu évêque d'Orléans, le fameux abbé Bernier, de triste mémoire, s'était chargé d'en recruter parmi les anciens chouans. Le 30 pluviôse, Bonaparte écrit à Murat : « L'évêque d'Orléans vous adressera un nommé Piquantin, de la Vendée. Vous l'emploierez près de vous comme agent secret, et vous lui ferez un traitement raisonnable par mois... Il devra vous faire un rapport tous les jours. » (*Correspondance*, t. IX, p. 322.)

heureux ne put résister à la douleur, fit des aveux
où le faux et le vrai se trouvaient mêlés, parce
qu'ils étaient tels que les voulait et les inspirait la
police.

Dans plusieurs interrogatoires successifs, il
déclara que le projet des conjurés était d'enlever
ou d'assassiner Bonaparte; qu'ils avaient tiré au
sort à qui d'entre eux l'attaquerait le premier; qu'ils
avaient fait faire des uniformes dans cette vue. Il
donna des renseignements sur le débarquement de
Georges et de ses compagnons, sur la marche qu'ils
avaient suivie pour arriver à Paris. Tous ces aveux
étaient mêlés de faux et de vrai, parce que, d'un
côté, ils étaient relatifs à des circonstances dont
Picot pouvait être informé, et que, de l'autre, ils
étaient plus ou moins tels que les voulait et que les
avait inspirés la police. On ne manqua pas de lui
parler de Moreau : il répondit, ou il eut l'air de
répondre, que souvent il avait entendu les conjurés
parler de ce général et regretter que les princes le
leur eussent donné pour auxiliaire. C'est une déclaration que l'on verra la police soigneuse d'inspirer
à plusieurs autres prévenus; et il sera facile d'apercevoir la cause et le motif de cette attention.

Une particularité que l'histoire remarquera, mais dont elle ne s'étonnera pas, c'est que, de tous les prévenus qui venaient d'Angleterre, et qui par cette seule circonstance avaient plus l'apparence de conspirateurs, ceux dont la culture et l'éducation avaient le plus développé le caractère, qui par conséquent avaient un sentiment plus profond et plus raisonné de la foi due au parti que l'on a une fois embrassé, résistèrent presque seuls aux tortures et aux menaces, et fatiguèrent la rage de la police, sans profit pour sa curiosité. Les plus grossiers et les plus ignorants furent presque tous plus ou moins faibles ; les plus lâches de tous furent en général ceux qui étaient établis en France, et qui étaient pour ainsi dire ou les complices sédentaires des conjurés, ou leurs auxiliaires à leur insu.

Jean Mérille, Victor Deville, Rubin de la Grimaudière, Louis-Marie Burban, Nicolas Datry[1], qui tous

---

1. Jean Mérille, dit Beauregard, né à Saint-Front, avait pris part à la chouannerie et à l'attentat du 3 nivôse ; il revint à Paris en même temps que Georges, fut arrêté (18 pluviôse), condamné à mort et exécuté. Il avait vingt-huit ans. — Victor Deville, dit Tamerlan, fils d'un laboureur de Tiberville près Bernay, était passé des rangs républicains dans ceux des Vendéens, et, après la pacification, à la tête d'une bande de brigands s'était fait voleur de grands chemins. Il put échapper aux poursuites, passa à Londres, d'où

avaient eu le grade d'officiers parmi les révoltés durant les guerres civiles de l'Ouest, et tous encore à la fleur de l'âge, arrêtés et interrogés à diverses époques, s'accordèrent à nier obstinément l'existence de tout projet semblable à une conspiration et toute complicité de leur part dans un tel projet. Il paraît qu'ils furent traités avec beaucoup de menaces et de rigueur. J'ai dû prononcer leurs noms et dire un mot de leur conduite, ne fût-ce que parce que trois d'entre eux ont été condamnés à mort et l'ont subie. Mais je ne m'arrêterai avec quelques détails qu'à ceux dont les réponses, les déclarations et la conduite forment des données fondamentales pour l'histoire du procès.

Il revint à Paris avec Georges, fut arrêté dans la commune d'Andilly, le 11 ou 12 germinal, condamné à mort et exécuté. — Yves-Marie-Joseph Rubin de la Grimaudière, né à Piré en 1777, servit dans l'armée de Condé, puis dans l'armée vendéenne. Il était, de Rennes, venu joindre Georges à Paris, y fut arrêté le 18 pluviôse et acquitté. — L.-G.-M. Burban-Malabry, né à Questemberg dans le Morbihan ; il avait servi sous Georges. Impliqué dans l'attentat de nivôse, il fut détenu un an à Bicêtre, puis envoyé à Rennes, d'où il revint à Paris en même temps que Georges ; fut arrêté (4 germinal), condamné à mort et exécuté. Il avait vingt-neuf ans. — N. Datry, né à Verdun, prit part à l'affaire de Quiberon, entra au service du Portugal, puis alla rejoindre les insurgés du Morbihan. Arrêté à Paris en même temps que le précédent et trouvé dans une cache de la maison Dubuisson, rue Jean-Robert, il passa en jugement et fut acquitté.

Un de ceux des conjurés que la police interrogea avec le plus de curiosité et d'appareil, et dont l'opinion publique désirait le plus de connaître les réponses, c'était Georges. Il fut interrogé à deux reprises différentes durant une grande partie de la nuit par le préfet de police[1], et cela au milieu du trouble de son arrestation, au milieu du fracas qu'elle avait occasionné, de la joie cruelle qu'elle inspirait à ceux entre les mains desquels il était tombé, et, suivant toute apparence, au milieu des menaces et des douleurs que l'on regardait comme légitimes, essuyées par un homme jusque-là flétri du titre ignominieux de brigand. Parmi tant d'occasions de se troubler, de faire des actes ou faibles ou irréfléchis, il conserva un calme courageux, et ne dit rien de plus ni rien autre que ce qu'il voulait dire, rien de contradictoire avec ce qu'il a voulu déclarer, lorsqu'il eut réfléchi sur sa situation et se fut résigné courageusement à subir une mort inévitable. Il déclara qu'il était venu en France pour y préparer les moyens de renverser le gouvernement de Bonaparte, et de rétablir les Bourbons à

1. Voy. ses interrogatoires par Dubois et Thuriot, dans le *Procès*, t. II, p. 76 et suiv.

leur ancienne place ; que ces moyens n'étaient point encore rassemblés ; que l'attaque préméditée ne commencerait qu'à l'arrivée et sous les ordres d'un prince français attendu d'Angleterre et auquel on devait mander de venir, quand il en serait temps[1]. Il nia toute complicité dans le complot du 3 nivôse, déclara qu'il ne nommerait aucune des personnes avec lesquelles il avait eu des relations ou qui lui avaient donné asile.

Les réponses de Georges sur le but qu'il s'était proposé en venant à Paris, et sur le véritable état de ses projets au moment de son arrestation, sont extrêmement remarquables, en ce qu'elles donnent l'idée la plus précise et la plus vraie que l'on puisse se faire de cette fameuse conspiration, relativement à l'intention des conspirateurs.

Les réponses de Joyaut, aide de camp de Georges, furent conformes aux siennes. Il se borna au même aveu général, et refusa également toute indication, toute révélation relative à des personnes qu'elles auraient compromises.

Celles du marquis de Rivière[1] portèrent le même

1. Charles-François Riffardeau, marquis de Rivière, né à La Ferté (Cher) en 1765. Officier aux gardes-françaises, il émigra,

caractère. C'était un homme d'une grande loyauté de sentiments dans son opinion, de mœurs douces, d'un esprit cultivé et d'un caractère noble. Son titre de favori et d'aide de camp du comte d'Artois, son dévouement connu à la cause du royalisme, sa réputation de capacité et d'homme incapable de varier dans ses opinions lui valurent l'honneur d'être interrogé par Réal à deux reprises différentes. Il n'en obtint d'autre aveu que celui de l'intention de s'assurer si l'état des esprits et des choses en France était favorable ou non à l'espérance du rétablissement des Bourbons. Il chercha en vain à lui faire déclarer les noms de ceux qui pouvaient être compromis et à lui faire déclarer que son parti comptait sur l'assistance de Moreau.

Les déclarations des deux frères Polignac peuvent être rangées pour le fond dans la même classe que les précédentes; mais elles offrent quelques particularités qui leur donnent un caractère à part et qui prouvent que les deux frères avaient cher-

servit dans l'armée de Condé, puis s'attacha au comte d'Artois, qui le chargea de plusieurs missions en Vendée. Arrivé à Paris avec Pichegru et Georges, il fut arrêté (4 mars), et condamné à mort, vit sa peine commuée en celle de la déportation, que devait précéder une détention au fort de Joux.

ché à concilier le sentiment de l'honneur et même la vérité avec la crainte que leur inspirait la police. Ils furent l'un et l'autre questionnés par Réal; et l'un et l'autre, interrogés sur la part qu'ils croyaient que Moreau prenait à la conspiration, laissèrent entendre qu'ils le regardaient comme leur auxiliaire, sans savoir néanmoins jusqu'à quel point ils pouvaient compter sur sa foi. On verra bientôt l'aîné aggraver encore cette déclaration, et faire, d'un mensonge équivoque, un mensonge positif, et céder tout à fait aux instigations intéressées et perfides de la police, bientôt las du faible effort qu'il semblait avoir fait pour ne dire que la vérité en parlant des autres, et pour ne parler que de lui.

C'est ici le lieu de dire un mot de Coster-Saint-Victor, un des conjurés que la police avait signalés et poursuivis avec le plus de fureur. Depuis le 3 nivôse, il était demeuré chargé de l'imputation d'avoir été l'un des auteurs du noir attentat de cette journée; et la prévention que la police avait gardée contre lui ne lui promettait rien que de funeste. Il parut devant Dubois, qui le menaça de le faire fusiller s'il ne s'avouait pas coupable de tout ce qu'on lui imputait, c'est-à-dire d'avoir joué un rôle dans l'affaire du 3 nivôse et d'être l'un des brigands venus récemment d'Angleterre pour assassiner le premier consul. La dignité, le courage, l'air de vérité qui régnaient dans toutes ses réponses, frappèrent Dubois lui-même. Il nia non seulement avoir eu la moindre part au complot du 3 nivôse, mais encore d'appartenir d'aucune manière à un projet plus récent d'attaquer le gouvernement; son innocence relativement à la première accusation eût été démontrée à tout autre pouvoir que la police; et rien n'a prouvé que la seconde, quoique plus probable, fût plus uste et mieux fondée.

Réal eut la curiosité ou peut-être la vanité d'essayer d'arracher des aveux à un homme devant lequel Dubois avait subi l'humiliation de la puissance et de la force devant le courage et la noblesse d'âme aux prises entre elles. Le chef ne fut pas plus heureux que le subalterne, ni le plus astucieux que le plus insolent. Coster-Saint-Victor sortit d'entre ses mains gardant ses secrets, s'il en avait, et ayant donné quelques preuves de plus de la noble fierté de son âme, de sa bonne foi dans ses opinions politiques, et de son incapacité de se prêter à un projet d'assassinat.

Ce malheureux jeune homme, né dans une famille respectable de la magistrature du département des Vosges, doué de tous les avantages de la nature et de l'éducation, s'était jeté dans les départements de l'Ouest presque aussitôt que la guerre civile y eut éclaté. Il s'y était fait distinguer par son courage, par le zèle avec lequel il servait la cause de la royauté, et par la douleur que lui avaient inspirée les fureurs de cette guerre et le brigandage dans lequel elle avait dégénéré. Depuis cette première démarche, sa vie n'avait été qu'une suite de malheurs et de persécutions jusqu'au jour de son arrestation. J'aurai l'occasion d'en parler encore, pour dire que, des conspirateurs, il est un de ceux dont le délit fut le moins prouvé, un de ceux qui inspirèrent le plus d'intérêt dans la suite des débats, et l'un de ceux qui montèrent sur l'échafaud[1].

---

1. « S'il eût péri la veille, par la nature ou par la police, la mémoire qui serait restée de lui eût été celle d'un brigand. Condamné à paraître devant un tribunal et à être assassiné avec appareil, il est mort honoré, réputé innocent, et sa mémoire laisserait des regrets, si les noms et les malheurs illustres laissaient

Si tous les prévenus eussent imité presque tous ceux dont je viens de parler, la police eût été réduite à démentir ses assertions sur la conspiration ou à faire fusiller dans les ténèbres les conspirateurs ; car, jusque-là, les aveux des deux Polignac étaient encore trop vagues pour donner des espérances bien fondées à la police. On va voir qu'elle ne fut pas réduite à cette alternative, et jusqu'à quel point elle avait raison de penser que le résultat de ses démarches était assez complet pour soutenir le grand jour, et d'espérer que les prévenus pourraient être présentés à des tribunaux, sans courir le risque d'échapper.

Le premier triomphe qu'elle obtint contre l'un des hommes sur lesquels elle n'avait pas compté d'avance fut sur Bouvet Lozier[1]. On a pu voir dans la narration des faits qui ont servi de fondement à la conspiration, que cet homme s'était trouvé dans

---

aux hommes le loisir de pleurer ceux qui l'ont été moins ; et si les hommes avaient assez de force d'âme pour n'oublier aucune des infortunes de la vertu. » (*Note marginale.*)

1. « Bouvet était émigré ; il portait le titre d'adjudant général de l'armée des princes. Il avait été officier avant la Révolution. » (*Note marginale.*) Il fut arrêté le 19 pluviôse au n° 36 de la rue Saint-Sauveur. Voy. le procès-verbal de son arrestation, *Procès*, t. II, p. 140 et suiv.

des relations assez intimes avec Georges, Pichegru et Lajolais. Cette dernière particularité suffit pour expliquer pourquoi il fut un des premiers conjurés arrêtés.

Traduit devant le préfet de police, il subit deux interrogatoires successifs, l'un et l'autre fort détaillés et prolongés, et dans lesquels les questions prouvaient jusqu'à l'évidence qu'elles étaient fondées sur des révélations antérieures, dont quelques-unes étaient indépendantes de celles que Lajolais avait pu faire et avait faites réellement. Toutes ses réponses furent franchement et positivement dénégatives. Elles portaient un caractère d'irritation sensible qui semblait attester dans celui qui les faisait plus d'humeur et d'emportement que de constance et de fermeté.

Il fut conduit au Temple le 20 pluviôse; il eut l'air d'y être oublié pendant trois jours; mais, à l'aurore du quatrième, on le trouva dans son cachot à demi étranglé et conservant à peine la force de demander à paraître devant le grand juge pour lui faire des déclarations importantes. Il est aussitôt conduit à l'hôtel de la police générale; là, il dicte et l'on écrit sous ses yeux la déclaration la plus étrange qu'ait jamais faite un homme dans une situation pareille à la sienne[1].

« C'est un homme qui sort des portes du tombeau, commençait-il par dire; encore couvert des ombres de la mort, qui demande vengeance de ceux qui, par leur perfidie, l'ont jeté, lui et son parti, dans l'abîme où il se trouve. » La suite de sa déclaration était un commentaire très positif et très clair de ce texte emphatique et mystérieux.

Le parti de Bouvet, c'était le parti des princes français qui venait à Paris pour renverser le gouvernement de Bonaparte, et rétablir la monarchie des Bourbons. Le traître, le perfide qui avait perdu ce parti, et dont Bouvet-Lozier, dans son désespoir, demandait vengeance, c'était Moreau; Moreau, qui avait promis son appui à la cause des Bourbons, et qui, lorsque les partisans de cette cause se joignent à lui pour agir de concert, se rétracte de la parole qu'il leur a donnée, de la parole qui les a attirés à Paris, et ne veut plus les employer

---

[1] « Ses mains étaient horriblement enflées quand il parut devant Réal. » (*Note marginale.*) Ce fut le 22 pluviôse à minuit qu'il fit sa déclaration. Voy. *Procès*, t. II, p. 158 et suiv.

que pour des vues de son ambition personnelle[1].

Des détails, imprudemment sollicités ou acceptés par la police, sans réfléchir s'il serait possible de leur conserver par la suite quelque apparence de vraisemblance, venaient à l'appui du fond de cette déclaration. Non seulement le rendez-vous sur le boulevard de la Madeleine était représenté comme s'étant réellement effectué, mais encore il y était question d'un autre rendez-vous aux Champs-Élysées qui avait bien pu être désiré par Pichegru ou Georges, promis par Lajolais, mais qui n'avait jamais été accordé par Moreau.

Cette impudente déclaration prouvait éloquemment que, dans l'enceinte et la nuit des prisons, la torture avait été plus savante et plus efficace qu'à la préfecture de police, et qu'à l'infamie de ses aveux Bouvet-Lozier avait ajouté celle d'imputer à sa propre fureur l'attentat qui les lui avait arrachés.

Six jours après cette déclaration, le 30 pluviôse, Bouvet subit un troisième interrogatoire devant Réal[2]. Le but de cet interrogatoire était d'engager

---

1. « L'accusation, ajoute-t-il, que je porte contre lui n'est appuyée peut-être que de demi-preuves. »
2. Voy. *Procès*, t. II, p. 177.

Bouvet plus, avant dans ses déclarations contre Moreau, de lui faire dire que le prince français qui devait commander en chef le parti royaliste, dès l'instant où celui-ci aurait été organisé, dégoûté de l'insuffisance des moyens de ce même parti, avait été déterminé par cette considérance (*sic*) à faire solliciter ou à accepter l'appui de Moreau; que les espérances du prince étaient surtout fondées sur les promesses et l'influence du général républicain. Enfin Réal fut si content de la complaisance de Bouvet-Lozier, qu'il osa lui adresser des questions dont le but ne pouvait être que de vérifier la justesse des rapports de Lajolais, et son exactitude à se conformer aux instructions de la police.

A peu près dans le même temps où Réal obtenait ces avantages, il était aux prises avec Rolland, dont les aveux devaient avoir beaucoup plus d'importance que ceux de Bouvet-Lozier. Celui-ci ne pouvait nuire à Moreau qu'en rapportant ou en supposant des propos qu'il n'avait pas entendus lui-même de la bouche du général; l'autre, pour le perdre, n'avait qu'à dire ce qu'il avait entendu lui-même de la bouche du général, en laissant à la police le soin d'interpréter et de rédiger ses aveux.

Rolland est, sans exception, de tous les prévenus de la conspiration tombés entre les mains de la police et du tribunal, celui que l'opinion a flétri avec le plus de force et le plus d'éclat. Il a été regardé presque généralement qu'il avait vendu d'avance à la police tous les secrets qu'il pourrait surprendre à Pichegru et à Moreau, en se faisant leur médiateur. Je pense que cette opinion était mal fondée; et il y a malheureusement assez de degrés dans la bassesse, pour que l'opinion publique ait pu être injuste envers Rolland.

Tout paraît démontrer qu'il n'a été dénoncé à la police, et qu'il n'a pu l'être que par Lajolais. Il fut arrêté au milieu de la nuit[1] et traduit devant Réal, la haute police ayant seule les informations d'après lesquelles on pouvait l'interroger efficacement. Il avoua qu'il avait donné asile pendant deux nuits à Pichegru, affirmant qu'il ne lui connaissait et ne lui supposait d'autre intention que celle de se rendre incessamment en Allemagne, et nia tout ce qui était relatif à ses relations avec Moreau.

1. Le 25 pluviôse, rue de la Loi, n° 152, dans la maison du Cercle. Voy. ses interrogatoires dans le *Procès*, t. II, p. 462 et suiv.

Au sortir de chez Réal, immédiatement après cet interrogatoire, il fut conduit dans un des plus insalubres et des plus étroits cachots de Sainte-Pélagie, où il resta jusqu'au 29 ventôse, exposé à des incommodités qui, au besoin, auraient suffi pour attester la colère et le mécontentement que son premier interrogatoire avait inspirés à la police. Le 29, il fut questionné une seconde fois par Réal, qui avait eu le loisir de combiner le plan de cette nouvelle tentative. Le conseiller d'État chef de la police commença par faire entendre à Rolland qu'il avait reçu des informations qui lui donneraient la mesure de la vérité de ses réponses, et lui adressa aussitôt quelques interrogations dont l'objet était d'obtenir de lui l'aveu qu'il avait participé depuis longtemps à des démarches pour obtenir la rentrée de Pichegru en France; qu'il avait eu des relations avec Lajolais dans ce dessein; qu'il devait être informé par lui de l'intérêt que Moreau prenait à la rentrée de Pichegru, d'une négociation entamée à cet effet, d'un voyage de Lajolais à Londres entrepris d'après le vœu de Moreau. A toutes ces questions les réponses de Rolland furent évasives ou négatives. Mais Réal aborda enfin tout ce qui con-

cernait les événements qui avaient suivi le retour de
Lajolais, les conférences que Pichegru avait eues
avec Moreau, la confidence que le premier avait dû
lui faire du résultat de ces conférences, et la
médiation dont il s'était chargé entre les deux
généraux; et, pour donner plus d'efficacité à ses
questions, il se mit à raconter les particularités les
plus minutieuses du séjour de Pichegru chez
Rolland. « Enfin, dit Réal à celui-ci, faites attention qu'en gardant le silence vous ne priverez pas
la police de la connaissance de ce qu'il lui importe
de savoir; vous forcerez seulement à penser qu'au
lieu de n'être que le confident des conspirateurs,
vous êtes leur complice. Je vous engage donc à me
déclarer franchement non seulement ce que vous
a raconté Pichegru de son entretien avec Moreau,
mais aussi de ce que Moreau vous a dit à vous-
même, quand vous êtes allé chez lui de la part de
Pichegru. » Et, pour le déterminer encore mieux,
s'il était possible, il lui répéta la substance de la
conversation de Moreau.

Ce fut alors que Rolland connut jusqu'à quel
point il avait été trahi par Lajolais; mais, plus
alarmé qu'indigné d'une semblable conduite, il

l'imita, et devint tout à coup, autant que cela était en lui, le semblable de celui dont il avait à maudire l'infamie. Renonçant aux détours, aux réticences, aux demi-aveux, il conta naïvement tout ce qui s'était passé entre lui, Pichegru et Moreau, et, venant à la fameuse conversation qu'il avait eue avec celui-ci de la part de l'autre, il s'expliqua en ces termes[1] :

« Dans le jour (après une conversation qu'il avait eue la veille au soir avec Pichegru), il fallut aller faire à Moreau la fameuse ouverture à laquelle je n'osais plus me refuser. J'espérais, je ne sais pourquoi, que ce général me tirerait d'embarras. Voici à peu près la réponse qu'il me fit : « Je ne puis me mettre à la tête d'aucun mouvement pour les Bourbons. Ils se sont tous si mal conduits, qu'un essai semblable ne réussirait pas. Si Pichegru fait agir dans un autre sens, et, en ce cas, je lui ai dit qu'il faudrait que les consuls et le gouverneur de Paris disparussent, je crois avoir un parti assez fort dans le Sénat pour obtenir l'autorité ; je m'en servirai aussitôt pour mettre tout son monde à couvert ; ensuite de quoi l'opinion dictera ce qu'il conviendra de faire : mais je ne m'engagerai à rien par écrit. »

J'ai cité fidèlement cette partie de la déclaration de Rolland, parce qu'elle a fourni contre Moreau le grief le plus sérieux qui lui ait été opposé, parce

1. Fauriel a transcrit seulement les six premiers mots de cette déclaration que nous donnons d'après le texte rapporté dans le t. II du *Procès*, p. 483.

que je la crois assez conforme à ce qui s'était passé, et qu'elle explique plusieurs parties importantes du plan de la police contre Moreau.

Rolland n'eut pas plus tôt fait cette déclaration qu'il fut transféré de Sainte-Pélagie à l'Abbaye, avec le concierge de laquelle il était lié; et les rigueurs avec lesquelles il avait été jusque-là détenu s'adoucirent au point qu'il pouvait se regarder comme dans sa propre habitation. Ce même jour, ou le lendemain, la police poussa pour lui la complaisance jusqu'à le laisser aller dans son domicile, pour mettre ordre à ses affaires, disait-il. Cela prouvait à quel point elle était reconnaissante et charmée de la bassesse de Rolland ; mais la plus vulgaire condescendance, le moindre respect pour les convenances, auraient dû lui faire sentir qu'il était bon et que même il pouvait être utile de dissimuler plus adroitement sa gratitude pour Rolland.

Ce jeune Couchery que l'on a vu accompagner Lajolais dans ses démarches les plus suspectes, et Pichegru dans ses démarches les plus périlleuses, qui, par conséquent, pouvait ajouter de nouveaux détails aux informations de la police, ou confirmer par un témoignage immédiat celles qui étaient déjà en son pouvoir, ce jeune Couchery ne fut, comme on l'a vu, arrêté qu'assez tard[1]. Il fut conduit devant Réal; il avoua, dès son premier interrogatoire, ses relations avec Pichegru; il déclara l'avoir visité chez Georges, dans l'asile que celui-ci avait à Chaillot, et nomma les conjurés qu'il avait vus avec ces deux chefs. Il parla des entrevues qui avaient eu lieu entre Moreau et Pichegru, et particulièrement de celle sur le boulevard de la Madeleine, comme si Georges s'y fût trouvé. Ces premiers aveux, quels qu'ils fussent, pouvaient n'être inspirés que par la crainte et la lâcheté. Mais, deux jours après, il présenta à Réal une déclaration étudiée et détaillée, qui lui fut demandée à jour et à heure fixes, et dont la teneur était propre à lui faire soupçonner peut-être plus que de la crainte et de la faiblesse. Il raconta tout ce qu'il savait du voyage de Lajolais à Londres, en lui supposant les mêmes motifs que Lajolais lui-même, révéla tout ce qu'il connaissait des démarches de Pichegru, soit comme témoin, soit d'après des informations médiates; donna à entendre, par des assertions indirectes, que Georges

---

[1]. Le 8 germinal, rue de Babylone n° 698. Voy. ses interrogatoires dans le tome II du *Procès*, p. 431 et suiv.

avait eu des communications avec Moreau. Raisonnant ensuite sur les faits qu'il venait de déclarer, et interprétant les intentions de ceux dont il venait de dévoiler les actions, autant qu'il était en lui, il manifesta du penchant à croire que le raccommodement de Pichegru avec Moreau n'était point étranger aux projets de Georges, n'en était qu'un préliminaire. Il y avait plus d'incertitude ou plus d'hypocrisie dans son jugement sur les vues secrètes de Moreau; mais il fournissait un champ vaste et facile aux interprétations et aux inductions de la police; et, dans l'état où celle-ci croyait avoir déjà amené les choses, elle n'avait pas besoin que les déclarations de Couchery fussent impudentes; il lui suffisait qu'elles fussent équivoques et perfides.

Au nombre des conjurés dont la police eut lieu d'être pleinement satisfaite, il faut compter Rusillion[1]. Né en Suisse, il avait été capitaine dans un régiment dont ce pays vendait autrefois les services à la France. A la Révolution, il s'était retiré dans

---

[1]. F.-L. Rusillion, major dans l'armée suisse, né à Yverdon en 1748. Il débarqua avec Pichegru à la falaise de Biville; arrêté le 15 ventôse, il passa en jugement avec Georges, et fut condamné à mort; mais sa peine fut commuée et, l'année suivante, il fut mis en liberté.

son pays où il s'était mêlé beaucoup des intrigues et des intérêts des émigrés de France. Quand la Suisse eût été subjuguée et ravagée par les armées françaises, Rusillion fut arrêté, conduit à Paris et emprisonné au Temple, où il resta trois ans entiers. Ayant obtenu sa liberté, il retourna en Suisse, y fut, suivant toute apparence, persécuté de nouveau et se retira en Angleterre, où il renoua avec Pichegru et le comte d'Artois une connaissance déjà ancienne. Il s'était déterminé, pour prouver son dévouement à celui-ci, d'accompagner le premier dans sa traversée en France.

Le jour même de son arrestation, il fit devant le préfet de police une déclaration d'une naïveté qui allait jusqu'à la niaiserie. Il avoua qu'à son grand regret, il s'était réuni avec Pichegru et quelques autres, pour opérer le renversement du gouvernement français; qu'on lui avait dit que Moreau était d'accord avec Georges et Pichegru pour parvenir à ce but; mais que, dans les conférences qui avaient lieu entre ces trois chefs, Moreau persistait bien à vouloir renverser Bonaparte, mais pour son propre compte, et non plus, comme Lajolais l'avait assuré à Londres, pour le compte des Bourbons. Pour donner plus de crédit à ces accusations si franches contre lui et contre ses complices réels ou prétendus, Rusillion présentait sa conduite comme une vengeance des injustices du gouvernement français envers lui[1]. En un mot, sa déclaration était une véritable parodie de la révélation furibonde de Bouvet-Lozier.

De tous les prévenus de la conspiration qui n'étaient pas d'avance vendus, c'est celui qui paraît avoir opposé le moins de résistance à la curiosité de la police; il a même été impossible pour moi de découvrir qu'il eût hésité un seul instant à trahir ses compagnons; et il était peut-être assez étonnant qu'un tel conjuré fût du choix de Pichegru.

Rochelle[2], qui, de l'étude d'un procureur, avait passé dans les rangs de l'armée de la République et de là dans une légion d'émigrés français, avait été arrêté avec Rusillion; questionné d'abord par Dubois,

---

1. Voy. *Procès*, t. II, p. 104 et suiv.
2. E.-F. Rochelle, né à Paris en 1768. Après plusieurs campagnes dans l'armée de Condé, il rentra en France, et, lors de l'insurrection du 13 vendémiaire, était aide de camp du général Danican. Obligé de s'enfuir, il revint en France en 1798, fut arrêté, s'évada, passa en Angleterre et en revint avec Pichegru. Arrêté le 15 ventôse et condamné à mort, sa peine fut commuée.

il nia toutes ses relations avec les hommes que la police poursuivait. Réal voulut l'interroger lui-même et n'en obtint également que des dénégations. Mais, peu de jours après, livré au juge instructeur et mis en présence de Lajolais, il avoua le projet de conspiration et déclara qu'il avait appris de Lajolais que Moreau en était le chef.

Après tous ces aveux, toutes ces déclarations, ceux de Léridant[1] méritent encore d'être cités comme ayant servi de base aux calculs et aux espérances de la police. On a vu[2] que ce jeune homme, qui était à peu près à Georges ce que Couchery était à Pichegru, avait été arrêté avec Georges. Il avoua devant le préfet de police tout ce qu'il avait fait pour Georges[3] et le point le plus remarquable de ses aveux était un voyage fait en Bretagne, dans des vues qui ne pouvaient pas être étrangères aux espérances

---

1. L. Léridant, né à Vannes en 1778. Le 18 ventôse au soir, il alla chercher Georges dans un cabriolet où il monta avec lui, se sauva lorsque celui-ci fut arrêté et ne tarda pas avoir le même sort. Comme il ne fut condamné qu'à deux ans de prison, il passa pour avoir été d'intelligence avec la police. Voy. p. 212.

2. Le chapitre III, où devait se trouver le récit des arrestations de Moreau, de Georges, etc. n'a pas été rédigé, insi que nous l'avons dit plus haut. Voy. p. 202.

3. Voy. *Procès*, t. III, p. 339 et suiv.

que Georges fondait sur ce pays accoutumé aux révoltes et à la guerre civile, pour le succès ultérieur de ses desseins contre le gouvernement de Bonaparte.

Je n'ai point encore parlé de la conduite de Lajolais devant la police, ni de la manière dont il soutint devant elle le rôle de conspirateur, dans une conspiration dont il avait été l'instrument le plus utile et le plus complaisant. On s'étonnera peut-être de voir son nom venir si tard à la suite de ceux dont les aveux ont servi de matière à l'édifice de la police, mais on a vu ce qu'il a fait : c'en est assez pour savoir ce qu'il dut répondre aux interrogatoires de Réal, sauf les détours, les réticences auxquelles il essaya de recourir pour se ménager quelques moyens de défense, en se donnant comme le complice de ceux qu'il n'avait fait que trahir, et sauf quelques détails qu'il ajouta à la substance de ses aveux. Il parut six ou sept fois de suite devant Réal[1], qui n'eut pas même l'adresse assez vulgaire, en pareil cas, de diriger les questions de manière que les réponses eussent l'air

---

1. Voy. six ses interrogatoires dans le t. III du *Procès*, p. 1-55.

d'avoir été disputées et provoquées. Lajolais eut même la complaisance de laisser insérer dans ses déclarations des faits qui étaient faux et qui n'étaient de nulle importance pour la police. Après avoir divulgué tous les secrets de Pichegru, toutes ses relations avec Moreau, en y mêlant tout ce qui pouvait convenir le mieux aux vues de la police, il prétendait que sa conduite envers Pichegru et Moreau n'avait eu d'autre motif que de réconcilier ces deux grands hommes entre eux et avec le gouvernement.

Des trente-trois prévenus de conspiration que le gouvernement avait signalés comme brigands ou conspirateurs de première classe, je n'ai rapporté sommairement les déclarations que de seize[1]. D'abord, voulant éviter, autant que cela était compatible avec la nécessité, de donner la substance de ce fameux procès, j'ai dû me borner à rappeler la conduite des prévenus qui y ont joué le rôle le plus important, et le sens et l'esprit des déclarations qui ont servi de base à l'acte

---

1. « Le rôle de David, de Le Noble, de Hervé, de Troche fils, de Noël Ducorps est presque nul dans l'instruction et dans les débats. » (*Note marginale.*)

d'accusation, et fourni les principaux incidents, les incidents caractéristiques des débats. D'ailleurs, d'autres conjurés, dont la conduite et les aveux ont fourni des incidents et des traits subordonnés à l'histoire du procès, n'ont point fait ces aveux devant la police, mais devant le juge instructeur; et, jusqu'à présent, je me suis borné à donner une idée de l'initiative que la police avait prise dans le procès, et même de cette portion de son initiative qu'elle n'a exercée que par les violences ou les menaces.

Toutefois ces ressources, quelque considérables qu'elles lui parussent, ne le furent point assez pour la dispenser de recourir à la perfidie et à la ruse. De tous les traits qui serviraient à démontrer cette assertion, je n'en citerai que deux, non précisément comme les plus marquants, mais comme les plus incontestables, mais comme au nombre de ceux dont la police, malgré ses précautions, n'a pu empêcher l'éclatante et scandaleuse divulgation.

Un des prévenus subordonnés était un nommé Monnier, maître de pension à Aumale, petite ville de Normandie; sa femme avait été également traduite en justice pour le même délit, qui était d'avoir logé quelque temps trois des conjurés, Louis Ducorps, son frère Noël Ducorps, et un affidé assez intime de Georges, Raoul Gaillard[1], et, de plus, d'avoir donné asile, pendant une nuit, à Georges et aux cinq ou six compagnons de sa traversée et de son débarquement.

Cette femme avait pour domestique une jeune fille nommée Payen, qui avait assisté à la descente de Georges et de ses compagnons dans cet asile. Peu de temps après, cette fille est envoyée par ses maîtres d'Aumale à Paris, et passe au service de Verdet, un des prévenus de conspiration pour avoir donné asile à Georges[2].

Monnier et sa femme sont arrêtés le 12 pluviôse; ils n'avaient pu être dénoncés que par Querelle; sa femme est arrachée à six enfants en bas âge et à un septième dont elle avait accouché depuis huit ou dix

---

1. Raoul Gaillard, dit Saint-Vincent, et son frère Armand étaient parvenus, après la découverte de la conspiration, à sortir de Paris et à gagner la forêt de Montmorency. Ils furent arrêtés le 10 germinal, près du bac de Mériel, après une vigoureuse résistance dans laquelle Raoul fut blessé si grièvement, qu'il mourut le lendemain. Armand fut condamné à mort, mais sa peine fut commuée.

2. Voyez, pour toute cette histoire, le *Procès*, t. VI, p. 84 et suiv., 91 et suiv.

jours; elle est jetée malade et désolée dans la prison d'Aumale.

Une femme se charge de lui donner non seulement les soins nécessaires à son état, mais encore les consolations que réclamait sa douleur maternelle. Elle entre dans ses souffrances, elle les partage, et, de plus, elle éveille ses inquiétudes sur l'hospitalité qu'elle a exercée envers des hommes suspects, et, feignant un zèle hypocrite à les partager, elle a l'air de vouloir prévenir les révélations dangereuses que pouvait faire à Paris la domestique qu'ils avaient eue et qui déjà était arrêtée. En conséquence, elle écrit pour la femme Monnier à sa domestique une lettre dans laquelle elle lui donne des instructions sur la manière dont elle doit répondre aux interrogatoires qu'elle aura à subir; et la lettre est conçue de manière que les individus dont elle l'engage à ne pas révéler les noms, soient désignés d'une manière qui, pour être indirecte, n'en est pas moins claire. Cette lettre arrive à la police, au lieu de parvenir à la fille Payen; car cette femme qui semblait avoir pris tant de soins de la sûreté de celle qu'elle soignait, n'était autre chose qu'un agent de police, aposté pour inspirer l'idée de cette lettre et pour la faire écrire.

La police ne se contente pas de l'avoir reçue; elle y répond au nom de la fille Payen[1], qui n'avait pas le moindre doute de ce qui se passait, ni d'une lettre qui lui fût écrite, et à laquelle elle eût à répondre; et la lettre de la police est dirigée de manière à provoquer la confirmation de la précédente.

Monnier et sa femme, comptant sur l'efficacité de leur correspondance, et ne doutant pas qu'elle n'eût mis la fille Payen dans la meilleure disposition possible pour les dénégations, nièrent longtemps eux-mêmes tout ce qui leur était imputé et ne firent des aveux, que lorsque leurs lettres leur furent présentées par ceux qui les avaient provoquées et qui y avaient répondu.

Le second trait de ce genre que j'ai promis de citer, sans être plus perfide, était du moins plus grave par ses conséquences; et la police devait en retirer plus de fruit.

On se rappelle qu'avec Coster-Saint-Victor

---

1. Cette fille ne savait ni lire ni écrire.

avait été arrêté Michel Roger[1], son ami intime ; ils étaient compatriotes, du même âge, et l'un et l'autre avaient embrassé le même parti avec le même dévouement. Tandis que Coster-Saint-Victor commandait une légion de rebelles dans le pays de Vitré, Roger commandait la cavalerie de Georges dans le Morbihan. Roger, comme Coster, avait refusé toute espèce d'aveux à la police, et l'on avait été obligé de le conduire au Temple, sans avoir obtenu de lui de quoi conduire personne à l'échafaud. Quelque temps après, des gendarmes furent placés en faction auprès de lui et s'y relevaient d'heure en heure. La conversation s'établit entre les gardiens et le prisonnier ; car, même dans l'horreur des cachots, même vis-à-vis d'hommes suspects, un Français est bien près d'être causeur et même indiscret. Roger s'entretint donc avec ses gendarmes de tout ce qui était relatif à la conspiration, de tous les bruits qui avaient éclaté à ce

1. Michel Roger, dit Loiseau, né à Toul. Après avoir servi dans les corps d'émigrés et l'armée autrichienne, il se retira à Londres, prit part, sous les ordres de Georges, à l'insurrection de Bretagne en 1799, retourna en Angleterre, revint en France avant l'attentat du 3 nivôse, put regagner l'Angleterre, mais ramené à Paris par Georges, il y fut arrêté avec Coster-Saint-Victor le 19 pluviôse, rue de Saintonge, condamné à mort et exécuté.

sujet, des intentions de Georges, de la part que Moreau y prenait. Ce qui n'était, ce qui évidemment ne pouvait être qu'une indiscrète causerie de Roger avec ses gendarmes, fut recueilli par ceux-ci comme une confidence qu'ils se hâtèrent d'aller révéler à leur officier, qui se hâta de la porter à Thuriot[1], alors occupé de l'instruction du procès. Ils firent successivement tous les quatre une déposition portant qu'ils avaient entendu Roger parler de Moreau, de Pichegru et de Georges, comme des chefs de la conspiration actuelle, et dire que le premier devait prendre le commandement de l'armée de Boulogne pour la diriger sur Paris. Les quatre gendarmes, en se rendant coupables de cette infamie, n'avaient fait que suivre leur consigne[2].

Tels furent devant la police la conduite et les réponses des principaux conjurés. Il en est une autre classe tout à fait en sous-ordre dont je n'ai

1. Jacques-Alex. Thuriot de la Rosière, avocat au parlement, avait été membre de la Législative et de la Convention. Il était alors juge au tribunal de la Seine. Bien qu'il eût été l'instructeur et le rapporteur du procès de Georges et de ses coaccusés, il n'en siégea pas moins dans l'affaire et prit part au jugement. On verra plus loin quel acharnement il y montra contre Moreau.
2. Il sera question plus bas de cette affaire. Voy. p. 386.

rien dit encore, et sur lesquels la police exerça la même initiative que sur les premiers ; je veux parler de ceux qui n'étaient accusés que d'avoir fourni aux conjurés des logements, des objets, tels qu'armes ou vêtements, de leur avoir prodigué d'autres services du même genre. Les prévenus de cette classe étaient au nombre de quatorze, parmi lesquels il y avait six femmes. C'étaient presque tous des gens qui exerçaient, pour vivre, la profession de loger, des hommes sans éducation, sans fortune, tels en un mot que le titre de conspirateur ne pouvait leur être appliqué sans une sorte de dérision.

Aucun d'eux ne refusa à la police les aveux qu'elle en exigeait ; et il est probable qu'ils pouvaient le faire sans encourir aucun reproche, et mériter la reconnaissance de la police sans blesser la vérité ou la foi promise ; car il est impossible de supposer qu'ils fussent dans la confidence des projets des conspirateurs. A peine est-il prouvé qu'ils connussent leurs noms. Ce qui est aussi douteux, c'est si nul d'entre eux n'était vendu à la police avant le moment où ses poursuites contre les principaux conspirateurs commencèrent avec éclat. Dans aucun cas, les aveux de cette classe subordonnée de prévenus ne pouvaient être d'une grande importance, et ne pouvaient servir à prouver autre chose que ce qui n'avait pas besoin de l'être, savoir la présence des conspirateurs à Paris, les visites réciproques qu'ils se rendaient, le soin que plusieurs d'entre eux prenaient de se cacher ; mais rien qui tînt au fond même de la conspiration, ni aux projets des conspirateurs.

L'homme qui avait servi d'introducteur aux principaux conspirateurs chez les personnes qui leur avaient donné asile appartenait lui-même à la classe des premiers. C'était Charles d'Hozier [1], ancien page de Louis XVI, qui, après avoir perdu son état et sa fortune, avait fini par se jeter dans le parti des révoltés de l'Ouest [2]. Il avoua lui-même

---

1. Charles d'Hozier, né à Paris en 1775, avait été page des grandes écuries du roi, de 1789 au 10 août 1792. Il avait fondé à Paris un manège et un établissement de voitures; ce qui lui permit de rendre plus d'un service à Georges. Arrêté le 31 mars, il fut condamné à mort. Mais sa peine fut commuée en détention suivie de déportation.

2. « Il avait été longtemps volontaire et avait ensuite commandé en second la légion de la Guerche. Il fut chargé, à la pacification, de faire le licenciement de la légion de Mardelles et s'établit à Rennes, pour surveiller l'exécution du traité, près les généraux Brune et Hédouville. En 1801, est inquiété à Rennes et vient à Paris. » *(Note marginale.)*

tout ce qu'il avait fait pour procurer des logements à ses complices en prenant seulement la précaution de nier qu'il l'eût fait dans l'intention ou de conspirer, ou de favoriser des conspirateurs [1].

Cependant ni le peu d'importance de cette classe d'accusés, ni la facilité avec laquelle la police pouvait se passer de leurs témoignages ne les mirent à l'abri des menaces, des maltraitements et des tortures. Plusieurs d'entre eux eurent le funeste honneur d'être traités avec la même distinction que des hommes qui pouvaient, sans ridicule et sans invraisemblance, être nommés conspirateurs; et des pauvres marchands, des misérables aubergistes subirent des tortures qu'il semble que, dans sa fureur, la police aurait dû réserver aux chefs d'une guerre civile longue et cruelle, si elle était bien persuadée de ne pouvoir se passer d'une telle ressource.

1. « Il avoua cependant, mais d'une manière assez vague, avoir entendu parler chez Georges d'un projet de renverser le gouvernement, sans néanmoins employer de violence, juste comme au 18 brumaire. Ce n'est qu'après l'arrestation de Georges et de Pichegru qu'il pensa qu'ils pouvaient être du nombre des chefs. » (*Note marginale.*)

Dans l'enceinte des prisons, les prévenus n'étaient pas délivrés de la perfidie et des pièges de la police. Des hommes qui avaient l'air d'être leurs compagnons de captivité n'étaient là que pour solliciter et recueillir les propos. Plusieurs étaient gardés à vue, nuit et jour, par des gendarmes qui se relevaient, à intervalles égaux, de ce genre de service. On a vu déjà à quoi pouvait servir cette précaution ; on verra bientôt qu'elle tenait à des intentions plus profondes, à des combinaisons plus savantes.

Les femmes mêmes n'étaient pas à l'abri des traitements les plus durs ; il en est dont la pudeur fut indignement insultée, pour vérifier des soupçons outrageants conçus sur des apparences frivoles [1].

Tels furent à peu près les principaux résultats de l'initiative de la police dans la procédure contre les conspirateurs. Les interrogatoires qu'elle avait dressés, les déclarations qu'elle avait reçues, les pièces diverses qu'elle avait recueillies étaient les matériaux exclusifs et nécessaires de l'instruc-

---

1. « Une loi du 23 germinal an III porte que nulle femme ne peut être mise en jugement emportant peine capitale, sans qu'il ait été vérifié si elle est enceinte ou non. » (*Note marginale.*)

tion judiciaire qui devait suivre les mesures de la police, et préparer la mise en jugement.

Le 15 ventôse, le grand juge, ministre à la fois de la police et de la justice, fit au tribunal le premier envoi des pièces que l'on avait déjà pu recueillir à cette époque [1]. Ces pièces furent beaucoup augmentées par la suite; mais les plus essentielles, celles qui constituaient véritablement le trésor de la police, furent comprises dans cet envoi.

Le lendemain, le président du tribunal [2] nomma le juge instructeur qui devait procéder aux interrogatoires des prévenus. Ce fut sur Thuriot que tomba l'honneur de ce choix important; Thuriot en était digne. Parmi les douze membres qui composaient le tribunal criminel spécial de la Seine, il n'était sans doute pas le seul qui fut assez lâche pour subordonner la poursuite judiciaire à dresser contre les prévenus aux passions et au plan du gouvernement; mais il était le seul qui eût été membre de la Convention nationale; et cette circon-

1. « Ces pièces étaient le résultat de toutes les mesures précédentes de la police. » (*Note marginale.*)
2. Hémart. Il avait été procureur au parlement de Paris, et fut nommé président du tribunal criminel de la Seine après le 18 brumaire.

stance lui donnait une aptitude particulière aux fonctions dont il était chargé. En effet, Thuriot avait siégé constamment avec le parti de la Montagne; il en avait partagé l'exaltation et les principes jusqu'à l'époque du 9 thermidor, où il se rangea parmi ceux qui, après la mort de Robespierre, entreprirent de se venger sur ses créatures de la tyrannie et des cruautés qu'ils avaient souffertes et applaudies dans Robespierre, à l'époque de sa prospérité. Il avait eu, autant que tout autre membre de cette fameuse assemblée, l'esprit qui l'a caractérisée, cette haine exaltée et féroce du royalisme, des rois et de leurs partisans, malheureusement trop compatible avec l'amour de la tyrannie et l'ignorance de la liberté. En lui livrant à poursuivre des partisans de Louis XVIII, des hommes qui avaient fait la guerre civile dans la Vendée, on était presque autorisé à croire que c'étaient des ennemis personnels qu'on allait lui livrer; et l'on pouvait compter d'avance qu'il ne demanderait d'autre prix des services qu'il s'agissait de rendre au despotisme, que le plaisir d'en avoir été l'instrument.

Le rôle de juge instructeur était assez difficile;

mais il était du moins très simple et très bien déterminé.

Il s'agissait de faire confirmer par les prévenus les aveux qu'ils avaient faits devant la police, de confronter les prévenus que concernaient les déclarations ou les aveux avec ceux qui avaient fait ces déclarations ou ces aveux, enfin d'entendre les témoignages relatifs aux faits de l'accusation, et de confronter les témoins et les accusés.

Pour la première de ces trois opérations, il y avait une inquiétude à avoir : c'était que des hommes qui n'avaient fait des aveux que dans le trouble du premier moment de leur arrestation, et qui n'avaient cédé qu'à la douleur ou à la crainte, n'eussent conçu, dans le loisir et les réflexions des prisons, du repentir d'avoir compromis par leur lâcheté la vie de leurs compagnons de péril et d'infortune. Cette inquiétude semblait devoir être plus vive et plus légitime pour la confrontation des prévenus entre eux. Tels avaient pu faire de lâches aveux, qui pouvaient trembler ou rougir de les confirmer devant ceux qui devaient en être les victimes. Mais ces inquiétudes étaient peu fondées, parce que le juge instructeur avait à sa disposition, pour maintenir les aveux, les mêmes moyens que la police avait eus pour les obtenir..

Les conspirateurs gardèrent presque tous devant le juge instructeur le caractère et le rôle qu'ils avaient pris devant la police. Quelques-uns de ceux qui avaient fait des aveux apportèrent de légères modifications qui, les adoucissant ou les rendant plus équivoques, attestaient le sentiment impuissant de honte de les avoir faits. D'autres hésitèrent à reconnaître, en leur présence, des individus qu'ils avaient dénoncés avec assurance comme leurs complices; mais Thuriot n'eut garde d'avoir égard à des nuances d'hésitation, de regarder comme des rétractations des nuances de remords ou de l'hésitation à confirmer les mêmes indices [1].

D'autres demandèrent la rectification de plusieurs faussetés ou inexactitudes qui s'étaient glissées sur leur compte dans les interrogatoires de police ; Thuriot éluda la plupart de ces réclamations, tantôt avec perfidie, tantôt avec impudence.

A n'envisager qu'en masse le résultat sommaire

---

1. « La seule dénégation importante qui eut lieu dans les débats, ce fut celle de la déclaration des quatre gendarmes par Roger. » (*Note marginale.*)

de l'instruction, et relativement à son but réel, qui était de conserver dans son intégrité le fruit des fatigues et des mesures de la police, on juge que non seulement ce but fut rempli, mais encore que les apparences du procès devinrent encore plus favorables entre les mains de Thuriot qu'elles ne l'avaient été entre celles de la police.

Il y eut quelques conjurés dont la lâcheté, équivoque devant la police, prit, devant lui, un caractère plus décidé. Armand de Polignac, qui, dans ses interrogatoires devant Réal, n'avait parlé de Moreau qu'avec incertitude et d'une manière très évasive, déclara à Thuriot avoir su qu'il y avait eu une conférence très sérieuse à Chaillot entre Moreau, Georges et Pichegru, que le résultat de cette conférence n'avait laissé que des incertitudes désagréables, et avoir ouï dire que le premier paraissait avoir des intérêts particuliers et ne point rester fidèle à la cause des princes.

Ce Rusillion, qui cachait une lâcheté sans mesure sous l'apparence d'une bonhommie grossière, ajouta à tout ce qu'il avait déjà déclaré : que, d'après les informations qu'il avait eues, il avait toujours considéré Moreau comme l'homme sur lequel on devait principalement compter, et sur lequel on comptait réellement, parce qu'il semblait avoir à sa disposition une force imposante, et beaucoup d'ascendant sur les autorités.

Dans les intérêts de la police, les confrontations successives de Moreau avec Lajolais, Rolland, et même avec Couchery, étaient les plus importantes.

Ce ne fut que le 9 germinal qu'il eut connaissance des interrogatoires de Rolland; le 22 du même mois, on lui donna communication de ceux de Couchery, et, huit jours après, de ceux de Lajolais. Ainsi ce ne fut que près de deux mois après son arrestation qu'il eut la véritable connaissance de sa situation et des charges dirigées contre lui.

Ce ne fut qu'à dater du premier moment de ces communications successivement données à Moreau, que ce général qui, jusque-là, avait tout nié, avoua une partie des faits contenus dans les interrogatoires de ses dénonciateurs, et fut obligé de démentir et d'expliquer les autres. Il nia avoir jamais donné à Lajolais aucune mission pour l'Angleterre. Il convint non seulement d'avoir reçu Pichegru une fois chez lui, mais d'avoir reçu de lui des questions sur les chances que le rétablissement des formes monarchiques en France donnait à la rentrée des Bourbons. Il prétendit lui avoir démontré par sa réponse la folie d'une attaque contre le gouvernement en général, et surtout d'une attaque au profit des Bourbons[1]. Quant à sa fameuse conversation avec Rolland, il l'expliqua en disant que Rolland lui avait demandé s'il n'avait point lui-même de prétentions à l'autorité, et qu'à cette question il avait répondu qu'une telle prétention de sa part ne pouvait être non plus qu'une folie; que son influence, dans une vie tout à fait privée, loin des membres des grandes autorités, était nulle; que, pour qu'il eût des prétentions, il faudrait voir disparaître la famille Bonaparte, les consuls, la garde des consuls, le gouverneur de Paris, etc.

Telle fut la substance des réponses de Moreau sur les faits consignés dans les interrogatoires de Rolland et de Lajolais. Ses dénégations et ses interprétations étaient exactes sur beaucoup de points; mais, sur le dernier, il est plus que vraisemblable que la déclaration de Rolland était plus près de la vérité que l'interprétation qu'il essayait de lui donner.

1. « Il faisait cette réponse le 9 germinal; Pichegru n'était pas mort. » (*Note marginale.*)

Il y aurait beaucoup de réflexions à faire sur le parti que Moreau prit d'avouer presque tous les faits sur lesquels portaient les charges contre lui. Je ne soumettrai que deux questions à la réflexion du lecteur. Était-il magnanime de convenir que Pichegru lui avait fait des ouvertures de conspiration ? Était-il plus prudent d'interpréter subtilement sa conversation avec Rolland que de la nier avec force ? Le doute entre la véracité de Rolland et celle de Moreau portant sur le fait lui-même, le général n'eût-il pas eu alors plus d'avantage que dans une supposition, où la contestation ne portait que sur les termes d'une phrase ? Dans l'état des choses établi par la réponse de Moreau, Rolland ne cessait pas d'être un homme infâme, mais la conduite de Moreau prenait un caractère d'équivoque.

Quant à Lajolais et Rolland, je n'ai rien appris qui puisse faire croire qu'ils eurent quelque peine à soutenir, devant Moreau, le premier ses mensonges mêlés de vérités; le second, la vérité presque exacte. Le premier persistait dans son infamie, parce qu'il avait pris d'avance le parti d'être infâme; le deuxième croyait peut-être que la honte de la délation peut être adoucie par la véracité du délateur.

Tandis que le juge instructeur poursuivait les informations judiciaires contre les prévenus de conspiration qui, à cette époque, étaient dans les fers, la police ne suspendait point la recherche de ceux qui jusque-là avaient échappé. Trois agents subalternes de la conspiration nommés Lemercier[1], Lelan et Cadudal furent arrêtés au commencement de germinal, dans les environs de Rennes. Ils allaient, suivant toute apparence, se cacher dans quelque lieu où la police ne pût les atteindre, après avoir appris l'éclat des arrestations faites à Paris. Le premier était un garçon imprimeur; les deux autres des cultivateurs grossiers. Ils furent transférés au Temple, et remis entre les mains de Thuriot, sans avoir passé par celles de Dubois ou de Réal. A force de les menacer et de les effrayer d'une fusillade soudaine, Thuriot leur

---

1. Guillaume Lemercier, né à Bignan, participa à la guerre de la chouannerie et se réfugia momentanément en Angleterre, après la pacification de 1800. Il fut arrêté avec J.-B. Cadudal près de Saint-Aubin-du-Cormier, le 27 ventôse (et non en germinal). Tous deux, avec Lelan qui avait été pris le lendemain, furent condamnés à mort et exécutés.

dicta quelques déclarations, qui, sans jouer un grand rôle dans l'instruction du procès, ne laissaient pas d'y ajouter quelques détails corroboratoires. Ils dénoncèrent quelques-uns des conjurés qui avaient fait partie du deuxième débarquement; ils déclarèrent avoir reçu en Angleterre, durant leur séjour, une solde régulière, et, au moment de leur départ, une gratification extraordinaire, des pistolets et des poignards; attribuant la gratification et la solde au gouvernement anglais.

Louis Ducorps[1], aussi cultivateur et qui, établi chez ce même Monnier, maître de pension à Aumale, dont il a déjà été question, paraissait avoir servi de guide à plusieurs des conjurés qui s'étaient reposés dans cet asile, quand ils en partaient pour continuer leur route, soit d'Aumale à Paris, soit de Paris vers la côte; avait pris la fuite au moment où Monnier fut arrêté avec sa femme, et

---

1. L. Ducorps, né à Saint-Piat (Eure-et-Loir) en 1758. Lors de l'insurrection du Sancerrois, à laquelle il prit une part active avec le grade de capitaine, il fut arrêté et condamné à dix années de fers; il s'évada et se retira à Orléans. Ce fut lui qui servit de guide à Pichegru, Georges, etc., lors de leur débarquement. Après leur arrestation, il se sauva à Saint-Piat, y fut arrêté et mis en jugement avec les autres conjurés, fut condamné à mort et exécuté. Il ne faut pas le confondre avec Noël Ducorps, qui fut acquitté.

s'était réfugié dans une campagne voisine de Chartres, où il fut saisi le 22 germinal. Les tortures lui arrachèrent, avec l'aveu des services qu'il avait rendus à quelques-uns des conjurés, quelques autres déclarations inexactes et néanmoins assez indifférentes.

Il est temps maintenant de dire quelques mots de la partie de l'instruction la plus nécessaire à la forme et à la solennité apparente du procès; je veux parler de l'audition des témoins. Il y a sur ce point quelques observations à faire, importantes en ce qu'elles forment un des traits les plus caractéristiques du procès.

Tous les témoins dont on pouvait obtenir des dépositions pouvaient se diviser en trois classes :

La première, de ceux qui pouvaient attester quelques-unes des circonstances extérieures de l'action de la police et de ses poursuites contre les conspirateurs, telles que leur arrestation et les incidents de cette arrestation.

La deuxième, de ceux qui pouvaient révéler des faits propres à caractériser dans les prévenus l'intention de conspirer et des actes conformes à cette intention.

La troisième, de ceux qui pouvaient dire quels moyens les conjurés avaient pris pour se soustraire aux recherches de la police, les asiles qu'ils avaient trouvés, les relations quelconques qu'ils avaient eues, soit entre eux, soit avec des personnes étrangères à leur plan et à leurs projets.

Sur le premier point, les témoins ne pouvaient manquer, et les circonstances auxquelles devait s'appliquer leur témoignage étaient très susceptibles d'être déterminées avec exactitude. Il était, par exemple, très facile de prouver juridiquement que Georges, lors de son arrestation, avait tué un homme et en avait blessé un autre.

Le deuxième point, par sa nature le plus important à établir, était aussi le plus difficile. Les témoignages portant sur des faits directement relatifs à l'intention et aux actes de la conspiration devaient presque nécessairement manquer à la police; c'est pour cela qu'elle se donna tant de peine, et prit de si étranges moyens pour obtenir les aveux des prévenus. Elle ne put trouver que quatre témoins qui appartinssent véritablement à cette classe; mais il importe beaucoup d'expliquer quels furent ces témoins.

On se souvient de ces quatre espions[1] d'une classe qu'il paraît convenu de mépriser, même dans la classe générale des espions, et sur la délation desquels avaient été condamnés à mort Picot et Le Bourgeois[2]. Du reste, leur témoignage tout à fait étranger à la conspiration actuelle ne concernait qu'un seul des prévenus compris dans cette même conspiration, Roger dit Loiseau, l'ami de Coster-Saint-Victor; et d'après ce témoignage, s'il eût été véridique et admissible judiciairement, on eût bien pu juger Roger comme complice de Picot et Le Bourgeois, mais non comme complice de Georges.

Pour ce qui est des témoins de la troisième

1. Ces quatre espions étaient deux tailleurs nommés Rouillé et Marchand, la femme du premier, et un plumassier, Desjardins. Ils étaient allés s'établir à Londres en l'an X, et, après avoir révélé à l'ambassadeur français, Andréossi, les projets de Picot et de Le Bourgeois, ils quittèrent immédiatement l'Angleterre et vinrent renouveler leur dénonciation à Paris. Voy. leurs déclarations dans le tome III, p. 102-122 du *Procès*.
2. L. Picot, né à Rouen, soldat dans les chasseurs de la Montagne, déserta pour se joindre à l'armée royaliste et servit successivement sous Scépeaux et Frotté, qui le fit chef de division. Après la pacification (1800), il passa en Angleterre d'où il revint en février 1802, fut arrêté à Rouen avec Le Bourgeois et Querel. Tous trois furent condamnés à mort par jugement d'une commission militaire. Les deux premiers furent fusillés. Querel, comme nous l'avons dit, sauva sa vie par des révélations. Voy. p. 140, note 3.

classe, ils étaient nécessairement très nombreux. Des hommes obligés de changer souvent de domicile, de se disperser deux à deux, trois à trois, et de communiquer souvent par des intermédiaires ou neutres ou étrangers à leurs secrets, étaient exposés nécessairement à la déclaration d'un nombre de témoins proportionné à la difficulté et au besoin de changer fréquemment d'asile.

Mais, par la nature même des choses, les hommes qui avaient donné asile aux conspirateurs, qui leur avaient servi de messagers pour correspondre entre eux; qui, en un mot, leur avaient rendu un genre quelconque de services, pouvaient être, au gré de la police et même de la justice, considérés comme complices des conspirateurs.

A n'envisager la chose que d'après de strictes considérations de justice, plus il y avait d'apparences que les prévenus en chef étaient des hommes dangereux et coupables, plus tous ceux qui avaient concouru à les soustraire aux regards de la police, à leur rendre des services qui leur épargnaient quelques chances de se compromettre immédiatement, pouvaient être suspectés d'être leurs complices, ou du moins plus on avait le droit d'éprouver rigoureusement leur responsabilité.

La police ne choisit néanmoins, parmi la classe nombreuse de ceux qui avaient donné asile aux conspirateurs ou leur avaient rendu des services que quatorze personnes qu'elle traita comme leurs complices et qu'elle se résolut à mettre en jugement comme tels. Elle aurait pu tout aussi bien, avoir cent prévenus de cette classe que quatorze; et même parmi ceux auxquels elle fit grâce de l'accusation, il y en avait quelques-uns contre lesquels les préventions de complicité étaient plus fortes et plus spécieuses que contre plusieurs de ceux qu'elle choisit pour les faire paraître devant le tribunal.

Mais la police n'attachait pas une grande importance à cette classe d'accusés. Il lui suffisait d'en avoir à sa disposition un certain nombre qui pût donner plus de vraisemblance à l'accusation générale, en en variant les nuances. Tous les autres, elle crut en tirer le parti le plus avantageux et le plus convenable en se décidant à les faire comparaître comme témoins; la nature de leurs témoignages ne portant point sur le fait même de la conspiration, il n'était pas permis d'en espérer des preuves directes contre les conspirateurs ; mais leur nombre seul devait donner un certain appareil au procès, aux yeux de la multitude toujours plus disposée à compter les témoignages qu'à les peser [1].

Mais la police, pour s'être décidée à ne choisir que comme témoins des hommes qu'elle avait un certain droit de traiter en ennemis, ne voulut pas perdre le privilège que lui donnait cette dernière faculté. Ces hommes dont elle consentait à n'user que comme de témoins, elle les traita, pour rendre leurs témoignages aussi favorables que possible à ses desseins, à peu près comme elle traitait les véritables prévenus. Leur emploi, les chances de leur destinée étaient différents ; leurs traitements durant l'instruction et jusqu'au moment de la mise en jugement furent à peu près les mêmes.

Ainsi les témoins furent poursuivis et recherchés par la police avec la même rigueur que les conjurés eux-mêmes. Ils subirent comme eux des interrogatoires menaçants ou perfides [2] ; presque tous

---

1. On entendit cent trente-neuf témoins à charge. Plusieurs étaient encore détenus.

2. Le quatre-vingt-douzième témoin, la fille Bouvet, couturière, dépose ainsi : « On m'a traitée si durement, que j'avais la tête

furent jetés dans les cachots; et plusieurs subirent à la préfecture ou dans les prisons des tortures aussi violentes que celles qui avaient arraché à quelques-uns des conjurés des aveux qui devaient perdre ou eux-mêmes ou leurs complices. Des femmes même, quoiqu'il soit presque généralement convenu dans les principes de la jurisprudence de ne point appeler des femmes en témoignage, furent tourmentées avec rigueur, pour être forcées à des déclarations que la police croyait pouvoir obtenir d'elles et qu'elles ne voulaient pas faire spontanément. Une fille qui n'avait pas quinze ans [1], et qui par la nature des circonstances où elle se trouvait n'avait pas même d'importantes révélations à faire, ne fut point exemptée de ces traitements rigoureux, que dans les principes de la justice on est aujourd'hui assez généralement convenu d'épargner aux criminels convaincus d'un délit capital. J'ai entendu porter à

perdue. On me menaça; on me dit : « Vous allez être fusillée, guillotinée. » *Procès*, t. V, p. 314.

1. Denise Lemoine, ouvrière, appelée comme témoin, dit dans sa déposition : « J'aurais quelque chose à dire; c'est que j'ai beaucoup souffert, monsieur, de m'avoir mis les fers aux pieds, à une fille de quinze ans! — Vous pouvez, dit le président, faire vos réclamations. Écrivez au procureur général, » (qui était à l'audience et ne dit rien). Voy. plus loin p. 407 et *Procès*, t. VI, p. 245.

quatorze, le nombre des témoins de la troisième classe qui furent torturés, et, quoique je n'aie là-dessus aucune information positive, il me paraît impossible de trouver ce nombre exagéré.

Tous les débats, les confrontations des prévenus entre eux ou avec les témoins avaient lieu dans une des salles du Temple, en présence d'une foule peu nombreuse et bruyante, composée en grande partie des gendarmes qui étaient de service au Temple, d'un petit nombre de spectateurs qui obtenaient de la police, du juge instructeur ou du concierge du Temple la faveur de satisfaire leur curiosité, et d'un certain nombre d'agents de la police chargés d'écouter et de recueillir tout ce qui se dirait autour d'eux; comme si la police se fût défiée de ses complices mêmes, dans l'acte même de leur procédure contre les prévenus, ou comme si elle eût cherché contre ceux-ci de nouveaux griefs au moment où elle les regardait déjà comme condamnés. Ce fut ainsi que fut exécuté l'article du code pénal qui veut que l'instruction d'un procès criminel soit publique, comme les débats mêmes du procès et le jugement qui en est la suite.

Maintenant, il est nécessaire, et il me semble

facile de se rappeler sommairement l'état de la procédure, et de se retracer d'un coup d'œil les résultats principaux de l'initiative de la police et de l'information judiciaire dans cette procédure, et les motifs des espérances qu'avait le gouvernement de sortir, avec les honneurs de la justice, d'une affaire qu'il avait ourdie et préparée avec tous les mystères de la ruse et tous les excès de la violence.

Il s'agissait pour lui de faire une seule et même chose de deux choses très distinctes : de prouver qu'il y avait une conspiration dont le but était de rendre la monarchie française aux Bourbons, et que Moreau avait trempé dans cette conspiration. Pour preuve du premier fait, il avait à présenter les aveux d'un des chefs de la conspiration et de cinq ou six de ses principaux agents ou confidents.

Pour preuve du second, il comptait sur les délations des trois ou quatre hommes qui avaient été ou les témoins ou les intermédiaires des relations de Moreau et de Pichegru.

Mais la conduite de Pichegru, depuis le premier moment de son arrestation, avait opposé constamment aux combinaisons et aux espérances de la police un obstacle qu'elle avait inutilement cherché à surmonter. Les dénégations absolues et universelles de Pichegru devaient nécessairement paraître très embarrassantes à la police; non seulement elles pouvaient compromettre, en les balançant, les délations de Lajolais et les aveux de Rolland, mais elles affaiblissaient en quelque sorte les aveux de Moreau lui-même. La discussion entre Moreau, Lajolais et Rolland ne portant que sur l'interprétation des intentions et des circonstances accessoires plutôt que sur le fond même des faits, devait être nécessairement plus ou moins défavorable à Moreau, et laisser quelque chose d'équivoque dans sa conduite. Pichegru, niant avec obstination et sans exception tout ce qui s'était passé, empêchait plus ou moins l'effet que la police espérait de ce qu'il y avait de commun et d'uniforme dans les aveux de Moreau, de Lajolais et de Rolland. Aussi la police, dès le premier instant où elle se vit en possession de la personne de Pichegru, n'avait-elle rien négligé pour obtenir de lui des réponses favorables aux vues qui la dirigeaient.

Dès le soir même de son arrestation, Pichegru, par une distinction particulière, fut interrogé par Réal et par Dubois réunis, soit que le hasard eût

produit leur réunion, soit qu'elle fût ordonnée par
Bonaparte, afin de donner plus d'appareil à l'interrogatoire d'un conjuré tel que Pichegru. Les questions qu'on lui fit furent tour à tour insidieuses et
menaçantes ; on essaya de lui faire entendre qu'il
était de l'honneur d'un homme qui avait joué un
rôle glorieux dans les armées et dans l'État de dire
la vérité sur les faits à propos desquels il était interrogé. Il répondit à tout par des dénégations absolues ou par des évasions dérisoires. « Avec qui avez-vous repassé d'Angleterre en France? lui demanda-t-on. —Tout seul, répondit-il. —Par quelle
voie? ajouta Réal. — Par un vaisseau, » répliqua le
prévenu[1]. A toutes les questions qui touchaient
directement aux faits sur lesquels la police désirait
des aveux : « C'est faux ! » se contenta-t-il de répondre
avec une fermeté brusque et une humeur voisine
du mépris et de l'insolence. Il nia s'être réconcilié
avec Moreau, l'avoir vu, avoir chargé une personne
de lui parler de sa part. Enfin il refusa de signer
l'interrogatoire, parce que, dit-il, les questions et ses
réponses y étaient présentées avec fausseté et per-

1. Voy. *Recueil des interrogatoires*, p. 92, 93.

fidie[1]. Il était vrai que Réal, dans la question qu'il avait faite à Pichegru sur sa réconciliation avec Moreau, avait fait dire nettement au premier qu'il savait que l'autre se repentait d'avoir concouru au 18 fructidor et qu'il ne voyait plus du même œil certains événements. C'était une insinuation très perfide contre Moreau, que la police ne pouvait manquer d'interpréter à son gré, tant elle était disposée à chercher des preuves de ses assertions, même à travers des dénégations dont le ton était voisin de l'insolence et, d'ailleurs, aussi positives qu'il fût possible de les imaginer.

Il fut interrogé de nouveau par Réal le lendemain; et ce second interrogatoire n'eut pas de résultat plus favorable que le premier.

On lui donna (seulement le 10 germinal) connaissance des aveux de Rolland, des délations de Lajolais, de la déclaration équivoque et perfide de Couchéry; on le confronta avec eux; il fut aussi confronté avec plusieurs des autres prévenus qui avaient parlé de lui dans leurs interrogatoires. Il

---

1. « D'une manière insidieuse et injurieuse, » dit le procès-verbal (*Recueil des interrogatoires*, p. 102).

persista à refuser de s'expliquer sur les faits consignés dans leurs interrogatoires ; il dédaigna même de les démentir, et ne voulut jamais consentir à signer aucun procès-verbal de confrontation[1].

On le tortura dans le silence et le secret des prisons ; on a même rapporté quelques détails de ces tortures, auxquels il est difficile de croire, même de la part de celui pour l'intérêt duquel elles s'exerçaient envers les conjurés. On ne put lui arracher aucun aveu ni indifférent, ni équivoque, ni considérable. En un mot, depuis le premier moment de son arrestation, Pichegru se conduisit en homme qui se sentait perdu, qui ne voulait point disputer sa vie à la police, ni lui céder l'avantage de paraître l'avoir immolé avec l'appareil des formes judiciaires.

Bonaparte était furieux de cette obstination à refuser des aveux que tant d'autres avaient faits ; et il en était même inquiet, parce que, comme je l'ai déjà dit, sans compromettre essentiellement le résultat de toutes les mesures de police et judi-

1. Voy. *Recueil des interrogatoires*, p. 106 et suiv. 175 et suiv.

ciaires préparatoires du procès et du jugement des conjurés, la conduite de Pichegru pouvait être néanmoins un obstacle dans le procès, produire une impression contraire aux besoins du gouvernement et multiplier ou renforcer les chances d'une mauvaise issue à ce procès.

Tel était encore l'état des choses le 15 germinal, lorsque, dans la matinée du 16, retentit tout à coup dans Paris la nouvelle que Pichegru venait de se suicider dans sa prison. Cette nouvelle fut d'abord annoncée à Thuriot au Temple même, et aussitôt par lui transmise à l'accusateur public près le tribunal criminel[1]. L'accusateur convoque à l'instant même les juges des deux sections du tribunal, leur communique l'information qu'il vient de recevoir, et les requiert de prendre aussitôt les mesures convenables pour vérifier le fait, constater l'identité de la personne suicidée avec Pichegru, et recueillir tous les renseignements qui y seraient relatifs. Le tribunal nomme une commission de cinq membres qu'elle charge d'exécuter le réquisitoire de l'accusateur public. Cette commission

1. André Gérard.

se rend au Temple, se fait conduire par le concierge dans la chambre habitée par Pichegru, voit son cadavre étendu sur un lit, et rend une ordonnance pour que ce cadavre soit aussitôt visité par cinq chirurgiens et un médecin, qu'elle nomme à cet effet. Ces six personnages, après la visite ordonnée, viennent devant la commission du tribunal faire solennellement la description du cadavre qu'ils ont examiné, déclarer qu'ils ont aperçu sur ce cadavre tous les signes d'une strangulation; qu'ils ont trouvé sur lui les instruments au moyen desquels s'est opérée cette strangulation; qu'ils ont trouvé autour du cou une cravate de soie noire fortement nouée, qui avait été serrée de plus en plus au moyen d'un bâton, passé dans la cravate; qu'ils avaient trouvé sur la joue, du côté où avait tourné le bâton, des marques sanglantes de son passage, et qu'ils avaient trouvé ce même bâton fixé par un de ses bouts sur la saillie de la joue, de manière à serrer encore la cravate au degré de pression qui avait été nécessaire pour opérer la strangulation. Enfin, à toutes ces particularités ils ajoutaient celle que l'on peut apercevoir dans un cadavre étranglé. Après avoir entendu ce rapport qui constatait de la manière la plus solennelle qu'il y avait au Temple un individu mort de strangulation, les juges firent reconnaître par dix témoins que cet individu était Pichegru.

Deux des objets de la commission des juges se trouvaient par là remplis; il ne leur restait plus qu'à recueillir des renseignements sur l'événement qu'ils venaient de constater. Ces renseignements ajoutaient peu de chose aux rapports précédents. Le gardien de Pichegru déclara qu'il avait emporté, la veille, la clef de Pichegru et que, le matin, en rentrant dans sa chambre, il l'avait trouvé mort[1]. De toutes les circonstances avec lesquelles l'événement fut rapporté, celle-là fut la plus propre à faire croire que Pichegru s'était étranglé lui-même.

Enfin la commission ordonna que le cadavre de

---

[1]. Ce gardien, nommé Popon, attaché au service du général, déposa qu'il était entré dans sa chambre à sept heures et que, « ne le voyant pas remuer, et craignant qu'il ne fût arrivé quelque accident, il avait été sur-le-champ prévenir le citoyen Fauconnier » concierge du Temple. (*Recueil des pièces authentiques relatives au suicide de l'ex-général Pichegru*, (s. d.) in-8º p. 17.) Le récit de M. Thiers est fort inexact : « Vers la fin de la nuit, dit-il, les gardiens, entendant quelque agitation dans sa chambre, entrèrent et le trouvèrent suffoqué, le visage rouge, comme s'il avait été frappé d'apoplexie. »

Pichegru serait transporté du Temple au tribunal; et, le même jour, à six heures du soir, elle fit son rapport au tribunal de toutes les opérations qui lui avaient été confiées et du résultat de ses recherches. Il ordonna que le cadavre serait ouvert par les mêmes chirurgiens qui l'avaient examiné.

Le lendemain, 17 germinal, le tribunal s'assembla de nouveau pour l'exécution du jugement de la veille, et se sépara pour attendre le rapport sur l'ouverture ordonnée. Elle fut faite en présence de deux juges et du substitut du commissaire du gouvernement. Le tribunal rentra en séance pour entendre un rapport anatomique et physiologique de l'opération qui venait d'être terminée, et moyennant lequel chaque juge pouvait être exactement informé de l'état des viscères et des intestins du cadavre de Pichegru. Mais la conclusion de ce rapport était aussi étrange que son contenu était dégoûtant[1]. Elle mérite d'être rapportée : « Nous avons observé que l'œsophage, dans toute sa longueur, était parfaitement sain, jusqu'à l'endroit du col où la stran-

---

1. On voit que Fauriel ne se doutait pas de ce que doit être un procès-verbal d'autopsie.

gulation s'est effectuée; pour quoi, nous continuons de penser que Charles Pichegru, ex-général, s'est suicidé par les moyens que nous avons indiqués dans les rapports du jour d'hier. » Cette conclusion du rapport en exprime bien le motif; mais j'ignore quels moyens furent employés pour déterminer six chirurgiens à attester solennellement devant un tribunal un fait qu'il était absurde à eux d'attester, à moins d'ajouter à leur déclaration ou qu'ils avaient été les témoins du fait, ou qu'il avait été physiquement beaucoup plus facile à Pichegru de s'étrangler lui-même que d'être étranglé par d'autres.

Quoi qu'il en soit, immédiatement à la suite de ce rapport, le commissaire du gouvernement prit la parole et prononça un discours étudié. J'en citerai quelques passages :

« Citoyens magistrats, disait-il aux juges, la publicité que vous avez donnée à toutes les opérations nécessaires pour constater le suicide de Charles Pichegru, ex-général, forme le complément des opérations que vous avez ordonnées à cet égard.

» Vous n'avez point à faire le procès à la mémoire

d'un homme qui a été prévenu de s'être rendu coupable de grands crimes.

» L'instruction de l'affaire dans laquelle il était impliqué se poursuit; elle deviendra bientôt publique, et l'état où elle se trouvait au moment où Pichegru s'est donné la mort, ajoutera une grande preuve morale aux preuves légales qui constatent cet événement.

» Alors la malignité, l'intrigue, l'esprit de parti, la haine et la malveillance, feront de vains efforts pour corrompre l'opinion publique.

» Les contemporains diront et la postérité répétera: un Français, s'étant rendu profondément coupable envers sa patrie, n'a pas vu de milieu entre la mort volontaire et l'échafaud; il s'est suicidé[1]. »

Ces pompeuses assertions étaient terminées par un réquisitoire pour que le corps de Pichegru fût inhumé, et que le rapport des chirurgiens et médecins qui venait d'être lu, avec le jugement qui devait en être la suite, fussent imprimés partout où besoin serait.

Le tribunal rendit aussitôt un jugement con-

1. Voy. *Recueil des pièces authentiques relatives au suicide de l'ex-général Pichegru*, p. 23.

forme au réquisitoire du commissaire du gouvernement.

Vers la fin du même jour, un convoi funèbre, accompagné de trois ou quatre personnes, arriva en effet dans le lieu de sépulture situé dans le voisinage du Jardin des Plantes[1]. Ce convoi ne fut remarqué de personne, ou du moins on ne put le prendre que pour celui de quelque malheureux mort sans avoir de quoi faire accompagner sa tombe par quelques amis. Ce convoi était celui de Pichegru; sa bière fut déposée au sein de la terre, en présence de deux huissiers du tribunal criminel, la bière de celui qui, dix ans plus tôt, eût été accompagnée de tout le cortège que les honneurs rendus à un mort, au nom d'une nation entière, peuvent ranger à la suite d'un cercueil!

Telle fut la fin de Pichegru, un homme dont la renommée avait un moment rempli l'Europe entière. Il était né en 1761 dans la petite ville d'Arbois, département du Jura. Né d'une famille obscure et pauvre, il n'avait cependant point eu à se plaindre

---

[1]. Au cimetière Sainte-Catherine, rue du Jardin-des-Plantes. Voy. Le procès-verbal d'inhumation (*Recueil des pièces*, p. 26).

de la fortune et du sort; car son éducation avait été soignée. Il avait montré de bonne heure un goût passionné pour les études et d'heureuses dispositions pour les sciences exactes. A l'âge de vingt ans, il avait été répétiteur de mathématiques et de philosophie dans un collège de Minimes [1]. A vingt-deux ans, il entra comme soldat dans un régiment d'artillerie, où il parvint au grade de sergent-major en 1789. Ce n'étaient point là, au jugement de tous ceux qui le connaissaient, les limites de sa capacité, mais c'étaient celles de la fortune d'un roturier, dans l'artillerie.

Il adopta avec énergie et, autant qu'il est permis de l'affirmer, avec sincérité, les principes et les sentiments de la révolution française à son début. Ce fut à la recommandation de la Société populaire de Besançon, dans un moment où il la présidait, qu'il fut nommé chef d'un bataillon de volontaires du Gard, avec lequel il passa à l'armée du Rhin. Il ne tarda pas à s'y faire remarquer plus encore par ses talents et la fermeté de son caractère que par

---

[1]. Il avait fait sa philosophie chez les Minimes d'Arbois, qui l'envoyèrent « répéter » les mathématiques et la philosophie à leur collège de Brienne.

sa bravoure, qualité trop commune alors dans les armées de la République pour y être un titre de distinction.

Il se trouva à la perte des lignes de Weissembourg, un des revers les plus signalés qu'aient éprouvés les armées françaises, et l'époque dont date peut-être l'éveil de cet esprit héroïque des armées de la République, où la volonté de vaincre en était le seul moyen. Saint-Just était alors, en qualité de délégué du Comité de salut public, le surveillant suprême de l'armée du Rhin, ce Saint-Just, qui voulait de bonne foi que la République française ressemblât à celle de Sparte, qui peut-être eût été regardé à Lacédémone comme un sage et qui, mort en France sur l'échafaud, a été regardé par les plus emportés comme un scélérat, et par les plus indulgents comme un insensé. Il porta Pichegru au commandement en chef de l'armée. Les motifs subordonnés de ce choix furent les talents de Pichegru ; ses motifs les plus sérieux furent sa naissance roturière, et le privilège d'avoir servi dans les rangs obscurs de l'armée.

Pichegru, agissant de concert avec Hoche, qui commandait alors l'armée de la Moselle, chassa l'ennemi de toute la partie du territoire français qu'il occupait dans le voisinage du Rhin et le poussa jusque sous les murs de Mayence. Les succès de cette campagne tinrent peut-être plus à la force de caractère de Pichegru qu'à ses talents militaires, et à une répétition d'avantages partiels qu'à ces grandes actions de guerre qui ne sont devenues fréquentes et pour ainsi dire habituelles dans les armées françaises qu'au moment où les soldats ont pu joindre à l'enthousiasme civique l'expérience d'une longue éducation militaire, et la confiance qui résulte de beaucoup de souvenirs glorieux.

À la campagne suivante, Pichegru fut nommé au commandement de l'armée du Nord et de Sambre-et-Meuse ; et cette campagne, marquée par la conquête de la Hollande à travers les glaces, donna un nouvel éclat à la renommée de Pichegru, et le met au nombre des généraux qui ont secondé les prodiges de la valeur française ou y ont assisté.

L'année suivante, il retourna à l'armée du Rhin ; et, chose inouïe, ce fut au moment où il recueillait avec éclat les témoignages de la reconnaissance nationale et tous les fruits de la gloire qu'il entama avec le prince de Condé une négociation qui porte les caractères les moins équivoques de la trahison envers la République, c'est-à-dire envers le parti qui avait jusque-là recueilli le fruit de ses services, et comptait sur leur continuation.

Peut-être faut-il renoncer à expliquer les motifs de la déviation des hommes, pris comme individus, aux règles générales de la prudence et de la conduite humaines, et à concilier les individualités d'exception avec un type abstrait quelconque de la nature humaine. Si néanmoins on voulait essayer de se représenter quels motifs Pichegru pouvait avoir de trahir la République, il faudrait se rappeler dans quelles circonstances il reprit le commandement de l'armée du Rhin. Il venait de Paris, il y avait été témoin des scandaleuses journées de prairial an III. Ce fut dans ces journées que la Convention nationale fut assiégée, et un instant dissoute par la populace de Paris, qui lui demandait à grands cris du pain et la constitution de 93, et abandonnée par une moitié de la population de Paris aux outrages, aux insultes et aux menaces de l'autre moitié. Cette époque fut peut-être de toute la Révolution, celle où, pendant quelque temps, la force et la présence du gouvernement parurent le

plus complètement anéanties, et où il fut le plus
difficile de prévoir ce qu'allait devenir la France,
entre les mains de qui elle allait tomber. L'assassinat gratuit d'un représentant du peuple [1] par les
insurgés, des menaces de pillage ranimèrent seuls
les Parisiens de leur apathie. Ils se mirent en mouvement pour défendre, non le gouvernement, mais
leurs boutiques et leurs vies. Pichegru fut alors
nommé commandant de l'armée parisienne ; son
nom acheva de renforcer le parti de la Convention ;
l'insurrection fut étouffée, et cette Convention nationale qui avait disparu au moment du danger,
dont la voix avait été étouffée par la menace des
insurgés, victorieuse enfin par hasard et par des
secours qui ne lui venaient ni du zèle ni de l'estime
publics, reprit ses fonctions ; et le premier acte
qui suivit sa victoire fut d'envoyer à l'échafaud
douze de ses membres, qui se poignardèrent tous
avec un même morceau de fer devant le tribunal
chargé de les traiter comme auteurs de la rébellion.
Ainsi se termina cette insurrection inouïe, dont
les moteurs sont restés ignorés, dont le but vrai-

---

1. Ferraud, député des Hautes-Pyrénées.

semblable était de rétablir le règne de la Terreur, dont le succès fut d'abord complet, et dont néanmoins le résultat fut nul.

Telle était la scène dont Pichegru venait d'être le témoin en revenant à l'armée du Rhin ; scène étrange qui supposait dans le gouvernement un discrédit absolu, et dans la nation une lassitude et un dégoût poussés à l'extrême : ce fut peu de temps après qu'eurent lieu les premières négociations de Pichegru avec le prince de Condé. On a depuis, et à diverses époques, essayé de jeter du doute et de l'incertitude sur cette trahison. Mais, depuis que ceux qui ont été dans cette affaire les agents du prince de Condé en ont publié la relation [1] ; depuis que des hommes dévoués à Pichegru et qui, employés au triage et au déchiffrement des pièces relatives à cette négociation, ont avoué avoir brûlé celles qui compromettaient Pichegru ; depuis que la conduite ultérieure de ce général a confirmé les premières découvertes faites sur lui, il est impossible de justifier Pichegru. On peut encore vouloir excuser ses intentions et ses vues ; mais cet effort

1. Voy. *Mémoires* de Montgaillard, cité plus haut. p. 214, note 1.

ne peut servir de rien à sa mémoire, tandis qu'il sera admis comme principe de morale privée et sociale, que le manque de la foi promise et assurée ne peut être justifié par aucune intention.

Les relations de Pichegru avec le prince de Condé furent soupçonnées d'assez bonne heure. Il fut rappelé de l'armée, nommé à une ambassade[1] qu'il refusa, et vécut dans une retraite mystérieuse et profonde[2] jusqu'au moment où il fut nommé au Corps législatif en l'an V; il y devint le chef d'un parti qui voulait le rétablissement de Louis XVIII, ou du moins se conduisit comme s'il l'eût voulu, et fut compris dans la proscription du 18 fructidor an V, proscription funeste par les mesures extrêmes qui en furent la suite et le complément, et par l'initiative qu'y prit l'armée à une époque où Bonaparte était déjà le héros du jour.

Déporté à la Guyane, Pichegru s'en échappa avec sept de ses compagnons d'infortune, et se retira en Angleterre auprès des princes. On vient de voir quelles furent les suites de cette résolution; si quelque chose peut affaiblir la tache imprimée à sa

1. L'ambassade de Suède.
2. A Arbois, au milieu de sa famille.

conduite et à son nom, c'est sans doute l'inébranlable fermeté de sa conduite entre les mains de la police française, et l'intérêt tragique et mystérieux de sa mort.

On donna la plus grande et la plus solennelle publicité aux actes du tribunal dont j'ai parlé. Mais, si cette publicité, comme cela est indubitable, avait pour but de prévenir ou d'apaiser les soupçons et les rumeurs populaires sur la fin de Pichegru, jamais précaution ne fut plus maladroite et ne manqua plus complètement son effet.

Il n'y eut dans tout Paris personne qui ne parlât de la mort de Pichegru; et, dans tous les entretiens dont elle était le sujet, la malignité des soupçons sur la cause de ce tragique événement étouffait en quelque sorte la pitié que devait inspirer l'événement lui-même. La plupart ne cherchaient pas à motiver leurs soupçons par des raisons particulières; pour croire que la mort de Pichegru était l'ouvrage du gouvernement, il leur suffisait de songer que celui-ci était capable d'un crime, et de se souvenir de la destinée encore récente du duc d'Enghien.

D'autres, qui voulaient paraître plus justes ou

plus éclairés dans leurs soupçons, les justifiaient par diverses considérations. La plupart s'accordaient à regarder comme impossible pour un homme de s'étrangler de la manière dont on publiait que Pichegru s'était étranglé, parce que la force d'amener et de contenir le bâton passé dans la cravate au point où cela était nécessaire pour opérer la strangulation, devait nécessairement manquer au suicidé, avant d'atteindre ce point-là ; c'était même l'avis de tous les gens de l'art[1].

Plusieurs, par un raisonnement plus profond et plus raffiné, trouvaient les motifs de leur incrédulité dans la nature même des mesures qui avaient été prises pour la prévenir ou pour la corriger. « Depuis quand, disaient-ils, tant d'appareil est-il nécessaire pour constater un événement aussi simple qu'un suicide ; et depuis quand est-il de la compétence d'un tribunal criminel de proclamer avec fracas un événement que, dans le cours ordinaire des

---

[1]. Peut-être à l'époque où écrivait Fauriel; mais, aujourd'hui, les observations recueillies en France et à l'étranger sont tellement nombreuses, qu'il n'est plus permis de conserver le moindre doute sur la possibilité d'un suicide tel que l'a pratiqué Pichegru. Voy. entre autres, les faits rapportés dans le *Dictionn. encyclopédique des sciences médicales*, à l'article STRANGULATION, t. XII, p. 339.

choses, un simple procès verbal de police suffit pour constater? Comment se fait-il que des juges s'assemblent en plus grand nombre, avec plus de solennité, pour ordonner l'ouverture d'un cadavre, que pour juger un homme vivant prévenu d'un délit capital? Comment ces juges, puisqu'ils avaient l'intention et le projet de vérifier si Pichegru s'est suicidé, ne recueillent-ils pas l'unique genre de preuves admissible en pareil cas, celui résultant de la déposition des témoins pris dans le lieu de l'événement? D'où leur vient l'impudence ou la folie d'admettre la déclaration d'un médecin et de cinq chirurgiens qui, en visitant le cadavre d'un homme, attestent naïvement que cet homme s'est étranglé lui-même? N'est-il pas évident qu'une pareille attestation ne peut être donnée que par des hommes corrompus ou arrachée qu'à des hommes faibles? N'est-il pas plus clair encore qu'elle n'a pu motiver une décision judiciaire que devant un tribunal de juges insensés, ou corrompus, ou épouvantés? D'autres, par un rapprochement d'un autre genre, se rappelaient que, quinze ou vingt jours auparavant, il avait circulé des bruits sur la mort de Pichegru; on avait dit ensuite qu'il était malade, et ceux qui rappelaient ces bruits faisaient remarquer qu'un des traits les plus constants de la politique de Bonaparte, c'est de préparer les esprits aux événements qu'il présume devoir les frapper, par des nouvelles approchantes ou analogues, et d'user en quelque sorte l'étonnement d'avance.

Quelques-uns s'arrêtaient à une considération politique qui pouvait être erronée, mais qui n'en paraissait pas moins spécieuse à ceux qui prétendaient connaître l'esprit du temps et de Bonaparte. On s'est défait de Pichegru, disaient-ils, pour ne point embarrasser la marche du procès, et prévenir la chance défavorable de la présence d'un homme obstiné dans ses dénégations qui pouvait changer la tournure présumée des débats.

Quoi qu'il en fût de ces raisonnements et de ces suppositions, ils circulaient partout; et tous les rapports de la police pendant plusieurs jours de suite furent remplis de propos relatifs à l'assassinat, non au suicide de Pichegru.

On fit graver et l'on vendit clandestinement une caricature représentant Pichegru étendu dans son lit, avec une longue cravate autour du cou dont le grand juge, Régnier, et le directeur général de la police, Réal, tiraient chacun un bout de toute leur force, avec une grimace presque aussi hideuse que celle du malheureux étranglé par leurs efforts[1]. Cette manière de représenter en ridicule un événement atroce exprime assez l'opinion et le genre d'esprit publics de ce moment.

Bonaparte, aussi furieux de ces soupçons que s'ils eussent été fondés sur la vérité, perdit enfin patience et voulut les faire taire. Le 24 germinal, il dicta à Murat un ordre du jour qui sera recueilli dans l'histoire comme un des monuments les plus curieux non seulement de cette époque, mais dans les annales du pouvoir arbitraire. En voici la substance : « Le gouverneur de Paris recommande aux adjudants, officiers et sous-officiers de la garnison et de la garde nationale d'éclairer partout où ils se

---

[1]. Cette caricature ne se trouve dans aucun des recueils d'estampes historiques conservés à la Bibliothèque nationale. — Les caricatures faites en France, ou pour mieux dire à Paris, contre Bonaparte et son gouvernement sont peu nombreuses. A celle que cite notre manuscrit, on peut en ajouter une mentionnée par Thibaudeau et qui circula secrètement lors du rétablissement du culte. Le premier consul était représenté se noyant dans un bénitier, entouré d'évêques qui le repoussaient au fond de l'eau avec leurs crosses (*Mémoires sur le Consulat.* p. 105).

trouveront, les citoyens sur les faux bruits que les malveillants s'efforcent de chercher à accréditer. Tous les moyens leur sont bons; tantôt ils publient que la mort de Pichegru n'est pas le résultat d'un suicide; tantôt ils répandent que chaque nuit on fusille un grand nombre de prévenus[1]. Le tribunal criminel poursuit avec la plus grande activité la procédure qu'il instruit. Les arrestations qui ont eu lieu depuis celle du général Moreau n'ont fait que confirmer davantage sa culpabilité. Jusqu'à cette heure, tout ce qu'a dit le grand juge, et rien que ce qu'a dit le grand juge, se trouve prouvé. Quoiqu'il sache que tout ce qu'on peut dire de plus ou de moins ne fixe pas l'attention des citoyens, le gouverneur de Paris croit cependant utile de recommander aux officiers et sous-officiers de la garde nationale, qui sont répandus dans les différents quartiers de la ville, de ne pas laisser diverger l'opinion. Celle de toutes les classes du peuple,

1. Ce bruit avait bien quelque fondement. Plus d'un mois auparavant, le soir du 18 ventôse, Bonaparte écrivant au général Davout lui donnait, dans un post-scriptum, la nouvelle de l'arrestation de Georges et ajoutait : « Les barrières sont investies de sentinelles à cinquante pas de distance. Des brigands s'y sont présentés et ont été pris *ou fusillés* » (*Correspondance de Napoléon I*[er], t. IX, p. 351).

dans tous les instants, est essentiellement liée à la confiance et à l'amour que le premier consul a le droit d'attendre des Français[1]. »

Assurément il n'est pas rare de voir les gouvernements opposer la force des armes à celle de l'opinion ; mais il était réservé à Bonaparte d'invoquer la première contre celle-ci avec une franchise pareille. Du reste, cette proclamation produisit peu d'effet ; elle offensa la plupart des militaires. Les bruits publics s'apaisèrent sur la mort de Pichegru, non par crainte de l'intervention de la force, mais parce que la curiosité publique était déjà fatiguée d'une attention de deux semaines donnée à cet événement ; et, quelque tragique qu'il fût, le soin qu'avait pris le gouvernement de faire taire la voix publique avait peut-être été nécessaire pour l'entretenir durant un si long intervalle.

La rumeur populaire cessa donc peu à peu ; mais à cette rumeur succédèrent des bruits plus étranges que ceux qu'ils remplaçaient et qui, renfermés dans un moindre cercle, étaient néanmoins plus propres

---

[1]. Voy. le *Journal de Paris* du 25 germinal an XII, p. 1318. Cet ordre du jour n'a point été inséré au *Moniteur*.

à laisser dans les esprits une impression durable et profonde. On ne se contenta plus de présumer vaguement que Bonaparte avait fait assassiner Pichegru ; on prétendit avoir découvert de quel bras il s'était servi pour cet assassinat. On nomma un de ses mamelouks, Roustan, auquel il avait fait grâce de la peine capitale dans une sédition au Caire, et que, depuis cette époque, il avait attaché au service de sa personne, et sur le dévouement et la fidélité duquel il a toujours paru compter beaucoup. Bientôt après, on prétendit savoir que Roustan avait eu deux autres mamelouks pour complices. On en vint jusqu'à dire comment ces trois sicaires s'étaient introduits au Temple, dans l'appartement de Pichegru.

Pichegru était, jour et nuit, gardé par trois gendarmes qui se relevaient d'heure en heure. On prétendit que c'était sous le déguisement de gendarmes que les trois mamelouks parvinrent l'un après l'autre auprès de Pichegru, au milieu de la nuit, s'élancèrent à la fois sur lui et le laissèrent dans l'état où il fut trouvé le matin.

A ces bruits dont je ne puis garantir la vérité, quoique, d'ailleurs, persuadé que Pichegru ne s'est point étranglé de ses mains¹, il s'en joignit d'autres beaucoup plus invraisemblables, et dont l'absurdité me paraît même frappante. On prétendit qu'il avait été trouvé dans les cheveux de Pichegru, lors de la visite faite de son cadavre par les juges, un billet de la main de Bonaparte. Le sens de ce billet était diversement rapporté. Les uns disaient que c'était une invitation à Pichegru de se rendre à Paris; d'autres que c'était une promesse de grâce ou de faveur sous condition d'aveux exigés de lui pour compléter les preuves de la conspiration dans laquelle il avait trempé. Je ne m'arrête pas davantage à ces rumeurs : je ne les ai point rapportées comme méritant aucune foi, mais pour donner une idée de l'opinion que l'on avait dès lors du caractère de Bonaparte. Et, chose étrange et certaine, ces rumeurs sur la manière dont Pichegru avait été assassiné, sur les écritures saisies sur lui après sa mort, étaient non seulement connues mais regardées comme fondées par plusieurs des juges

---

1. Cette croyance à l'assassinat de Pichegru était si fort répandue, que, plusieurs années après, madame de Rémusat demandant à M. de Talleyrand ce qu'il pensait de cette mort, il lui répondit « qu'elle était arrivée bien subitement et bien à point » (*Mémoires*, t. I, p. 349).

qui se donnèrent tant de fatigue pour persuader à l'opinion publique que Pichegru s'était tué !

Tels furent les traits caractéristiques et la marche de l'instruction judiciaire du procès de Moreau. Elle fut terminée le 11 floréal[1], et de la sorte elle avait duré à peu près deux mois. Ce n'était point trop relativement au nombre des prévenus, des témoins et à la difficulté d'assurer le succès des débats devant le tribunal et le public. Les jours entiers et une partie des nuits furent consumés à cette instruction par Thuriot, qui rendait compte au directeur général de la police de l'état où chaque séance avait laissé l'affaire, des avantages qu'il avait obtenus, des obstacles qu'il avait rencontrés ; et c'était de concert avec la police supérieure qu'étaient prises toutes les mesures nécessaires pour mettre la procédure au point où on la voulait. C'était d'elle que venaient journellement les informations nouvelles qui pouvaient éclairer la marche de la justice relativement aux prévenus.

Le 11 ou 12 floréal, Thuriot remit toutes les pièces de l'instruction au commissaire du gouver-

---

1. « Elle avait commencé le 18 ventôse. » (*Note marginale.*)

nement pour dresser l'acte d'accusation contre les prévenus. Cet acte fut terminé le 25 du même mois; ce court intervalle pour un travail si épineux, si considérable, où il était si nécessaire de ne rien dire qui pût laisser transpirer les espérances et les démarches de l'autorité dans le cours de cette procédure, semblerait prouver que Bonaparte était impatient de voir se terminer cette affaire, et jouir sans trouble et sans souci des douceurs de l'Empire, après avoir ôté de sa couronne cette dernière épine de la République.

L'acte d'accusation fut publié à peu près en même temps que le sénatus-consulte du 28 floréal, qui changeait le gouvernement républicain en royauté héréditaire.

Les accusés n'eurent donc que six ou huit jours pour en prendre connaissance[1] et savoir sur quels fondements ils devaient établir leur défense. Cet intervalle était peu pour eux, c'était beaucoup pour l'impatience du public, aussi avide de voir les accusés aux prises avec la haine et la toute-puissance du gouvernement, que s'il eût eu la moindre

---

1. « Plusieurs n'en eurent que quatre. Les significations faites à Coster-Saint-Victor sont du 4 prairial. » (*Note marginale.*)

assurance de voir triompher l'innocence et la vérité.

Enfin, le 8 prairial, se fit l'ouverture du procès ; et, sur ces mêmes banquettes où dans le cours de la Révolution tant d'infortunés avaient entendu leur arrêt de mort, vinrent s'asseoir les accusés au nombre de quarante-huit[1].

C'était, je crois, le plus grand nombre d'accusés qui eussent jamais paru devant un tribunal depuis la Révolution, comme complices d'une même entreprise ; et jamais peut-être, dans les temps déplorables du Tribunal révolutionnaire, un mélange d'hommes aussi discordants de renommée, d'opinions et d'intérêts n'avait paru en même temps devant lui. Le vainqueur de Hohenlinden près du chef le plus obstiné des révoltés de la Vendée, des agents du gouvernement français à côté des confidents des princes émigrés, de misérables cabaretiers, des femmes des derniers rangs de la société à côté d'hommes qui avaient joué un rôle dans les factions et les guerres civiles; il y avait là de quoi

---

[1]. Quarante-sept, suivant la liste numérotée qui en a été donnée par le *Journal de Paris* dans son numéro du 6 prairial, an XII p. 1609, et suivant l'acte d'accusation qui remplit tout le premier volume du *Procès*.

frapper d'étonnement l'imagination la plus calme et la moins susceptible de ces bizarres rapprochements. Il s'en présentait d'autres tirés des souvenirs de la même époque. A côté des juges siégeaient aussi des jurés, au Tribunal révolutionnaire. Ici, point de jurés, mais le nombre des juges double de ce qu'il avait coutume d'être dans les affaires les plus graves. Les juges et les accusés sont également en présence de spectateurs ; mais avec cette différence que les premiers venus au Tribunal révolutionnaire étaient admis en aussi grand nombre qu'ils pouvaient y être contenus. Ici, la moitié des spectateurs n'avaient été admis que sur des billets délivrés ou par la police ou par les principaux officiers du tribunal. La place destinée à ceux qui n'avaient d'autre titre que de s'être présentés les premiers était très peu considérable ; on avait fait attention qu'elle ne fût pas remplie, sous prétexte que la foule n'y fût pas gênée ; et, dans toutes les parties de la salle, des soldats, des gendarmes, les uns déguisés, les autres en faction ouverte, des espions de police adroitement disséminés épiaient les propos, les gestes, les mouvements qui pouvaient trahir les sentiments secrets des spectateurs. Les mêmes différences, les mêmes oppositions se faisaient remarquer à l'extérieur de la salle. Jadis les approches du Tribunal révolutionnaire étaient peu gardés, et l'étaient presque toujours par des détachements de la garde nationale mal armés de piques; ici, un appareil imposant de force militaire, des détachements de cavalerie, d'infanterie étaient placés à toutes les avenues, et semblaient assiéger les juges autant que les accusés. La plupart des soldats qui composaient ces détachements se trouvaient ainsi, par une bizarrerie du sort, placés, les uns à la garde d'un général qui les avait guidés à la victoire, les autres, de ces mêmes rebelles qu'ils avaient eus en face dans les longs déchirements de la guerre civile de l'Ouest.

Cette fois, comme dans les premiers temps, des groupes épars aux alentours du tribunal, sous ses voûtes, et surtout en face de sa principale entrée, attendaient avec une curiosité silencieuse qu'on leur apportât des nouvelles de ce qui se passait dans l'enceinte du tribunal, sans oser exprimer leurs inquiétudes et leurs idées, leurs pressentiments et leurs soupçons; et craignant même de paraître trop avides d'apprendre ce qu'ils brûlaient de savoir, craignant surtout que leurs paroles ne fussent recueillies par les hommes qui rôdaient de toutes parts pour surprendre et répéter les expressions ou les murmures du mécontentement.

Dans ces premiers moments où rien ne pouvait encore faire présumer quelle tournure allait prendre le procès, quelle contenance allaient prendre les accusés, il était tout naturel que l'on osât moins montrer les sentiments dont on était pénétré ; la plupart attendaient même, pour avoir une opinion et des sentiments, que le débat fût engagé entre les accusés et les juges, et que les premières paroles prononcées dans le procès devinssent en quelque sorte le présage de son issue[1]. La plupart des accusés étaient calmes ; tous le paraissaient.

Aussitôt que chaque accusé eut décliné son nom, son âge et ses qualités, suivant la forme établie et que nul motif ne portait à violer, le greffier commença la lecture de l'acte d'accusation. Cette lecture

---

1. « On cherchait tantôt dans l'aspect des juges, tantôt dans la contenance des accusés, des présages de ce qui allait se passer. » (*Note marginale.*)

était très importante, en ce qu'elle donnait nécessairement, soit par le ton qui devait y régner, soit par son plan, soit par la manière dont les faits y seraient présentés, la mesure des dispositions du gouvernement qui en avait dirigé le plan et dicté l'esprit.

L'accusateur public [1] débutait par le narré succinct de l'origine, de la formation et de l'objet de la conspiration présente. Il la faisait remonter à la négociation de Pichegru avec le prince de Condé, en l'an IV (en 1795) et présentait toute la suite de la conduite de ce général depuis le moment de cette négociation jusqu'à l'affaire du 18 fructidor, comme subordonnée à un plan de trahison convenu pour la restauration des Bourbons sur le trône. De ce que Moreau avait gardé durant quatre mois le silence sur la correspondance qui prouvait la trahison de Pichegru, il concluait que Moreau était coupable envers le gouvernement, et il y trouvait un motif d'insinuer qu'il n'était pas étranger à la trahison qu'il avait dénoncée trop tard. Delà, il reprenait Pichegru s'évadant de Cayenne, le

---

1. André Gérard, comme nous l'avons dit plus haut.

présentait à Londres, au milieu des princes français et du gouvernement britannique, comme l'âme et le bras de leurs entreprises communes contre la République, comme se chargeant d'exécuter au service de ces deux alliés un nouveau plan contre le gouvernement français, plus vaste et mieux combiné que tous ceux qui avaient avorté jusque-là; ce plan avait été conçu immédiatement après la paix d'Amiens.

Le rôle de Pichegru n'était plus équivoque. Mais, pour le succès de ses desseins, il lui fallait avoir à sa disposition un général français, populaire dans la nation et dans les camps. Il connaissait le caractère de Moreau; il avait jeté les yeux sur lui. Il chargea David de négocier sa réconciliation avec Moreau; David l'entreprend, réussit. Il est arrêté à Calais, portant en Angleterre, à Pichegru, les assurances favorables de Moreau.

Ici, l'accusateur public introduisait l'infâme Lajolais, comme envoyé directement par Pichegru à Moreau, de Londres à Paris[1], pour remplacer David

---

1. « Il est présenté non seulement comme l'ambassadeur de Pichegru, mais comme celui des princes et du cabinet britannique. » (*Note marginale.*)

et prendre son rôle; et repartant bientôt pour Londres pour y rendre à Pichegru la réponse décisive et favorable de Moreau.

Dès ce moment, aux yeux et suivant les assertions de l'accusateur public, le plan était conçu, son exécution arrêtée, et les trois débarquements qui avaient eu lieu sur les côtes de Dieppe, depuis celui de Georges jusqu'à celui de Pichegru lui-même, étaient présentés comme la conséquence immédiate et directe de cette ambassade de Lajolais.

Tel était le prélude, et en quelque sorte l'esquisse générale de l'acte d'accusation. Peut-être n'y avait-il personne, parmi les spectateurs, capable de juger de l'excès d'impudence et de mensonge qui régnait, soit dans les faits exposés, soit dans les rapprochements de ces faits, soit dans les inductions que l'on en tirait pour les intentions des accusés. Pour quiconque savait combien peu les lettres de Moreau pouvaient être un prétexte spécieux à de pareilles assertions, que Lajolais n'était jamais venu de Londres à Paris envoyé par Pichegru, mais bien envoyé de Paris à Londres pour amener Pichegru dans cette première ville; pour quiconque enfin pouvait réfléchir à quel point il était absurde et contradictoire de commencer par présenter Moreau comme le complice de la première trahison de Pichegru, et de supposer ensuite que, pour continuer à s'entendre, ils avaient besoin de se réconcilier, il y avait de quoi être épouvanté sur le sort des accusés[1]. Un gouvernement qui mettait cette audace à accuser par le mensonge était résolu d'avance à en recueillir tout le fruit. D'autres réflexions devaient encore confirmer cette inquiétude ; soit maladresse dans le gouvernement à diriger le plan de l'acte d'accusation, soit que l'accusateur ne fît en cela que suivre son instinct, plusieurs des termes de l'acte d'accusation relatifs à Moreau étaient tirés littéralement du rapport officiel du grand juge sur la conspiration, ou à peine déguisés. La suite de l'acte d'accusation n'était que le développement de cette esquisse générale, soumis à des divisions, et renfermé dans des formules propres à lui donner l'apparence convenable à une accusation judiciaire.

Il roulait sur trois points principaux : dans le

1. « Jamais historien ayant à sa disposition les archives des faits, et maître de les enchaîner, sans blesser des passions ou des intérêts contraires, ne les avait disposés dans une liaison aussi

premier, l'accusateur public se proposait d'établir la certitude du fait d'une conspiration tramée contre la vie du premier consul et contre la sûreté intérieure et extérieure de l'État. Dans le second, il s'agissait de prouver que le gouvernement anglais était l'âme de cette conspiration. Troisièmement enfin, il s'engageait à prouver que chacun des accusés présents devant le tribunal était véritablement auteur ou complice de cette conspiration, ou coupable d'avoir enfreint la loi du 9 ventôse, rendue pour assurer la capture des conspirateurs dès le moment où la conspiration avait été découverte.

« Les preuves du fait de la conspiration sont si claires, disait sur le premier point l'accusateur public, qu'il est impossible qu'elles ne portent pas la conviction dans tous les esprits. »

Ces preuves, c'étaient les aveux de seize des accusés, c'est-à-dire de presque tous ceux qui avaient avoué, sans nommer des complices, sans accuser et sans compromettre personne qu'eux-mêmes, être venus à Paris, non précisément pour renverser le

---

rigoureuse, avec plus de prétention à la certitude que ne l'étaient les assertions fondamentales de l'acte d'accusation. » (*Note marginale.*)

gouvernement consulaire et rétablir le trône des Bourbons, mais pour voir si les moyens de ce renversement et de ce rétablissement existaient, et, dans ce cas, pour les rassembler et les organiser. Les aveux de Georges et de Charles de Rivière étaient les seuls qui pussent être rangés nettement dans cette catégorie. Ceux des Polignac, malgré la retenue et le ton équivoque avec lequel ils avaient parlé de quelques autres accusés, en avaient cependant nommé plusieurs.

Les hommes qui avaient fait les autres aveux appartenaient en majorité à ceux auxquels les supplices ou les menaces les avaient arrachés; et la nature et les conséquences de ces aveux, comparés aux premiers, indiquaient suffisamment la différence des intentions et des sentiments qui les avaient dictés. Les premiers n'accusaient personne que ceux qui les faisaient, et encore n'accusaient que leurs intentions et non leurs actions; ceux-ci dénonçaient des complices. La seule distinction à faire entre ces derniers était entre ceux qui, cédant avec adresse et avec prudence aux menaces et aux insinuations de la police, avouaient avoir concouru aux projets des conspirateurs, sans connaître leur intention; et ceux qui, dans la séduction des promesses de la police, ou dans le trouble qui leur était inspiré par ses menaces, en dénonçant les autres, ne s'étaient réservés aucun moyen de défense à eux-mêmes, en s'avouant sans restriction les complices de fait et d'intention des conspirateurs. Parmi les premiers, il fallait compter principalement Rolland, Couchery et Lajolais, en ne regardant toutefois ce dernier que dans son rôle d'accusé, abstraction faite de son rôle de délateur en chef. Parmi les autres se distinguaient Bouvet-Lozier, Rusillion, Louis Picot et Louis Ducorps. « Qui pourrait, s'écriait l'accusateur public, en terminant le résumé et le sens de ces aveux, douter d'une conspiration avouée par ceux mêmes qui avaient intérêt à la contester? »

Après avoir insisté sur cette preuve de l'existence de la conspiration, tirée des aveux des prévenus, l'accusateur public entreprenait de faire voir que le premier acte de l'exécution du plan des conspirateurs devait être l'assassinat du premier consul. « C'est un point, disait-il, sur lequel la raison ne permet aucune division. »

Néanmoins, quelque évident que parût ce point

lui-même, l'accusateur public condescendait à en donner la preuve, et cette preuve, c'était la déclaration déjà connue des quatre espions de police employés à Londres, sur laquelle on doit se souvenir qu'avaient été condamnés Picot et Le Bourgeois[1]. Deville et Roger, également compromis par ces déclarations, étaient du nombre des accusés ; de là l'évidence de la liaison entre les deux conspirations. En dire davantage, ce serait révoquer en doute la puissance réelle de l'évidence ; ainsi se terminait la première partie de l'acte d'accusation.

Que le gouvernement anglais était l'âme de la conspiration, c'était ce qui ne semblait pas plus difficile à prouver. Son influence réelle ou supposée dans les excès de la Révolution française était la première preuve ou la première présomption fournie en faveur de cette seconde assertion fondamentale. Il était accusé d'avoir médité la journée du 3 nivôse, d'avoir envoyé en France Picot et Le Bourgeois.

Les preuves de son influence dans cette nouvelle conspiration, c'était la solde régulière qu'il faisait

---

1. Voy. plus haut, p. 281, note 2.

en Angleterre aux conspirateurs; c'était de leur avoir fourni des poignards et des armes, de la poudre et de l'or, de les avoir fait transporter dans des bâtiments à ses ordres; c'étaient encore les instructions données à Méhée, l'assentiment donné à son plan ; en un mot, toute cette singulière trame dont j'ai déjà tâché de présenter le tableau. L'accusateur public en fit un récit détaillé, et cita la plus grande partie de la correspondance de M. Drake, depuis l'instant où elle avait été nouée jusqu'à celui où cette étrange mystification avait brusquement éclaté.

« Est-il un homme de bonne foi, disait alors l'accusateur public, qui puisse, d'après des pièces si claires et si expressives, révoquer en doute que le cabinet britannique est l'âme de la conspiration?... Il n'a, continuait-il, distribué les poignards, pour assassiner le premier consul, que parce qu'il sent fortement la puissance irrésistible de sa gloire et de ses vertus, même chez les nations étrangères. »

Arrivé à ce point de son discours, l'accusateur public n'avait plus qu'à raconter les faits personnels à chacun des accusés. C'était là la partie la plus importante, en quelque sorte la plus judiciaire de l'acte d'accusation; celle dont la rédaction exigeait le plus de circonspection et le plus d'adresse, à cause de la nécessité de ne point avancer des détails qui pussent être trop facilement démentis dans le cours des débats, et de ne point mettre les accusés délateurs ou révélateurs dans une situation trop violente avec les accusés d'avance désignés comme victimes; et cependant cette partie de l'accusation fut peut être la plus féconde en mensonges impudents ou maladroits.

Il divisa les conspirateurs en trois classes :

1° Les conspirateurs proprement dits;

2° Leurs auxiliaires et leurs complices;

3° Ceux qui avaient négligé de faire la déclaration prescrite par la loi du 9 ventôse[1] aux personnes qui auraient logé quelqu'un des conspirateurs.

Relativement à chacun des prévenus compris dans l'une ou l'autre de ces trois classes, surtout de la première, l'accusateur entassa, sans ordre et sans choix, tous les faits qu'il avait pu recueillir, soit qu'ils appartinssent à la conjuration, soit qu'ils y

---

1. « Il faudra faire voir que cette loi était absurde en ce qu'aucun des conjurés n'était nommé ni désigné par elle. Elle n'eût dû venir qu'après la *Liste* du 16. » (*Note marginale.*) Voy. p. 211.

fussent étrangers. Au ton de chaque article, il était possible et même facile de discerner quels des accusés avaient fait des aveux, quels, pour prix de ces aveux, avaient obtenu la promesse de leur grâce, et quels avaient résisté aux tortures et aux menaces de la police.

Les faits qui concernaient ces derniers étaient ordinairement assaisonnés de déclamations injurieuses, d'insultes grossières. On croyait souvent entendre un mauvais orateur déclamant contre des scélérats chargés de l'exécration de vingt siècles au fond de leur tombe. Quant à ceux qui avaient fait des aveux, au milieu des expressions sévères et menaçantes de l'accusation, venait, comme par hasard, un trait qui indiquait le genre d'excuse auquel pouvait prétendre l'accusé et les motifs d'indulgence qui parlaient en sa faveur. Il y avait à peine exception pour Lajolais. La prudence ne le permettait pas; plus ses relations avec la police avaient été intimes, plus le langage de la justice contre lui devait être foudroyant et sévère.

L'article relatif à Moreau était le plus travaillé de tous et le plus développé, et presque aussi violent que celui de Georges. Quant à Pichegru, il n'était mentionné pour ainsi dire que accidentellement dans cette liste de criminels. Il y était traité d'homme infâme, « qui, comme si le crime avait aussi quelquefois sa justice, ne voyant que l'image de ses trahisons et la masse accablante des preuves de ses forfaits », s'était suicidé au Temple. Cette phrase, qui n'était ni la plus violente ni la plus absurde de cette longue diatribe judiciaire, peut donner à la fois une idée de la modération, du calme, du genre d'éloquence et de la véracité de son auteur.

La lecture de cet acte d'accusation dura à peu près cinq heures en deux reprises, et de la sorte occupa presque toute la première séance. Le lendemain, le tribunal était formé et l'audience fut ouverte à neuf heures du matin. Avant de passer aux débats, il s'agissait pour les accusés de contester ou de reconnaître la compétence du tribunal, et pour le tribunal d'admettre ou de rejeter les réclamations qui lui seraient faites sur ce point.

Une circonstance particulière donnait beaucoup de poids au déclinatoire.

L'instruction du procès avait été tout entière faite par le tribunal sous la dénomination de tribunal criminel spécial. L'acte d'accusation avait été dressé par l'officier du gouvernement qui appartenait à cette forme de tribunal. Cet acte avait été signé le 25 floréal; et, trois jours après, avait paru le sénatus-consulte qui, avec la forme du gouvernement, changeait aussi celle des tribunaux et attribuait à une haute cour nationale composée de fonctionnaires pris dans les principales dignités de l'État la connaissance des délits contre la sûreté du gouvernement.

Ce fut le défenseur de Coster-Saint-Victor[1] qui demanda le premier le déclinatoire et qui plaida le plus longuement pour en prouver la justice.

Il essaya de faire valoir ce principe, que toute affaire qui doit être décidée par un tribunal, appartient toujours au tribunal actuellement établi par la loi. Il insista sur la contradiction qu'il y aurait pour le tribunal à admettre quelques-unes des dispositions du sénatus-consulte du 28, en prenant le titre que lui décernait ce sénatus-consulte, et à en rejeter d'autres; sur la circonstance non prouvée légalement par les défenseurs, mais non

1. Gauthier l'aîné.

démentie par le procureur impérial, que la signification de l'acte d'accusation aux prévenus avait été postérieure à la promulgation de l'acte du 28 floréal.

Georges, Charles de Rivière, Joyaut et dix-neuf autres accusés, parmi lesquels on compte non sans quelque surprise Lajolais, demandèrent également, par l'organe de leurs défenseurs, d'être traduits devant la haute cour impériale, et de n'être point jugés par un tribunal dont la forme était réglée par un acte suivant lequel les cas de cette nature appartenaient à un autre tribunal.

Moreau et les autres accusés déclarèrent que, sur la question de compétence, ils s'en rapportaient à la prudence du tribunal.

La demande d'un déclinatoire était fondée sur des motifs qui pouvaient paraître justes à beaucoup de monde, et qu'il n'était pas très facile aux juges de réfuter. Mais il était évident que tous les plaidoyers sur ce point seraient parfaitement inutiles. Le tribunal pouvait bien être réduit à prouver sa compétence par des sophismes; mais il n'était pas libre de se récuser, quand l'influence suprême qui le dirigeait l'avait choisi. Aussi les accusés qui méconnurent sa compétence, le firent-ils pour constater leurs droits et pour ne négliger aucune ressource, mais non dans l'espérance d'être exaucés dans leur réclamation et livrés à d'autres juges. Le tribunal reconnut sa compétence par un arrêt dont les motifs étaient plus qu'équivoques[1], mais qui ne fit néanmoins que peu de sensation, parce qu'il était très facile à prévoir, et que dans le fait, dès qu'il s'agissait inévitablement, pour les prévenus, d'avoir des juges donnés par le pouvoir absolu, il n'y avait pas de chance favorable à échanger ceux-là contre d'autres.

Après cet arrêt préliminaire, on passa aux débats. Ce fut avec Georges qu'ils furent ouverts. Les motifs de cette préférence étaient assez faciles à saisir. Trente-six témoins avaient été assignés par le président pour cette audience. Les douze premiers qui furent entendus déposèrent tous sur les circonstances de son arrestation, sur le meurtre d'un des agents de police qui l'avaient arrêté et sur la blessure d'un autre.

A la conclusion de chaque interrogatoire du témoin, le président se tournant vers Georges,

---

1. Voyez-en le texte dans le *Procès*, t. IV, p. 20.

l'interrogeait à son tour, commençant toujours par des questions relatives aux circonstances de son arrestation, et toujours finissant par des questions sur le fond de la conspiration. A toutes ces questions Georges répondit avec tout le calme, le sang-froid et la présence d'esprit que l'on peut supposer à un homme dans une circonstance indifférente; toujours niant du ton le plus positif et le plus décidé tout ce qui pouvait compromettre qui que ce fût, répétant ce qu'il avait avoué déjà, qu'il était venu en France pour voir s'il existait des moyens de relever la monarchie en faveur des Bourbons; qu'il n'avait point encore réuni ces moyens, point présenté de plan; qu'il n'était pas encore prêt à agir; qu'il ignorait même si les circonstances l'eussent exigé ou permis. Chaque fois que le président, avec l'accent d'un homme qui espère vaincre l'obstination du silence par l'importunité des demandes, réitérait avec insistance et avec chaleur quelqu'une de ses questions, ce qui lui arrivait souvent, Georges, avec le même calme et la même patience, réitérait ses dénégations[1].

---

[1]. « Il renouvela sa profession de loyauté et de fidélité au royalisme. » (*Note marginale.*)

On lui parla beaucoup de sa complicité du 3 nivôse. L'unique preuve qu'on lui en présenta consistait en un billet dont le sens était assez vague et mystérieux, mais pouvait être interprété comme un ordre, ou comme une information relative au 3 nivôse. Il nia avoir écrit ce billet, offrit de prouver, par des témoins qui étaient entre les mains de la police, qu'à l'époque dont il était daté, il se trouvait à cent trente lieues de Paris ; que le billet aurait dû parvenir en quatre jours à Saint-Réjant[1], c'est-

---

[1] Pierre Robinaut Saint-Réjant (ou S.-Régent), qui s'était caché sous les différents noms de Pierrot, Soyer, Sollier, Pierre Martin, fut exécuté avec son complice Carbon, le 1ᵉʳ floréal an IX, comme auteur de l'attentat du 3 nivôse. Voici la teneur de ce billet, que l'on avait trouvé chez lui : « Mon cher Soyer, je reçois de tes nouvelles par tes deux amis. Pour toi, tu n'as pas encore appris à écrire. Hélas ! les quinze jours sont passés ; les événements s'annoncent d'une manière effrayante ; si les événements continuent, je ne sais ce que nous deviendrons tous. En toi seul est toute notre confiance et toute notre espérance. Tes amis se rappellent à ton souvenir et te recommandent leur sort. Adieu. Ton sincère ami — GÉDÉON. — 20 décembre 1800. »

M. Thiers raconte que l'on avait trouvé sous le lit de Saint-Réjant « une lettre à Georges, dans laquelle il rapportait avec quelque déguisement les principales circonstances du crime et se justifiait auprès de son chef de n'avoir pas réussi. » Cette lettre (elle commence ainsi : « Mon cher ami, je te déclare que je suis décidé à ne pas quitter ce pays... ») était sous enveloppe et portait pour adresse : *Au citoyen Antoine, chef d'un bureau des finances, à Paris.* Elle fut soumise à deux experts, Oudart et Legros, qui déclarèrent qu'elle n'était ni de Limoëlan, ni de Saint-Réjant. Ce

à-dire à un homme qui se cachait dans la capitale, de la part d'un homme qui se cachait au fond d'un village de la Bretagne. Il accusa la police d'avoir fabriqué ce billet ; et tout le fruit que le président retira de l'importunité maladroite avec laquelle il insista sur ce point fut d'affaiblir la croyance assez commune que Georges était véritablement l'instigateur et le chef de l'attentat du 3 nivôse. On lui objecta l'aveu qu'il avait fait à la police d'avoir envoyé à Paris Saint-Réjant, sinon pour faire le 3 nivôse, du moins pour attaquer le premier consul. Cette indiscrétion fut encore plus notable que les précédentes ; elle fournit à Georges l'occasion de faire entendre qu'on l'avait torturé[1], et qu'on avait voulu l'effrayer à la police ; qu'on lui avait fait signer des déclarations qu'on ne lui avait pas lues auparavant, et que, devant les juges instructeurs, il ne lui avait

---

Limoëlan, qui portait les surnoms de *Beaumont* et de *Pour-le-Roi*, passait pour être l'un des complices de l'attentat de nivôse. Il put s'échapper de Paris, et, suivant un rapport du général Moncey, il paraîtrait qu'il s'est tué d'un coup de fusil à Lagnieux (Ain), le 24 ventôse an XII (Voy. le *Moniteur* n° du 14 germinal an XI, p. 885).

1. Louis Bonaparte eut la curiosité de voir Georges au Temple, et y alla accompagné d'un brillant état-major. « Il le trouva, dit Bourrienne (t. VI, p. 41) couché sur son lit et ayant les mains serrées sur son ventre et fortement liées avec des menottes. »

été fait aucune question qui pût lui donner lieu de rectifier la rédaction de cette première déclaration[1]. Il nia avoir donné à Léridant la commission de porter en Bretagne à Saint-Hilaire trois cents louis. Ces débats avec Georges durèrent environ trois heures. Ils furent un moment suspendus, et furent repris avec Bouvet-Lozier, qui fut interrogé d'abord par le président sur les personnes qui avaient habité la maison louée par lui à Chaillot. Là commença à se vérifier un inconvénient qui n'avait pas été assez habilement prévu par ceux qui avaient disposé le plan du procès et qui finit par le faire manquer en partie : plusieurs des conjurés qui avaient avoué à la police tout ce qu'ils savaient, et quelquefois plus qu'ils ne savaient, qui avaient persisté dans ces aveux, dans le silence, la solitude, les intrigues et les menaces au milieu desquelles la procédure avait été instruite au Temple, pouvaient bien n'avoir plus la même assurance et la même impudeur, placés entre le public, leurs victimes et leurs juges. Bouvet montra de l'hésitation à nommer Georges, Pichegru, Polignac (Armand) et d'autres complices,

---

[1]. *Procès*, t. IV, p. 80 et suiv., 81, 82.

comme ayant habité la maison de Chaillot; il fallut, pour ainsi dire, dès le début de son interrogatoire devant le tribunal, lui arracher la confirmation de ces mêmes aveux, que lui avaient arrachés d'abord les plus affreuses tortures. Ce fut bien pis quand il vit paraître comme témoin à entendre sur son compte madame de Saint-Léger, avec laquelle il avait eu des relations intimes de confiance et d'amitié[1], qui avait loué pour lui la maison de Chaillot, et qui sachant bien à qui elle était réellement destinée, avait néanmoins persisté courageusement à nier qu'elle l'eût louée pour d'autres que Bouvet, ou qu'il fût à sa connaissance qu'elle eût été habitée par d'autres. Lorsque le président, voulant à toute force obtenir de madame de Saint-Léger la confession qu'elle savait quels personnages avaient habité la maison de Chaillot, lui opposant des déclarations qu'on lui avait fait signer à force de violence et de menaces à la préfecture de police, et qu'elle n'avait point faites; lorsque le président lui demanda si ce n'était pas la présence de Bouvet-Lozier qui l'empêchait de parler et d'a-

---

1. C'est chez elle qu'il fut arrêté le 9 pluviôse au matin.

vouer la vérité. « Je ne sais point si Bouvet-Lozier est ici, répondit-elle ; je ne le reconnais plus[1]. » Cette réponse fut en quelque sorte l'accusation, le jugement et la condamnation de Lozier au tribunal de l'opinion publique. Elle fit une impression marquée sur les spectateurs ; et peut-être cette voix d'une femme qui, menacée et torturée presque autant que lui, avait pourtant refusé les aveux qu'on exigeait d'elle, éveilla-t-elle dans l'âme de Bouvet quelque honte et quelque remords. En effet, lorsque le président lui demanda s'il persistait dans son étrange déclaration du 24 pluviôse, il la modifia d'une manière qui l'annulait entièrement. Il déclara que, lors de cette première déclaration, il avait cru que Moreau avait donné son adhésion au plan de conspiration en faveur des princes, mais que, depuis ce temps, la lecture des pièces du procès lui avait prouvé la fausseté de cette supposition. On lui relut sa déclaration du 24 tout entière, et, à chaque assertion, il répondit que c'était de Georges qu'il tenait le fait déclaré ; à quoi Georges se con-

---

1. Le sténographe lui fait dire : « Je ne sais pas s'il est ici, je ne le vois point ; » ce qui a le même sens, car, un instant auparavant, le président, au milieu de l'interrogatoire de cette dame, avait imposé silence à Bouvet (Voy. *Procès*, t. IV, p. 102 et suiv.).

tentait d'opposer, chaque fois, une dénégation positive, dont le calme et le ton poli, vis-à-vis un homme qui avait joué un tel rôle que celui dont Bouvet était convaincu, étaient singulièrement remarquables.

Le président, dans la suite de sa lecture, arriva à un passage, l'un des plus essentiels de la déclaration : « Un général qui a servi sous les ordres de Moreau, Lajolais, je crois, est envoyé par lui aux princes à Londres. Lajolais adhère, au nom et de la part de Moreau, aux points principaux du plan proposé. » Ici, le président s'arrêta pour demander à Bouvet qui lui avait parlé de Lajolais. « C'est encore Georges, » répondit aussitôt Bouvet, comme il l'avait fait à toutes les questions précédentes relatives à cette même déclaration, et Lajolais fut alors interpellé de s'expliquer sur ce point. Le président ne pouvait pas présumer qu'il y eût le moindre inconvénient à adresser une telle interpellation à un homme qui se trouvait dans la situation où était Lajolais. Il se trompait. La honte qui avait saisi Bouvet, et qui n'était guère moins visible dans son maintien que dans ses réponses, était, pour ainsi dire, devenue contagieuse, elle avait gagné jusqu'à

Lajolais, lequel à l'interpellation du président répondit qu'il n'avait jamais eu aucune commission de la part de Moreau, ni communication d'aucune espèce de plan.

Quand on en vint à l'endroit de la déclaration où le rendez-vous sur le boulevard de la Madeleine entre Pichegru et Georges d'une part, et Moreau de l'autre, était annoncé de manière à permettre de croire qu'il avait eu lieu, Bouvet rectifia ce qu'il y avait de faux ou d'équivoque dans cette déclaration, et dit qu'il n'avait point vu Moreau sur le boulevard[1]. Ainsi se brisaient, à la première épreuve, ces filets que la police croyait avoir tissés avec tant d'art; ainsi se dévoilaient d'une manière imprévue les cruautés, les perfidies de la police envers les accusés, et le but secret de cette scandaleuse procédure.

Tels furent les principaux incidents de cette première audience donnée aux débats. D'autres témoins y furent entendus, d'autres prévenus y furent examinés, savoir : Rusillion, Rochelle, Armand de Polignac et son frère Jules[2].

Rusillion, persistant dans son rôle de soumission

---

1. *Procès*, t. IV, p. 111 et suiv.
2. *Procès*, t. IV, p. 169-214.

absolue à la police, n'entreprit pas d'échapper par la moindre explication à l'infamie de sa première déclaration ; son examen ne dura qu'un instant, et le président eut l'air de l'abandonner comme un homme qui faisait trop bon marché de sa vie, en la compromettant juste autant et de la manière qu'on le voulait, pour ne pas donner à croire qu'elle lui avait été promise, à condition de la complaisance avec laquelle il se prêterait à fournir des moyens contre la vie des autres.

Rochelle fut questionné plus longtemps, et fit acheter par plus de demi-dénégations et plus de questions la confirmation de ses premiers aveux : d'ailleurs, il ne sortit rien de remarquable des débats qu'il eut avec le président ; ses aveux et son rôle n'étaient nécessaires ou utiles que pour former des nuances avec les autres aveux des conspirateurs et les autres rôles de la conspiration.

L'examen d'Armand de Polignac présenta plus d'intérêt, parce que ses déclarations étaient plus graves en elles-mêmes, et que son rang parmi les partisans des princes français lui donnait un nouveau degré d'importance. Il se rétracta d'avoir dit dans ses premiers interrogatoires qu'il avait passé d'Angleterre en France avec sept personnes dont étaient deux des prévenus, c'est-à-dire Coster-Saint-Victor et Deville ; il confirma qu'il était venu en France avec le projet vague de vérifier quels moyens il pourrait y avoir de relever la monarchie. Il expliqua que cette entrevue très sérieuse qu'il avait su avoir eu lieu à Chaillot entre Moreau, Pichegru et Georges n'était qu'un ouï-dire, sur lequel il ne pouvait pas bien garantir le fait. Il expliqua de même toutes ses déclarations relatives aux relations de Moreau et de Pichegru. Ce qu'il ne put faire regarder comme lui ayant été connu par des bruits publics, il déclara le tenir de Pichegru. Ainsi la mort de cet infortuné général n'était pas seulement utile à la police et aux juges ; elle servait encore de refuge et de ressource à ceux des accusés qui n'osant pas démentir nettement leurs aveux à la police, ni les confirmer devant des complices qui avaient le droit de les leur reprocher comme une basse trahison, rejetaient à propos leurs accusations sur un homme qui n'avait plus rien à redouter ni de la police ni de la justice humaine ! C'est un genre de ressource auquel plusieurs des accusés dans ce fameux procès eurent recours autant que le leur permettait le petit nombre de complices tués avant le jugement. Il n'y en avait eu que deux[1].

L'impression que cette séance laissa dans les esprits des spectateurs et la seule qui se propagea, sans être encore ni bien profonde ni bien décisive, fut néanmoins contraire sensiblement aux vues du gouvernement, et aux espérances qu'il avait conçues de l'état où était la procédure. Dès lors, l'opinion sur Georges changea notablement : on eut de la peine et de la répugnance à ne voir qu'un brigand audacieux et féroce dans cet homme qui, dès le premier instant de son arrestation, avait pris le parti qu'il suivit sans la moindre variation jusqu'au dernier instant de sa vie ; qui avait avoué, avec une sincérité frappante, de sa conduite, justement ce qu'il en fallait avouer pour autoriser ceux entre les mains desquels il était tombé à le faire périr avec les honneurs de la justice ; qui avait mis un soin si constant et si délicat à ne point compromettre personne par ses réponses, pas même ceux qu'il aurait pu nommer, sans rien ajouter à leurs

---

1. Picot et Le Bourgeois.

périls; qui concentrait avec une magnanimité plus rare peut-être que le mépris de la mort, le mépris que lui inspirait certainement la faiblesse de ceux dont les aveux avaient trahi sa cause; qui faisait sentir, avec des ménagements, dont il savait bien que personne ne lui tiendrait compte, combien dans sa toute-puissance le gouvernement consulaire avait employé de ruses et de perfidies contre lui. On commença à sentir combien il était étrange que des hommes qui avaient fait des aveux au péril de l'infamie, les rétractassent au péril de leur vie. On fut dès lors sur le point d'en conclure que des aveux rétractés à ce dernier prix ne pouvaient avoir été arrachés que par la séduction et les supplices. Ce qui achevait de mettre les esprits sur cette voie, c'était ce qui avait transpiré dans cette audience des cruautés que des accusés et des témoins avaient éprouvées de la part de la police, et de la fausseté impudente avec laquelle elle avait rédigé les déclarations des uns et des autres. En un mot, la police et le gouvernement ne durent pas être satisfaits de cette première épreuve de leurs manœuvres et de leurs apprêts pour donner l'appareil de la justice à leur projet de perdre, pour la même cause et du même coup, des hommes qui se ressemblaient si peu, et qui devaient trouver si étrange de se voir compris dans la même accusation. Aussi ne le furent-ils pas. Dès ce moment, il n'y eut dans tout Paris d'autre entretien que sur le procès. On en parlait en tous lieux, dans toutes les classes, non seulement avec l'empressement de la curiosité, mais avec un sérieux dont l'habitude était perdue depuis longtemps; et l'époque de ce procès est peut-être la seule, depuis le 18 brumaire, pour laquelle on ne cite point de calembours et de ces mots équivoques qui sont la seule vengeance d'une multitude lâche et asservie contre le pouvoir tyrannique.

L'audience du lendemain, 10 prairial, promettait encore plus d'intérêt que la veille, c'est-à-dire au président et au commissaire impérial plus de fatigues, et aux accusés une attention plus vive et plus curieuse de la part des spectateurs.

Les débats de ce jour commencèrent avec Charles d'Hozier, un des conspirateurs établis à Paris, et celui qui avait été, suivant toute apparence, spécialement chargé du soin de procurer des logements et des retraites à ceux des conspirateurs qui venaient directement d'Angleterre. On se souviendra que Charles d'Hozier avait avoué, tant devant la police que devant le juge instructeur, tous les services qu'il avait rendus à plusieurs des conspirateurs, en prenant toutefois la précaution, nécessaire pour sa défense, de déclarer qu'il ne connaissait rien de leurs intentions et de leurs projets. Il n'y eut rien de plus remarquable dans les débats qui eurent lieu entre le président et lui, que l'évidente fausseté de quelques faits qui lui étaient imputés dans l'acte d'accusation, ses réclamations contre l'infidélité avec laquelle la police avait rédigé plusieurs de ses réponses, et le désir de revenir sur des aveux qui compromettaient des individus qu'il prétendait avoir nommés dans ses interrogatoires sans les connaître. Ce fut aussi le premier qui prononça nettement devant les spectateurs le mot de tortures subies par les accusés[1]. C'était se conduire singulièrement pour un homme qui n'avait rien caché à la police de ce qu'il était

---

1. « J'observe, dit d'Hozier, que Picot a répété dans les prisons qu'il avait dit bien des choses qu'il ne savait pas, parce qu'on l'avait torturé à la préfecture de police » (*Procès*, t. IV, p. 238, 239). — Voy. plus loin, p. 358.

en son pouvoir de lui apprendre, et qui était même soupçonné par quelques-uns d'avoir eu avec elle des relations antérieures à son arrestation.

Parmi les traits qui peuvent servir à donner une idée de la manière dont le président interrogeait les accusés, et du peu d'adresse avec lequel il dissimulait le projet conçu d'avance de les trouver coupables, il en est un relatif à Charles d'Hozier qui me paraît pouvoir être cité, d'autant plus que, dans l'abondance des traits du même genre, il me paraît avoir été à peine remarqué.

Un des points de l'accusation particulière à Charles d'Hozier était non seulement d'avoir procuré des logements à plusieurs d'entre les conspirateurs, mais d'avoir formé un établissement de voitures publiques, « dont la première destination était *sans doute*, disait l'acte d'accusation, de faciliter les transports et les communications des ennemis de la France ».

Il fut assez bien prouvé dans le cours des débats que cet établissement, antérieur d'environ deux ans à l'époque de la conspiration, n'était rien de plus ni de moins qu'une entreprise particulière, absolument semblable par son motif et son objet à toutes celles du même genre. Le président ne voulant pas, sans doute, se tenir pour battu par les témoignages qui établissaient d'autant mieux ce fait que les témoins étaient des témoins à charge appelés par lui, se tourna vers d'Hozier en lui disant : « Vous pouviez avoir un double objet en formant votre établissement de voitures, et vous en servir jusqu'à l'arrivée de ceux qui venaient d'Angleterre. — Dans ce cas, j'étais un homme de grande prévoyance, » répondit-il avec aussi peu d'ironie qu'il était possible d'en mettre à répondre à une telle réflexion[1].

Les débats qui suivirent avec Charles de Rivière furent plus courts, mais aussi plus remarquables[2]. Il était assez curieux de voir comment cet homme soutiendrait, en présence des juges et du public, son rôle de favori du comte d'Artois et de royaliste intrépide, éclairé, et connu par des mœurs douces et élevées. Il persista à refuser toute espèce de déclaration et de réponse capables de compromettre qui que ce fût parmi les accusés, et à répéter ce qu'il avait avoué dans ses premiers

1. *Procès*, t. IV, p. 253.
2. *Procès*, t. IV, p. 259 et suiv.

interrogatoires : qu'il était venu en France pour y observer si l'esprit public était favorable aux princes français, et, dans ce cas, les engager à en profiter. Mais, soit qu'il fût enhardi par la faveur de l'opinion envers les accusés qui devenait à chaque instant plus sensible, soit qu'il ne voulût et ne crût que se défendre, soit enfin qu'il ne fût inspiré que par le noble désir de dire la vérité, il fut le premier des accusés à faire sentir ce qu'il y avait de bizarre dans leur destinée, d'être traduits devant un tribunal pour une tentative de rétablir la monarchie, au moment même où cette monarchie venait d'être rétablie, et par l'homme au profit duquel elle était rétablie. Ils étaient accusés d'avoir conspiré contre une république, et c'était au nom d'un empereur absolu qu'ils étaient menacés de l'échafaud. Charles de Rivière chercha surtout à faire sentir que les agents des Bourbons n'avaient pu se déterminer et ne s'étaient effectivement déterminés à passer en France pour y voir ce qu'il serait possible de faire pour ces mêmes Bourbons, que sur les indices évidents et répandus dans l'Europe entière de la prochaine transformation du gouvernement consulaire en monarchie.

Cette manière de se défendre produisit d'autant plus d'effet sur les spectateurs attentifs, qu'elle était plus périlleuse pour l'accusé. De ces débats avec un homme qui se défendait avec noblesse, dignité et par des réflexions d'une politique raffinée, le président passa à l'examen d'un homme d'un autre caractère, qui fut dévoué par sa manière de répondre à une mort qu'il eût peut-être évitée par l'obscurité de sa destinée, s'il eût répété avec intrépidité devant les juges les aveux qu'il avait faits par frayeur devant la police.

C'était Louis Ducorps : on se rappellera que c'était un homme d'une éducation grossière, qui, avant de devenir simple soldat dans les rangs des rebelles vendéens, avait été jardinier. On se rappellera encore que le délit principal dont il était accusé était d'avoir servi de guide à quelques-uns des principaux conspirateurs, tantôt d'Aumale à Paris, tantôt de ce premier endroit vers les côtes de l'Océan. Ses aveux, sans être de la plus haute importance, avaient néanmoins paru précieux à la police, qui semblait ne les avoir obtenus que par beaucoup de menaces, de tortures, et après beaucoup de résistance de sa part. Dire quel sentiment s'empara de cet homme, quand il se vit contraint de confirmer devant ses complices des déclarations qu'il lui semblait avoir faites devant des bourreaux, c'est ce que je ne pourrais dire sans courir le risque de me tromper. Mais il était visible que cet homme était tourmenté d'une indignation concentrée qui s'exhalait tantôt par des réponses brusques et insolentes aux questions du président, et tantôt ne s'exprimait que par un silence plus insolent encore. « J'ai déclaré bien des choses que je ne savais pas, » répliqua-t-il une fois au président, qui lui rappelait un de ses premiers aveux. « Si j'ai dit cela, c'est qu'on me l'a fait dire, » s'écriat-il une autre fois, au sujet de la plus grave de ses déclarations précédentes, celle dont il serait résulté qu'il avait entendu les conspirateurs qui avaient passé à Aumale parler du projet de renverser le gouvernement français. Enfin son interrogatoire fut une suite presque continuelle de rétractations absolues ou de velléités de rétractations, ce qui provoqua cette exclamation naïve du président[1] : « Vous étiez bien plus franc devant le juge in-

1. *Procès*, t. IV, p. 281.

structeur ! » Il aurait pu ajouter et devant la police.

Cette scène ne fut, en quelque sorte, que le prélude d'une autre qui devait laisser dans toutes les âmes une impression bien plus odieuse et plus profonde, et qui ne fut retardée quelques instants que par les interrogatoires de Léridant et Lemercier. Celui-ci ne présenta rien de caractéristique dans le procès, ni d'influent sur son résultat. Quant à Léridant, ce jeune homme que l'on a vu jouer auprès de Georges le rôle de confident subalterne et lui rendre plusieurs services qui supposaient de la confiance, sans toutefois supposer la confidence de ses plans, il suffira de dire que son plan de défense fut, sans nier les services qu'il avait rendus à Georges et à Joyaut, de les expliquer par des motifs qui pussent empêcher ceux-ci de paraître des conspirateurs ; ses remords n'allèrent pas plus loin[1].

Enfin vint le tour de Louis Picot d'être examiné par le président. On était loin de s'attendre à l'incident terrible qui allait marquer cette audience,

---

1. *Procès*, t. IV, p. 287 et suiv.

et dont l'impression allait se répandre sur toute la suite du procès.

La police avait été assez maladroite dans la manière dont elle avait inspiré et rédigé les réponses de Picot aux questions qu'elle lui avait faites. Elle l'avait forcé à dire sur Georges des choses qui étaient vraies, mais dont Picot ne pouvait pas être informé personnellement, parce qu'elles se rapportaient à une époque où il n'avait aucune espèce de relation avec Georges. Picot n'était qu'un homme simple, grossier, et dévoué par une sorte d'instinct à la cause des rebelles de l'Ouest; il est probable qu'il connaissait vaguement le projet qui avait attiré Georges à Paris; mais il était hors de vraisemblance qu'il fût dans la confidence des détails, des incidents et des plans de ce projet; or on l'avait fait parler à la police en homme qui eût entendu les conspirateurs s'expliquer sur les incidents les plus secrets, sur les nuances les plus délicates de leurs desseins et de leur position. D'ailleurs, on lui avait suggéré des déclarations où il n'y avait de vrai que l'intérêt et le projet de la police de les faire passer pour telles.

Depuis ces déclarations faites, Picot avait vu

Georges¹, ce maître qu'il avait trahi, et plusieurs autres de ses complices dont il avait également compromis la vie, soit par ce qu'il y avait de vrai, soit par ce qu'il y avait d'inexact et de supposé dans ses déclarations. Le repentir, la honte et le remords durent entrer facilement dans une âme où la violence s'unissait à la faiblesse.

Dès ses premières réponses aux interrogatoires du président², il fut facile de voir que Picot n'était pas disposé à confirmer ses premiers aveux. « Savez-vous ce que vous avez dit au moment de votre arrestation? lui demanda le président. — Je n'en sais rien, répondit-il. — Vous avez dit, continua le président : « J'aime mieux un roi que Bonaparte, » qui a pris sa place. J'ai été arrêté parce que ce poi-» gnard était pour l'assassiner. » — Comment voulez-vous que j'assassine un homme que je ne connais pas? répliqua l'accusé. — Vous avez ajouté que vous vouliez mourir pour votre religion et pour

---

1. Quand l'instruction eut été terminée, on permit aux accusés détenus au Temple de communiquer entre eux, et Georges fit alors à ses compagnons des recommandations de discrétion et de prudence dans les débats qui allaient s'ouvrir. Voy. Bourrienne, *Mémoires*, t. VI, p. 46, 47.
2. Voy. *Procès*, t. IV, p. 331 et suiv.

votre roi. — Je peux l'avoir dit ; ce serait mon devoir. » Après quelques autres questions indifférentes : « Savez-vous, continua le président, quelles personnes allaient voir Georges à Chaillot? — Non. — Vous avez donc perdu la mémoire? — Oui. — Vous ne voulez donc rien déclarer? » En effet, l'accusé garda un moment le silence, et l'agitation de ses sentiments se peignait sur son visage. Le président lui lut alors cette partie de sa déclaration, où il nommait les conspirateurs qui avaient fait partie des débarquements divers qui avaient eu lieu en Bretagne ou en Normandie, et où il parlait d'un autre débarquement dont devait être le duc de Berry. « Je ne sais rien de tout cela, dit Picot à cette lecture. — Vous le saviez lorsque vous l'avez déclaré. »

En cet instant, Picot, avec l'emportement et de l'accent d'un homme qui ne se possède plus, déclara qu'on lui avait offert quinze cents louis à la préfecture de police, s'il voulait donner l'adresse de son maître ; qu'il avait dit ne pas la savoir ; et qu'alors on l'avait garrotté et qu'on lui avait écrasé les doigts entre un chien de fusil ; il ajouta qu'à cette espèce de torture on avait ajouté celle du feu ; et il invoquait en témoignage les officiers de la garde de la préfecture qui avaient aidé l'agent de la police dans ses fonctions de bourreau; et il tendit alors ses deux mains vers le public et vers les juges, en s'écriant d'une voix terrible : « Voyez les marques! » Ses mains portaient encore, en effet, des marques de la torture qu'elles avaient subies il y avait trois mois.

A ces accents et à ce geste, un frémissement universel d'indignation et d'horreur circula parmi les spectateurs. Il y en eut quelques-uns qui ne frémirent que de voir lever un coin du voile qui avait caché jusque-là les violences de la police et des crimes contre lesquels l'humanité avait crié pendant cinquante ans, et qui, depuis quinze ans, étaient proscrits par la loi; ce furent quelques-uns des juges et quelques-uns de ces vils personnages que la police avait postés dans l'enceinte du tribunal pour lui rendre compte des mouvements des spectateurs et de ceux des juges.

Tout ce que put faire le président pour pallier le terrible effet de ce transport d'un homme furieux et hors de lui, fut de s'écrier avec autant d'assurance et de sang-froid qu'il en pouvait avoir : « Un homme qui vient assassiner le chef de l'État peut bien tenir ce langage. » Il eut l'intrépidité[1] de prolonger encore les débats avec Picot, qui, n'ayant plus rien à ménager après l'éclat qu'il venait de faire,

1. Le compte rendu envoyé aux journaux ne fait pas, cela va sans dire, la moindre allusion à ce dramatique incident, qui s'est passé dans la troisième séance, le 10 prairial. Il n'en est pas de même dans le *Procès recueilli par les sténographes*. Voici ce qu'on lit à la page 335 du tome IV.

« *Picot*. — Lorsque j'ai été arrêté à la préfecture de police, on a commencé par m'offrir 1500 louis et ma liberté. On me les a comptés sur la table pour partir où je voudrais aller, et dire l'adresse de mon maître Georges. J'ai dit que je ne la savais pas. Le citoyen Bertrand (chef de la 1ᵉ division à la préfecture de police) a envoyé l'officier de garde et lui a dit d'apporter un chien de fusil et un tourne-vis pour me serrer les doigts. Il m'a fait attacher, il m'a fait serrer les doigts autant qu'il a pu.

Le président. — C'est un nouveau système que vous entreprenez : c'est la leçon du maître que vous mettez à la place de la vérité.

Picot. — C'est la vérité ; les officiers de garde peuvent le dire.

Le président. — Non seulement vous avez fait la déclaration dont je vous parle à la préfecture de police, mais, devant le conseiller d'État Réal, vous avez fait la même déclaration ; vous avez persisté devant le juge chargé de l'instruction.

Picot. — J'ai eu crainte, d'après ce que j'avais souffert, qu'on ne recommençât. J'ai été chauffé au feu, les doigts écrasés avec un chien de fusil. »

Ce n'était pas la première fois que la police (je ne veux pas dire la justice) consulaire ressuscitait dans une instruction criminelle la *question préparatoire* abolie en 1780. Dans le procès pour l'attentat de nivôse, le défenseur de Saint-Réjant à propos d'une lettre qu'on avait fait écrire à l'accusé dans sa prison, disait dans sa plaidoirie : « Je ne parlerai pas des tourments qu'on a fait éprouver à chacun, puisqu'il n'en a pas parlé lui-même ; mais cette lettre avait été extorquée par une trahison coupable. » (*Journal des Débats*, n° du 15 germinal an IX, p. 2.) Voy. plus haut p. 228. note, la lettre où Saint-Réjant parle à sa sœur de la question qu'on lui a fait subir.

continua à répondre aux questions qui lui étaient adressées avec l'humeur et l'irrévérence les plus prononcées. Il accusa à plusieurs reprises Thuriot d'avoir falsifié plusieurs de ses déclarations durant l'instruction et de l'avoir trompé en lui promettant de redresser plusieurs inexactitudes qu'il avait notées dans ses divers interrogatoires et dont il s'était plaint à lui; et ces accusations, qui ne pouvaient pas être entièrement fausses ni même vraies qu'à demi, avaient en quelque sorte sur les imaginations, vivement ébranlées de tout ce qui venait de se passer, cette espèce d'autorité qu'ont d'ordinaire les paroles d'un homme condamné à la mort.

L'audience fut interrompue pendant une heure, à la suite de ces débats avec Picot; c'était peu pour les juges, qui avaient résolu de ne point désobéir au gouvernement, pour se reposer de l'assaut qu'ils venaient d'avoir; ce fut assez pour les spectateurs pour exhaler par des murmures et des chuchotements confus l'impression qu'ils venaient de recevoir.

Les témoins appelés contre Couchery parurent; et la longue déclaration que la police avait suggérée à cet accusé fut à son tour mise à l'épreuve de la honte et du remords[1].

Dès que Couchery eut commencé à parler, on s'aperçut de son intention de réparer, autant que cela se pourrait, sans se compromettre, le tort que ses aveux avaient dû faire à plusieurs des accusés et les inexactitudes positives ou les assertions ambiguës qui l'avaient rendu précieux à la police.

Le président, encore effrayé de l'audace avec laquelle d'autres accusés venaient, au péril de leur vie, rétracter des aveux sur la confirmation desquels on avait compté, essaya d'imposer à Couchery et de lui faire sentir le genre d'intérêt qu'il pouvait avoir à ne point démentir ses déclarations précédentes.

Quand il en vint au point capital de sa déclaration où il confessait avoir vu Lajolais à Paris dans le cours de l'été de l'an XI; qu'à cette époque, Lajolais lui avait annoncé qu'il venait de la part de Pichegru savoir si Moreau était toujours dans les mêmes dispositions qu'il avait montrées à David, le président, comme pour prévenir tout démenti, ou toute explication de cette assertion de la part

---

[1]. *Procès*, t. IV, p. 346 et suiv.

de celui qui l'avait faite, eut l'impudence ou la niaise indiscrétion de dire à Couchery, après lui avoir rappelé la phrase de sa déclaration que l'on vient de lire : « C'est bien là la vérité; vous ne direz pas le contraire ; » et Couchery embarrassé, et comme averti à propos, aurait probablement confirmé l'aveu qui lui était rappelé. Mais, par un incident assez étrange et tout à fait inattendu, ce fut Lajolais qui le força de l'expliquer et de le rectifier de manière à le rendre, de grave et de mystérieux qu'il était, tout à fait insignifiant et simple. Il interpella Couchery de déclarer que ces dispositions de Moreau à l'égard de Pichegru, dont il avait voulu s'assurer, n'étaient que des dispositions d'amitié. Le président voulut en vain parer ce coup, en rappelant d'un ton solennel à Lajolais que, lors de sa confrontation avec Couchery, il n'avait point eu d'observation à faire. Lajolais se contenta d'observer que, pour être tardive, son explication n'en était pas moins légitime. Il ne s'en tint pas là : il déclara n'être point venu de Londres à Paris pour s'entretenir avec Moreau de la part de Pichegru ; et ce rôle d'ambassadeur voyageant de Londres à Paris, de Paris à Londres, qui donnait un air suspect aux relations de Moreau et de Pichegru se trouva réduit à la simple exactitude. Cette conduite de Lajolais, démentant en public les faussetés qu'il avait autorisé en secret la police à mettre sur son compte était véritablement inconcevable. Il ne cachait point son infamie et dévoilait la perfidie et les manœuvres secrètes de la police, sans aucune espèce d'apparence d'utilité pour lui.

Accablé de tous ces incidents qu'il n'avait pas su prévoir, et qu'il ne savait point réparer, plein de bonne volonté pour soutenir l'édifice de la police qui croulait de toutes parts, le président, faute d'adresse, avait pour ressource l'effronterie la plus intrépide. Voulant empêcher Lajolais de pousser plus loin des rétractations dont chacune justifiait Moreau et dévoilait un mensonge volontaire de la police, il crut n'avoir rien de mieux à faire que de lui rappeler que Moreau l'avait dénoncé et lui avait fait subir un emprisonnement de huit mois, qui avait perdu sa destinée et sa fortune. Dans un procès où elle eût été l'unique indécence et l'unique attentat contre la justice, cette manière d'appeler le ressentiment d'un homme au secours de sa bassesse, qui se démentait à l'improviste, eût suffi pour flétrir le juge qui s'en serait rendu coupable ; dans le procès dont il s'agit, à peine fut-elle remarquée.

C'était de la sorte que de débats en débats, et d'accusé en accusé, le président s'approchait de Moreau, et se préparait à l'attaquer. Le plan du procès avait été de le mettre en quelque sorte au centre des conspirateurs[1] et de l'aborder avec toutes les preuves, toutes les déclarations, tous les aveux des accusés qui auraient parlé avant lui. Ce plan pouvait paraître bien combiné ; on a vu combien il avait peu réussi à l'exécution. Essayons de la poursuivre jusqu'au point où les faits, tels que nous les avons vus se passer, se trouveront confirmés complètement par le résultat même des débats et des mesures qui avaient été prises pour en déguiser à jamais la vérité.

Il était décidé que les incidents de cette séance seraient variés, et se succéderaient de manière à produire l'effet d'un drame. Le tour de Rolland était venu ; ce fut en quelque sorte le signal que le

1. Absolument comme dans les estampes que le gouvernement faisait vendre dans les rues et où le portrait de Moreau, placé au milieu de l'image, était entouré de celui des principaux accusés. Voy. plus haut, p. 211.

vainqueur de Hohenlinden allait parler; et toutes les âmes palpitaient d'inquiétude, de curiosité et d'intérêt.

Depuis le premier jour du procès, tous les regards avaient été fixés sur lui; et le calme et la sérénité de son front n'avaient jamais paru s'obscurcir un seul instant. La grande majorité des spectateurs lui avait donné toutes les marques de respect et d'intérêt que permettait leur situation respective. Quelques-uns de ses amis, des généraux qui l'avaient vu sur le champ de bataille, placés dans la foule, avaient eu le courage de le saluer par des gestes d'admiration et d'attendrissement. Il n'était pas jusqu'à ces hommes qu'on lui donnait pour complices, qu'on voulait faire croire qu'il avait trahis, et au parti desquels sa gloire avait été si funeste, qui ne lui témoignassent par leurs regards, par l'attention qu'ils donnaient à tous les incidents qui le concernaient, un intérêt touchant, sublime de la part de quelques-uns que la certitude de leur perte n'empêchait pas de s'inquiéter de sa destinée.

Rolland fut donc interrogé[1]. Toutes ses répon-

---

[1]. *Procès*, t. IV, p. 387 et suiv.

ses durent rafraîchir le sang jusque-là un peu ému de ceux des juges qui, par leur conduite dans l'instruction du procès, avaient pris l'engagement de condamner les prévenus. Rolland répéta sans variation, sans modification et sans détour, ce qu'il y avait de plus grave et de plus important dans ses aveux devant Réal. Il le répéta dans les mêmes termes et se conduisit en tout en homme demeuré intact des remords contagieux qui s'étaient communiqués à plusieurs des accusés, en homme qui, s'étant une fois décidé à une action infâme, ne voulait pas courir le risque d'en perdre le fruit... « Avez-vous quelque chose à répondre à cette déclaration de Rolland, dit le président à Moreau ? — Oui, répondit celui-ci, en termes et d'un ton qui exprimaient le mépris le plus profond pour Rolland. J'ai à répondre que ce Rolland ne m'aurait pas déterminé à faire ce que j'avais refusé à un homme du mérite de Pichegru. »

Alors le président commença à questionner Moreau sur la dernière entrevue qu'il avait eue avec Pichegru, et sur celle qu'il avait eue avec Rolland et qui avait été la suite et, en quelque sorte, le complément de la précédente. Moreau répéta, pour sa justification, les explications qu'il avait déjà données, dans ses derniers interrogatoires et dans sa lettre à Bonaparte, avec quelques détails et quelques développements qui n'en changeaient pas la substance, et avec une fermeté qui leur donnait un nouveau poids dans l'opinion des spectateurs[1].

Peu de moments après, Lajolais revint sur la scène, et mit le comble à l'embarras des juges et à la singularité de son rôle, par la suite et le développement qu'il donna aux rétractations que nous l'avons déjà vu faire, ou annoncer la tentation de faire[2].

Le président se mit à lui donner lecture de ses déclarations antérieures les plus graves, de celles qui allaient le plus directement au but de la police. « Vous avez déclaré, commença-t-il, que vous aviez su par l'abbé David la réconciliation de Pichegru et de Moreau. — Je n'ai point su cela par l'abbé

---

1. « C'est ici que vint le mot singulier d'un témoin nommé Derequehem, à qui l'on dit en lui désignant Rochelle et Lajolais : « Connaissez-vous ces deux *individus?* » et qui répond : « Je connais Rochelle. L'autre, on me l'a fait connaître ici » Et il revient plusieurs fois sur cette réponse singulière ». (*Note marginale.*) — (Voy. *Procès*, t. IV, p. 409). Joseph Derequehem, laboureur de son état, était détenu au Temple.

2. Voy. plus haut, p. 363.

David, répondit Lajolais. — Qui donc vous l'avait dit? continua le président. — Je l'avais su à Paris par cinquante personnes, » répliqua Lajolais. C'était là une rétractation qui, sans être au fond très grave, était assez incommode pour le président, parce qu'elle était imprévue. Toutefois Lajolais ne méritait pas par là l'indignation des juges dévoués au gouvernement; car il ne faisait que redresser de la manière la moins éclatante une distraction qu'il avait eue dans ses premiers interrogatoires devant la police, ou plutôt une distraction de la police elle-même. L'abbé David était là, et il aurait pu dire à la face des spectateurs et des juges que, dans le temps où on le faisait annoncer à Lajolais la réconciliation de Moreau et de Pichegru, il était, lui, David, enfermé au Temple.

On en vint bientôt à ce passage marquant des déclarations de Lajolais, où il disait que Moreau lui avait témoigné le désir d'avoir une entrevue avec Pichegru, et qu'il s'était chargé de la procurer. Lajolais nia que Moreau lui eût dit qu'il désirait avoir une entrevue avec Pichegru, mais seulement qu'il aurait beaucoup de plaisir à voir le général Pichegru, et à le savoir hors d'Angleterre.

« Faites attention, s'écria le président, que cette déclaration est toute de vous, et qu'on ne vous a fait aucune interpellation! — Je ne l'ai point écrite, » répondit Lajolais[1]. Il voulait dire seulement qu'on la lui avait dictée; car elle était véritablement de sa main.

Cette rétractation de Lajolais était trop grave, et portait trop sur le fond des choses pour que le président ne fît pas tout ce qui dépendait de lui pour la faire disparaître ou l'éluder, et que Moreau ne cherchât pas à la constater, et à en prendre acte en sa faveur.

Le président avertit donc Lajolais, aussi clairement qu'il le pouvait en face du public, de la gravité et du péril d'une telle rétractation : « Je vais rappeler ce que vous avez dit ; c'est bien vous qui l'avez dit ; faites bien attention à ce que vous avez déclaré, » lui répéta-t-il à plusieurs reprises, comme pour l'avertir de l'intempestive dénégation qu'il venait de faire, et lui donner le loisir de revenir à ses premières impostures.

Pressé de la sorte par les interpellations du pré-

1. *Procès*, t. IV, p. 115.

sident et par la honte de se démentir sans cesse lui-même, Lajolais prétendit qu'étant Alsacien, et parlant mal le français, il n'avait point senti la force des expressions dont il avait pu se servir et qu'il ne fallait point les prendre littéralement. « Vous savez très bien le français, » lui répondit le président; et il recommença la lecture des déclarations de Lajolais, résolu, sans doute, à ne pas provoquer des interprétations ultérieures. Mais Lajolais paraissait résolu à ôter à la police tous les avantages qu'elle avait obtenus de lui, et à la trahir auprès de ses coaccusés, après avoir trahi ceux-ci auprès d'elle. « Je vais déclarer le sens de ce que j'ai dit, » s'écria-t-il. Le président voulut l'interrompre et l'empêcher de parler encore; mais l'interpellation d'un des défenseurs, quoique accueillie par le président avec une humeur et une grossièreté qui attestaient clairement le dépit qu'il ressentait de la conduite de Lajolais[1], le força à expliquer définitivement qu'il s'était servi impropre-

---

1. Voy. le *Procès*, t. IV, p. 417. Ce défenseur était Bellart, l'un des conseils de M...eau. Sous la Restauration, il devint procureur général et porta la parole dans le procès du maréchal Ney. Il mourut en 1826. — Voy. la liste des défenseurs dans le *Journal de Paris*, n° du 24 prairial an XII, p. 1743.

ment du mot *entrevue*, pour désigner le désir que Moreau lui avait témoigné de revoir le général Pichegru.

L'entrevue de Moreau avec Pichegru et Georges sur le boulevard de la Madeleine, entrevue qui avait été ménagée principalement par Lajolais, dont celui-ci avait été le premier révélateur auprès de la police et qui avait manqué, en présence même de ceux qui s'étaient cherchés, par un incident dont nous avons rendu compte[1], cette entrevue fut également démentie, au grand scandale des juges et au grand étonnement des spectateurs, qui, faute de savoir ce qui s'était passé, ne pouvaient démêler ce qu'il y avait de vrai dans la première déclaration de Lajolais, ni le concilier avec ce qu'il y avait d'également vrai dans sa rétractation. Toute cette partie du débat devait avoir nécessairement un air mystérieux; les témoignages et les dépositions étaient à la fois tous vrais et tous opposés, parce que la circonstance très fugitive qui les eût conciliés n'était avouée par aucun de ceux qui la savaient et ne pouvait guère être devinée par les autres.

1. Voy. plus haut, p. 184-187.

Ce ne fut pas seulement ses déclarations contre Moreau que Lajolais modifia d'une manière qui les anéantissait, et qui dévoila l'épouvantable intrigue dont elles avaient été une suite et une partie ; il revint aussi sur les aveux qui ne compromettaient que Georges et son parti, cherchant ainsi à réparer à demi, et au péril de sa vie, le tort qu'il leur avait fait aux dépens de son honneur.

Ce ne fut plus sur le fait de la conspiration actuelle que Moreau eut à répondre durant le reste de cette audience, ce fut sur sa conduite politique en l'an V, lors de la trahison de Pichegru. Les questions du président bien résumées se réduisaient à ce dilemme : Ou Pichegru a été un traître en l'an V, ou il a été accusé à tort de l'être. Si vous l'avez cru innocent, pourquoi l'avez-vous accusé alors? Si vous l'avez cru véritablement coupable, pourquoi vous êtes-vous rapproché de lui?

Cet argument était celui que le gouvernement avait fait prêcher contre Moreau dans toutes les brochures qu'il avait commandées et payées contre ce général, dès le premier moment de son arrestation; c'était celui qu'allaient répétant sans cesse les partisans et les créatures de l'oppresseur de Moreau. Il n'était pas extraordinaire de l'entendre de la bouche du président du tribunal.

On sent facilement combien il devait être amer pour Moreau, et combien il devait trouver bizarre de s'entendre reprocher des torts qui, en les supposant aussi réels que quelques-uns de ses ennemis ont paru le croire, ne pouvaient lui être reprochés que par le Directoire, c'est-à-dire par le gouvernement qu'il avait aidé Bonaparte à renverser. Son premier mouvement, en se voyant réduit à se justifier de sa conduite à cette époque, fut de s'indigner de la peine qu'on avait prise d'aller remuer la poussière du Directoire, pour y trouver des charges contre lui, et de s'écrier que, depuis l'époque dont il s'agissait, il avait gagné trente batailles pour la République, et sauvé deux de ses armées ! C'était le mouvement naturel et légitime d'un homme qui sentait bien que son plus grand crime était d'avoir servi la patrie, sans ambition, et d'être réputé capable de la servir encore. Toutes les âmes sympathisèrent jusqu'à l'attendrissement et à l'admiration à cette exclamation de Moreau. Sa justification du contraste de sa conduite envers Pichegru en l'an V et en l'an XII frappa également les esprits. Il déclara qu'il avait pu se tromper, et que même il s'était probablement trompé en l'an V, en accusant Pichegru de trahison, puisque ses complices, traduits pour le même fait devant une commission militaire, y avaient été absous. « Si on le place au nombre des proscrits de fructidor, pourquoi, tandis que presque tous sont rentrés dans leur patrie, et plusieurs même dans la faveur du gouvernement actuel, pourquoi Pichegru devait-il être exclu de la même justice ou de la même indulgence? Si on veut le considérer comme ayant porté les armes contre la France, il n'est pas plus coupable que tous les chefs de l'armée de Condé que j'ai trouvés partout dans Paris, à mon retour des armées, où je venais de les combattre. »

Moreau savait aussi bien et mieux que personne que Pichegru avait véritablement trahi la cause de la République en l'an V; mais il y avait quelque magnanimité à paraître révoquer en doute son crime, devant ce même tribunal qui venait de se couvrir d'infamie en déclarant que Pichegru s'était tué de ses propres mains; car cette manière de voir les choses n'était pas nécessaire à sa défense. Quant à la fameuse réponse qu'il avait faite à Rolland, « qu'il fallait que les consuls et le gouverneur de

Paris disparussent » et sur laquelle le président insistait sans cesse, il se contenta de la nier comme ridicule dans le sens où l'on voulait la lui imputer. « Il ne s'agit pas de savoir si elle est ridicule, mais si vous l'avez faite, lui dit le président. — Comme depuis dix ans que je commande les armées, répondit Moreau avec fierté, je n'ai pas fait de choses ridicules, on voudra bien croire que je n'ai pas fait celle-là. »

Cette noble manière d'éluder la question qui lui était adressée avec tant d'urgence était en même temps une sorte d'appel à la confiance et à l'amour de cette partie du public qui représentait en quelque sorte la nation à cet étrange spectacle. Un murmure assez fort s'éleva dans toute la salle, c'était l'expression de l'admiration de la part de ceux qui sentaient combien il fallait être prudent dans la manifestation de leur intérêt pour Moreau. Quelques-uns, plus imprudents ou plus courageux, firent entendre des applaudissements, bientôt réprimés par les ordres du président et les cris des huissiers [1].

---

1. « Des applaudissements se font entendre; les huissiers rappellent le public au silence » (*Procès*, t. IV, p. 470).

Enfin, on en vint à la lettre que Moreau avait écrite le 17 ventôse à Bonaparte, encore alors premier consul. Le président voulut l'engager dans la discussion des demi-aveux que contenait cette lettre, imprudemment écrite, et dans un moment de faiblesse. « Je ne conçois pas répondit Moreau, que l'on produise comme pièce à charge contre moi une pièce qui est justificative. Le premier consul est trop magnanime pour avoir livré ma lettre au tribunal, s'il y eût vu quelque chose capable de me faire condamner[1]. »

Tout le monde sentit vivement l'à-propos et la force de cette ironie. Enfin le président, fatigué de tant de débats où ses efforts et son zèle échouaient de toutes parts, se laissa emporter jusqu'à reprocher à Moreau de n'avoir pas dénoncé Pichegru. Il avait déjà fait le même reproche à Rolland, mais envers cet homme un pareil reproche était une ingratitude; envers Moreau, c'était l'indiscrétion la plus impudente et la plus maladroite, parce qu'elle allait directement à révolter davantage l'opinion

---

1. Elle fut lue à l'audience. Voy. la discussion qu'elle provoqua, dans le tome IV du *Procès*, p. 474 et suiv.

publique, déjà blessée de toutes les découvertes scandaleuses qu'elle venait de faire[1].

Cette séance du tribunal étant la plus importante de toutes par le jour qu'elle jette sur les manœuvres de la police pour préparer le jugement des prévenus, on concevra facilement que je m'attache, même dans un travail qui ne peut être regardé que comme une esquisse historique très rapide, à présenter avec quelque suite le tableau des incidents qui la rendirent si remarquable. On a vu qu'elle était consacrée à régler la destinée de Moreau et à marquer du sceau des formalités judiciaires les iniquités ourdies de longue main contre lui. On a vu combien peu les événements avaient répondu aux espérances de ceux pour qui et par qui était tramée cette monstrueuse affaire. La suite en fut encore plus glorieuse pour Moreau et montra son caractère sous un aspect de noblesse, de dignité et de courage qui peut-être fut son salut, et qui, s'il eût succombé, aurait illustré sa mémoire, et placé sa mort au nombre des grands

---

1. « Ajouter la colère qu'eut Bonaparte de l'éclat qu'avait fait la révélation des tortures. » (*Note marginale.*)

crimes par lesquels la tyrannie s'est établie et a régné sur la terre.

Le lendemain[1], le président ouvrit l'audience en rappelant deux articles de la loi du 3 brumaire, par lesquels il est défendu aux spectateurs d'un procès, devant des juges, de donner aucunes marques apparentes d'improbation ou d'approbation. Cette loi était celle qui réglait les formalités de la procédure criminelle par jurés. Une pareille attention à prévenir le renouvellement des applaudissements qui, la veille, avaient été donnés à Moreau était une manière indirecte d'annoncer qu'il allait revenir à la charge contre ce général, et que, dans l'intervalle des deux audiences, il avait reçu de nouveaux ordres du gouvernement pour insister sur les questions qui lui avaient été déjà faites, et de nouvelles instructions pour les répéter avec plus de fruit.

En effet, il revint, au grand étonnement de ceux qui observaient la marche du procès, sur toutes les charges qu'il avait déjà opposées à Moreau, en essayant de les présenter avec plus de force, et sous

---

1. C'était la quatrième séance (2 prairial). — Voy. *Procès*, t. V, p. 1 et suiv.

des apparences plus spécieuses. Le résultat répondit plus mal encore que la veille à ses tentatives. Moreau mit dans ses réponses encore plus de dignité, de fierté et d'à-propos qu'il n'en avait mis la veille[1]. Il osa lever un coin du voile qui cachait les manœuvres de la police, dont son arrestation avait été la suite et le but : il donna à entendre que Pichegru n'était point venu spontanément de Londres, qu'on avait cherché à l'attirer à Paris, et à se servir de lui comme d'un intermédiaire pour l'attacher à son insu à la cause des Bourbons. Il dénonça Rolland au mépris public, comme un homme nécessairement vendu d'avance à la police, ou comme ayant voulu racheter sa vie au péril de celle d'autrui. Il révéla les partialités dont cet homme avait été l'objet durant sa détention, qui avait été adoucie, au mépris de toutes les convenances et des lois[2]. Il remarqua que les questions

1. Quand le président lui demanda de combien était son traitement, il lui répondit : « De quarante mille francs, » et ajouta : « Je vous prie, ne mettez pas en balance mes services et mon traitement » (*Procès*, t. V, p. 7).

2. « M. Rolland seul, dit Moreau, n'est pas venu au Temple : il a été mis à l'Abbaye, chez un de ses amis intimes; il y a vu qui il a voulu; il a eu la liberté de voir qui il a voulu. Je ne voyais que des gardiens. Il est certain qu'entre la détention de M. Rolland et la mienne, il y a eu une grande différence » (*Ibid.*, p. 20).

qu'il avait subies ressemblaient plutôt à un plaidoyer qu'à des interrogatoires, et il rappela de ces interrogatoires la circonstance la plus importante et la plus curieuse, celle qui, suivant toute apparence, avait déterminé Rolland à tout avouer : c'était l'attention que Réal avait eue de lui apprendre et même de lui prouver que ses relations avec Pichegru et avec Moreau étaient connues de la police par un témoin qu'il ne soupçonnait pas. Moreau demanda que ce témoin invisible, ce mystérieux personnage dont la police tenait ses premiers avis, parût devant le tribunal et devant les hommes qu'il avait accusés; le président se contenta de répondre que le tribunal n'entendait jamais les agents de la police comme témoins[1].

Cet appel inattendu, qui allait en quelque sorte au fond des trames de la police, fut dans le procès un incident très remarquable qui força le gouvernement à une démarche scandaleuse dont j'aurai bientôt à parler.

Après le tour de Moreau d'être examiné par le président venait assez naturellement celui de David,

1. Voy. *Procès*, t. V, p. 17.

de ce prêtre aventurier que l'on avait voulu faire passer comme le premier agent de la réconciliation de Pichegru et de Moreau, et par conséquent comme un des auteurs principaux de la conspiration dont on voulait que cette réconciliation fût le principe et en quelque sorte le premier acte. David se défendit avec la présence d'esprit d'un homme versé dans les intrigues révolutionnaires, avec la confiance d'un homme qui sentait bien toute l'absurdité du projet de lui donner un rôle dans la conspiration actuelle, et avec un ton décidé assez voisin de l'insolence et de l'humeur d'un homme exaspéré. Sa défense peut être résumée d'une manière très laconique et très simple : Il n'y avait rien eu de secret dans toutes les démarches qu'il avait faites pour rapprocher les deux généraux, et il y avait trois personnes au moins qui avaient pris plus de part et un intérêt beaucoup plus direct que Moreau lui-même au succès de ces démarches. L'un siégeait au Sénat conservateur; le second était membre du ministère, et le troisième[1] chef de l'état-major d'une armée rassemblée à Brest et

---

1. Barthélemy, le général Dejean et le général Donzelot. — Voy. *Procès*, t. V, p. 32 et suiv.

destinée, disait-on alors, à faire une descente en Irlande.

Le reste de la séance fut consacré à entendre les témoins sur plusieurs accusés regardés avec beaucoup de vraisemblance comme des agents immédiats de Georges, mais la plupart très obscurs et contre lesquels les faits allégués dans l'acte d'accusation, même en les supposant parfaitement exacts, ce qui ne fut pas le cas, n'étaient pas des charges suffisantes pour les faire condamner, ni même des charges positives. De ce nombre furent Hervé[1], Le Noble, Rubin Lagrimaudière, Deville et Armand Gaillard, qui tous s'accordaient à nier avec beaucoup de constance les faits qui leur étaient imputés, et à soutenir devant les juges le caractère qu'ils avaient montré et le rôle qu'ils avaient pris devant la police.

Mais il y en eut deux qui me paraissent mériter une mention particulière. Ce fut Roger et Coster-Saint-Victor.

Il faut se rappeler qu'outre la complicité avec

---

[1] Hervé, né à Rennes en 1743, avait été cordonnier dans le régiment de la Reine avant la Révolution. Après avoir pris part à la guerre civile de Bretagne, il se réfugia en Angleterre, puis se trouva à l'affaire de Quiberon. Il fut acquitté.

les conspirateurs coaccusés, on imputait encore à Roger d'être l'auteur de la machine infernale du 3 nivôse. La police croyait avoir une redondance de preuves de ces deux accusations ; elle avait quatre témoins pour chaque fait.

Les quatre premiers comparurent pour attester qu'étant à Londres, ils y avaient connu ces mêmes Picot et Le Bourgeois que nous avons vu condamner militairement à mort avec Querel, et dont la mort avait été en quelque sorte le signal des cris et des mouvements de la police contre les conspirateurs actuels. Ce fut de ce Le Bourgeois et de ce Picot, qui avaient été fusillés sur leur dénonciation, qu'ils prétendirent avoir appris que Roger était l'auteur de la machine du 3 nivôse, et devait en fabriquer une seconde pour le même dessein que la première. De tous les scandales donnés jusqu'ici dans cet étrange procès, certes, ce n'était pas le moins odieux de voir quatre personnages qui n'avaient eu aucune possibilité de déguiser leur caractère d'espions de l'espèce la plus vile, si toutefois il y a des distinctions à faire dans cette espèce d'hommes, paraître devant un tribunal dont le président provoquait leurs dépositions d'un air solennel et les recueillait avec avidité; de les entendre accuser un des prévenus, sur le témoignage de deux hommes qui n'étaient plus, et dont il avait vendu la tête à la police, qui les avait immolés presque dans l'ombre ; et, pour comble d'aveuglement ou de mépris de la justice et de l'opinion, une accusation fondée sur de si odieux moyens était étrangère au délit pour lequel le prévenu paraissait devant le tribunal[1]. Aussi le scandale des spectateurs fut-il évident et se serait-il manifesté par des signes bruyants, si leur frayeur n'eût pas été plus forte encore que leur indignation. Il n'y avait pas deux heures que le président venait de déclarer qu'il n'était point permis au tribunal d'entendre les dépositions des agents de la police.

A ces dénonciations, Roger n'opposa qu'un seul moyen de défense. Il déclara qu'il avait à produire un acte notarié par lequel il était prouvé que, le 28 nivôse an IX, il était à Rennes, et que, le 2 de ce même mois, veille du jour de l'explosion de la machine infernale à Paris, il se trouvait également à Rennes, où il avait vu le préfet et le général

---

[1]. *Procès*, t. V, p. 49 et suiv.

commandant le département et conversé avec eux. Il avertit les juges que cette pièce était entre les mains du directeur général de la police. Les juges condamnèrent Roger peu de jours après, sans avoir fait droit à sa prière, et sans s'être fait donner connaissance de l'acte justificatif qui leur avait été annoncé.

Quant à la preuve de la complicité immédiate de Roger dans la conspiration actuelle, il faut se rappeler qu'il y avait eu une déposition de quatre gendarmes préposés à sa garde[1]; et qu'à la manière dont le juge instructeur avait rédigé cette déposition, il en résultait que Roger leur avait fait confidence de ses liaisons avec les conspirateurs, de la part qu'il avait prise à leurs desseins, et leur avait désigné Moreau, Pichegru et Georges comme les chefs de la conspiration. Ces quatre gendarmes furent donc appelés pour soutenir leur déposition ; les deux premiers atténuèrent et modifièrent leurs dénonciations d'une manière qui les rendait à peu de chose près gratuites et insignifiantes, et qui prouvait de plus la perfidie par laquelle on les

---

1. Voy. plus haut, p. 203, et *Procès*, t. V, p. 95 et suiv.

avait obtenues et l'infidélité avec laquelle on les avait rédigées. Mais l'audition du troisième produisit une scène et des éclaircissements fort étranges. Lorsqu'il eut répété sa déclaration en termes à peu près équivalents à ceux dans lesquels elle avait été faite, Roger s'écria d'une voix animée, et avec le transport d'un homme indigné : « Les dénonciations de cet homme sont fausses; il y a deux jours qu'il est venu m'en demander pardon; » et, là-dessus, s'éleva l'altercation la plus animée entre l'accusé et le gendarme dénonciateur, nommé Leroy. Il résulta de cette altercation qu'il était vrai que celui-ci avait demandé pardon à Roger d'avoir transformé en confidences graves et positives ce qui n'avait été entre eux qu'une conversation insignifiante, et provoquée par ceux-là mêmes qui l'avaient dénoncée : il avoua, à la face des juges et du public, ce qu'il avait déjà reconnu devant Roger, dans son repentir, qu'il avait trouvé sa déclaration falsifiée dans l'acte d'accusation. Le quatrième gendarme rectifia sa déposition d'une manière analogue aux trois premiers, de sorte que les preuves ménagées contre Roger se trouvaient réduites à rien; et la police voyait se dévoiler une de ses perfidies avec le risque d'en perdre le fruit.

Il fut assez singulier d'entendre Lajolais demander, par l'organe de son défenseur, acte de la déposition du gendarme Leroy. Il ne fut pas étonnant qu'on la lui refusât. Elle fut refusée même à Roger, qu'elle concernait essentiellement, et dont elle était la justification évidente.

Quant à Coster-Saint-Victor, ses débats avec le président, très animés et très prolongés, roulèrent presque entièrement sur la complicité dont on l'accusait avec les auteurs de l'attentat du 3 nivôse ; quant à sa complicité dans la conspiration actuelle on ne lui opposa que des charges futiles qui, devant des jurés intègres, n'auraient jamais pu faire preuve contre lui, mais dont il fallait se défendre comme de charges capitales devant un tribunal devenu l'instrument d'un pouvoir oppresseur et qui, pour être absolu, n'en était pas moins perfide. La défense de ce malheureux jeune homme ne servit qu'à prouver son innocence et à faire ressortir la fatalité de sa destinée. Tout son crime, ou du moins tout ce qui était prouvé contre lui, c'était d'avoir voulu sauver ce Saint-Réjant qui avait été condamné comme un des principaux auteurs de la machine du 3 nivôse. Il le connaissait à peine et n'était pas son complice. Il s'adressa pour lui faire donner avis de son danger et des démarches de la police contre lui, à une femme qui lui avait donné asile et qui, pour son propre intérêt, devait craindre qu'il ne tombât entre les mains de la police. Tout ce qu'avait fait Coster-Saint-Victor, par un simple mouvement de générosité et de zèle pour la cause du royalisme, lui fut imputé comme des preuves de complicité immédiate avec Saint-Réjant. La femme qu'il avait été prévenir du danger de Saint-Réjant fut arrêtée avec sa jeune fille, et on leur arracha par les menaces une déclaration qui impliquait Saint-Victor dans l'attentat de Saint-Réjant. Cette femme, saisie de remords de ce qu'elle venait de faire, ou d'effroi de ce qui venait de lui arriver, en avait perdu la tête, et, rentrée chez elle au sortir de la police, elle s'était jetée par une fenêtre et brisée sur le pavé. Il y avait plus de trois ans que cette scène s'était passée; et c'était la fille de cette malheureuse que l'on entendit répéter contre Saint-Victor les déclarations dont la fausseté se trouva démontrée jusqu'à l'évidence, et qui avaient réduit sa mère à un état de désespoir et de folie où elle s'était donné la mort.

Du reste, l'intérêt qu'inspirait le malheureux Coster croissait en quelque sorte à chacune de ses réponses. Toujours calme, toujours serein, repoussant les accusations dont il était l'objet avec une fermeté qu'il savait concilier avec un ton décent et des formes respectueuses pour le caractère des juges[1], on ne le vit s'emporter et se livrer à l'indignation concentrée dans son âme qu'en entendant les quatre espions qui avaient fait périr Picot et Le Bourgeois accuser Roger, par l'organe de ces deux premières victimes. Roger était son ami dès l'enfance.

On remarqua que, dans cette audience, ainsi que dans la précédente, quelques juges avaient pris la parole, et avaient adressé à divers prévenus des questions et des interpellations particulières. La nature et l'esprit de ces questions prouvèrent que le tribunal était dès lors divisé en deux partis con-

---

1. « J'en appelle non pas aux royalistes que j'ai commandés, mais aux républicains que j'ai combattus, et je suis persuadé qu'on ne me reprochera pas de m'être mal conduit. Examinez-moi, je n'ai pas la figure d'un assassin, je n'ai pas l'air d'un homme qui a quelque crime à se reprocher » (*Procès*, t. V, p. 209).

traires. Il était très vraisemblable que chacun d'eux avait pénétré en partie le secret de l'affaire qui lui était soumise et démêlé au moins vaguement ce qui dans cette conspiration appartenait véritablement aux intérêts, à la haine et aux projets des conspirateurs, et ce que le gouvernement avait fait pour étendre ces projets, les diriger, et par des combinaisons profondes les faire tourner à son profit. Les uns osèrent faire quelques questions dont l'intention semblait être de confirmer les soupçons qu'ils avaient de la part secrète que le gouvernement avait prise à la conspiration; les autres, au contraire, avides de trouver coupables ceux que le gouvernement avait voulu rendre tels, dirigèrent leurs interpellations et leurs questions de manière à attirer les prévenus à l'aveu de certaines particularités qui devaient les compromettre et dont les preuves, arrangées par la police avaient avorté inopinément dans le cours des débats. Ce fut surtout relativement à Moreau que l'on s'aperçut de cette disposition[1]; elle fut évidente quand il s'agit d'éclaircir le premier rendez-vous de Pichegru et

---

1. *Procès*, t. V, p. 21 et suiv.

Georges avec Moreau sur le boulevard de la Madeleine, et la fameuse conférence de ce dernier avec Rolland. Celui qui se distingua le plus par l'adresse avec laquelle il présenta à Moreau des questions captieuses, fut Bourguignon [1]. Je le nomme parce que, de tous les juges du tribunal, c'était le plus éclairé et celui qui avait le plus de moyens de deviner le mystère d'iniquités dont on le faisait juge. Il n'y avait pas deux ans qu'il avait remporté un prix proposé par l'Institut national sur les avantages et la meilleure organisation du jury [2].

Telles furent les particularités les plus marquantes de cette audience. Je n'ai point fait mention de quelques rétractations très positives de témoins qui y eurent lieu, parce qu'elles sont relatives à des faits peu importants en eux-mêmes, et

---

[1]. Bourguignon-Dumolard, né à Grenoble, le 20 mars 1760. Protégé de Gohier, il avait été, comme nous l'avons dit plus haut (p. 111, note), ministre de la police du 23 juin au 20 juillet 1799, et fut remplacé par Fouché. Il devint ensuite, à Paris, juge au tribunal criminel, puis juge au tribunal spécial. On a de lui divers ouvrages de droit.

[2]. Ses trois *Mémoires sur les moyens de perfectionner en France l'institution du jury* ont paru de 1802 à 1808, 3 part. in-8º.

formaient un genre d'incident auquel on était déjà trop accoutumé dès le premier jour du procès.

A mesure que ces choses se passaient dans l'étroite enceinte du tribunal, elles retentissaient dans tout Paris; et la curiosité publique, de plus en plus excitée par les découvertes qu'elle faisait tous les jours, était absorbée tout entière dans les nouvelles du procès. Moreau devenait l'objet d'un intérêt chaque jour plus vif, plus sérieux et même plus déclaré. Une foule toujours plus nombreuse se pressait autour des avenues du tribunal, et recueillait avec une avidité silencieuse des détails, qui bientôt circulaient avec moins de contrainte partout où l'on pouvait se croire à l'abri des regards de la police.

De son côté, la police ne négligeait rien, soit pour empêcher les détails du procès de transpirer au dehors, soit pour amortir l'effet de ce qu'elle n'avait pu venir à bout de cacher. Sa première mesure, dès le début du procès, avait été d'interdire aux journalistes d'en publier d'autres récits que ceux qu'elle leur fournirait elle-même. Elle plaça donc un agent dans la salle du tribunal, le chargeant de prendre des notes des débats et de la marche du procès : ces notes passaient sous les yeux du directeur général de la police et une copie en était adressée à chaque journaliste, de sorte que les douze ou quinze journaux qui avaient survécu au 18 brumaire contenaient tous le même récit du même événement. Il est à peine nécessaire après cela de dire que, dans ces bulletins uniformes, rédigés par l'autorité de la police supérieure et sous ses yeux, les faits étaient dénaturés de la plus étrange manière, que les incidents les plus scandaleux du procès étaient déguisés avec une impudence inouïe, ou passés entièrement sous silence ; que l'insulte et l'ironie y étaient prodigués aux prévenus, en proportion de l'intérêt qu'ils avaient inspiré au public, les uns par leur innocence, les autres par leur courage et leur fermeté. L'infidélité fut même poussée si loin que plusieurs des accusés furent réduits à adresser au tribunal des plaintes et des réclamations qui n'eurent d'autre effet que d'attester l'excès du scandale qui y donnait lieu et la toute-puissance de ceux qui en étaient les auteurs[1]. A ces réclamations et à ces plaintes, le président

---

1. Voy. entre autres, *Procès*, t. VI, p. 383.

se contenta de répondre froidement que la justice n'avait rien à faire avec les journaux, et ne pouvait se charger de rectifier leurs erreurs.

Toutes ces précautions, au moyen desquelles on pouvait tromper peut-être les départements éloignés, ne servaient qu'à irriter encore la défiance des Parisiens et à donner plus de crédit au témoignage de ceux qui avaient assisté aux débats du procès et qui rapportaient ce qu'ils avaient entendu, ce qu'ils avaient vu, y ajoutant encore leurs conjectures et leur soupçons sur ce qu'ils n'avaient pu qu'entrevoir.

Plus étaient grandes l'inquiétude et l'incertitude sur le sort de Moreau, plus l'on s'obstinait à s'en occuper et à vouloir le deviner. Personne ne doutait que le gouvernement n'eût le pouvoir de le faire condamner; mais plusieurs étaient d'opinion qu'il ne pousserait pas la chose à cet extrême, après ce qui s'était découvert des intrigues qui avaient précédé et amené son arrestation. D'autres, au contraire, le croyaient d'autant plus inévitablement perdu qu'il paraîtrait plus innocent, présumant, d'après le caractère de son oppresseur, qu'il trouverait moins d'inconvénient à consommer une injustice devenue évidente, qu'à laisser vivre son ennemi au milieu des honneurs et du respect qu'attire toujours, même de la part des hommes pervers et corrompus, la persécution à ceux qui la subissent[1].

Une autre rumeur circula avec beaucoup d'activité vers ce même temps, et occupait d'autant plus les esprits qu'elle n'était point née, comme les précédentes, des raisonnements et des conjectures particulières, mais qu'elle était répandue ou entretenue à dessein par les agents de l'autorité suprême. C'était que l'empereur ferait grâce à Moreau, dans le cas où il serait condamné. Il semblait qu'on voulût, en inspirant l'assurance que Moreau sauverait sa vie et ne perdrait que sa gloire, encourager ses juges à le condamner, et désintéresser l'opinion

1. « La part que Murat prit à cette affaire et la sorte d'intérêt personnel qu'il avait à la condamnation de Moreau méritent d'être rapportés. Il assista à plusieurs audiences du tribunal et coucha, dit-on, au Palais la nuit du jugement. N'eut-il pas une querelle avec Lecourbe ou Dessoles ? » *(Note marginale.)* Une nouvelle note, qui n'est pas de la même écriture, ajoute que c'est avec Macdonald qu'il eut cette querelle. « Il refusa de se battre. Il fit plus : il alla le dénoncer à Bonaparte. »

Lecourbe, qui avait fait la campagne de 1800 sous Moreau avait pris vivement son parti et, suivant la *Biographie moderne*, accompagna plusieurs fois la femme du général au tribunal. — Le général Dessoles avait aussi servi sous Moreau.

de son sort en affaiblissant l'idée de son péril.

Mais les amis de Moreau et sa famille avaient des inquiétudes beaucoup plus constantes et plus vives, comme fondées non seulement sur un intérêt plus immédiat pour Moreau, mais sur une connaissance plus positive de sa situation, et des véritables intentions de ses ennemis. L'issue du peu de tentatives qu'ils avaient pu hasarder pour le servir avait dû plutôt augmenter leurs alarmes que les calmer. Ce que l'on avait pu pénétrer des dispositions des juges avait montré que la majorité d'entre eux se déclarerait pour le gouvernement. On savait bien qu'il existait quelques apparences de former à Moreau un parti pour le sauver de vive force; mais les apparences, qui, peu de jours après, prirent un caractère plus sérieux ainsi que j'aurai l'occasion de le dire, indiquaient plutôt l'excès du danger qu'elles n'en étaient le remède. Ce fut sur ces entrefaites que l'épouse de Moreau se décida avec répugnance à faire une visite à madame Bonaparte, qui, depuis dix jours, s'appelait Majesté impériale, visite qu'elle prévoyait clairement devoir être inutile, résolue comme elle l'était à ne rien dire qui fût indigne du noble caractère que son époux avait montré devant les juges, à ne parler que de justice et non à implorer grâce. La nouvelle impératrice l'accueillit avec beaucoup d'affabilité et de démonstrations de bienveillance, ayant gardé des vertus de son sexe la facilité à compatir au malheur d'autrui. Elle lui témoigna des regrets sur le retard d'une démarche qui, plus tôt, lui donnait-elle à entendre, aurait pu être efficace. Ce fut là l'unique résultat de cette visite. Madame Moreau ne parla point à Bonaparte; mais, si je m'en souviens bien, elle eut une réponse par un intermédiaire; et cette réponse, c'était qu'il n'était plus temps de venir lui parler de Moreau. Toutefois, il est certain qu'on lui en parla encore. Quelques personnes, soit qu'elles fussent poussées par un intérêt secret pour Moreau, soit que, animées d'un zèle sincère pour le nouvel empereur, elles craignissent pour lui les chances d'un procès qui semblait marcher sous de mauvais auspices, osèrent lui donner le conseil d'interrompre le cours de ce procès, de renvoyer Moreau dans ses foyers avant que son innocence eût éclaté davantage, ou qu'il révélât plus nettement les trames ourdies contre lui, et de faire grâce à tous les autres prévenus surtout à Georges, puisqu'il était, d'eux tous, celui qu'il était le plus facile de faire condamner, sans paraître commettre une injustice. Bonaparte, pour toute réponse, feignit de douter qu'il fût possible, ou du moins convenable, de reprendre entre les mains des juges des hommes qui leur avaient été livrés. Néanmoins, il ne repoussa pas d'une manière absolue l'idée de faire grâce à Moreau dès qu'il serait une fois condamné; par rapport à Georges et à ses complices, il garda le silence.

Cependant, au milieu de toutes ces rumeurs plus ou moins vaines, le tribunal criminel poursuivait rapidement le jugement des conspirateurs. Le 12 prairial, quatorze prévenus furent examinés, parmi lesquels se trouvait Joyaut, aide de camp de Georges, et, après lui, l'homme de ce parti auquel la police attachait le plus d'importance, dont elle avait fait épier les démarches avec le plus de soin, et dont la liaison ancienne avec Fresnières, le secrétaire de Moreau, avait été l'occasion de quelques uns des griefs imputés à ce dernier [1].

---

1. *Procès*, t. V, p. 288 et suiv.

La conduite de Joyaut devant les juges parut conforme à celle de Georges et dirigée sur le même plan. On l'accusait d'avoir trempé dans le complot de nivôse, et la plupart des questions roulèrent sur cette accusation. Il se contenta de nier formellement ce délit, et déclara qu'il ne répondrait en détail aux inculpations qui lui étaient faites là-dessus, que lorsqu'on lui aurait signifié un acte d'accusation spécial sur ce point. Quant à sa complicité dans la conspiration présente, il fut prouvé qu'il avait eu à sa disposition des sommes assez considérables dont il avait distribué des portions à quelques personnes d'un caractère politique assez suspect et dont il avait envoyé d'autres portions en Bretagne à des hommes notés par la police comme des ennemis du gouvernement qui n'avaient jamais perdu l'espoir de renouveler la guerre civile dans l'Ouest en faveur des Bourbons. Du reste, il persista fermement à ne vouloir nommer aucune des personnes avec lesquelles il avait été en relation, même pour des choses indifférentes à une conspiration, et il fut un des accusés qui insistèrent avec le plus d'ironie et de la manière la plus formelle sur la singularité qu'il y avait à être poursuivi, pour avoir voulu renverser le gouvernement républicain, par un homme qui venait de détruire lui-même cette forme de gouvernement et se faire empereur héréditaire de la nation.

Les deux individus qui avaient été arrêtés avec Joyaut, c'est-à-dire Dalry et Burban, nièrent tout comme lui, et les preuves de leur complicité ne furent pas aussi fortes. On se rappelle le tumulte au milieu duquel se fit leur arrestation dans la maison où ils étaient cachés[1], la violence qui fut employée contre eux, sous prétexte d'une résistance qu'on leur imputait. Il fut assez bien prouvé par les débats qu'ils avaient été horriblement maltraités et n'avaient opposé aucune résistance à la force qui les avait assaillis.

1. Le 4 germinal, un inspecteur et un commissaire de police, accompagnés de six gendarmes, allèrent rue Jean-Robert (comprise aujourd'hui dans la rue des Gravilliers), faire une perquisition dans une maison occupée par les époux Dubuisson. Ils l'avaient fouillée inutilement du haut en bas, lorsque le hasard leur fit découvrir une cachette où s'étaient réfugiés Joyaut, Dalry et Burban. Pour les obliger à en sortir, les gendarmes tirèrent sur eux plusieurs coups de pistolet qui attirèrent une foule immense. Les incidents de cette arrestation donnèrent lieu à un long débat. Quant au ménage Dubuisson et au menuisier Spin, qui avait pratiqué la cachette, arrêtés à leur tour, ils passèrent en jugement, mais furent acquittés (Voy. *Procès*, t. I, p. 275 et suiv.; t. III, p. 282 et suiv.; et t. VI, p. 181 et suiv.).

Trois autres accusés qui avaient été arrêtés ensemble furent aussi examinés à la suite l'un de l'autre. Ce qu'il y avait de plus grave dans les aveux qu'on leur avait arrachés, par les menaces et les tortures, c'est que l'argent qu'ils avaient sur eux leur avait été distribué par le gouvernement anglais, lorsqu'ils avaient repassé d'Angleterre en France. Ils rétractèrent cet aveu devant les juges, ou plutôt ils réparèrent l'infidélité de la police dans la rédaction de leurs réponses, en déclarant qu'ils n'avaient point reçu d'argent du gouvernement anglais et qu'ils ne savaient point si celui qui leur avait été donné venait en effet de lui.

L'impartialité historique m'oblige à m'arrêter sur l'examen de deux hommes qui n'avaient joué qu'un rôle subalterne parmi les prévenus, qui avaient eu des relations avec Georges, et qui, peut-être, n'étaient pas même dans le secret de ce chef. C'étaient Troche et son fils[1]. Celui-ci avait passé en Angleterre avec un agent de Georges, et il en était revenu peu de temps après, avec tous les prévenus qui avaient fait partie du premier débarquement

---

[1]. *Procès*, t. I, p. 301, et t. VI, p. 16 et suivantes. Tous deux furent acquittés.

signalé par la police. Comme il était né sur les côtes de Normandie, et qu'il y avait des intelligences de personnes et de localités, il avait été très utile pour le débarquement; et, dès que les passagers avaient été déposés sur la côte, le père de ce jeune homme s'était joint à lui pour procurer aux débarqués tous les genres de service dont avaient besoin des gens qui voulaient venir à Paris sans être découverts par l'autorité publique.

La marche des accusés qui faisaient partie du débarquement, depuis l'instant où ils eurent touché la terre jusqu'à celui où ils arrivèrent dans les environs de Paris, fut constatée par des preuves qui auraient suffi pour motiver la conviction d'un jury; et toutes les circonstances de ce voyage démontraient, de la part de ceux qui l'avaient entrepris, des intentions hostiles contre le gouvernement. Les précautions prises pour débarquer de nuit, sur un endroit désert de la côte, de se cacher en arrivant à terre, de ne poursuivre leur route que de nuit, de ne s'arrêter que dans des asiles retenus d'avance, de se présenter partout sous des noms supposés indiquaient des hommes qui avaient un grand intérêt à se dérober à la surveillance de la police. Le nom de ces hommes, leur rôle et leur caractère politique bien connu, la persévérance de leur dévouement à la cause des Bourbons, la conjoncture qu'ils avaient choisie pour venir en France, formaient contre eux des présomptions encore plus graves et plus voisines de la certitude. Ces présomptions, il est vrai, ne portaient que sur six ou sept des prévenus, parmi lesquels Georges, Joyaut et Armand de Polignac étaient les seuls qui fussent pour ainsi dire suspects d'avance au gouvernement. Mais il était prouvé aussi que Georges était venu au-devant de Pichegru, au moment où celui-ci avait opéré son débarquement, et cette circonstance ajoutait un nouveau caractère d'hostilité aux intentions de ceux qui avaient débarqué les premiers; et, par le moins soupçonneux des gouvernements, cette coïncidence d'événements pouvait être regardée comme les apprêts d'une conspiration, pourvu toutefois que ces événements n'eussent été ni provoqués ni secondés par lui dans un but secret, et par un système de perfidies raffiné et profond. Aussi la partie de la procédure qui établissait les faits dont il s'agit, et le résultat de la discussion qui eut lieu devant les juges, prouvaient véritablement que Georges et plusieurs de ses coaccusés étaient venus en France dans l'intention d'attaquer le gouvernement consulaire, ou du moins le gouvernement de Bonaparte sous quelque nom qu'il se perpétuât, et ces preuves n'avaient pas même besoin d'être confirmées par l'aveu vague et général que Georges et quelques-uns de leurs complices avaient fait de leurs desseins.

Pour ne pas être étonné de la certitude des informations de la police sur tout ce qui concernait le débarquement et le voyage de Georges à Paris, et le concert, au moins très apparent, de ce voyage avec celui de Pichegru, il suffit de se rappeler que Querelle avait fait partie du premier débarquement, et que Pichegru était venu accompagné de Lajolais. Ce qui est plus difficile à comprendre, c'est que, même dans cette partie de la procédure, où il semble qu'elle aurait pu se passer de cruauté et de perfidie, elle avait eu recours à l'une et à l'autre. On se rappelle le piège qui avait été tendu à la femme Monnier pour la compromettre : ce piège fut révélé dans les débats. Un nommé Hyvonnet, sans connaître Georges, lui avait donné asile deux nuits et à quelques autres. On avait employé la torture pour essayer d'obtenir de lui des aveux de complicité. La police fut punie de cette violation de l'humanité et des lois : elle ne resta pas secrète.

Au moment où le président achevait d'interroger Hyvonnet, Picot, qui n'avait plus rien à ménager, et qui savait que le témoin avait subi la torture, s'écria brusquement à plusieurs reprises : « Que cet homme dise comment il a été interrogé ; qu'il montre ses mains [1] ! »

Toute la journée du 13 fut donnée à la poursuite des débats et à l'examen des prévenus. Mais je n'essayerai pas de donner une idée de cette audience, où il ne fut question que de la classe la plus obscure des accusés, de ceux qui avaient logé chez eux les chefs de la conspiration présumée, ou qui n'étaient coupables que d'avoir violé la loi du 9 ventôse, loi ordonnant à tout individu qui aurait donné asile à quelqu'un des personnages inscrits sur la fameuse *Liste des brigands* du 16 ventôse de

1. « Qu'il dise ce qu'on lui a fait souffrir avant d'avoir reconnu personne... Je veux qu'il dise de quelle manière il a été interrogé » (*Procès*, t. VI, p. 112). Dans le compte rendu envoyé aux journaux on lit : « Picot a invité le président à faire expliquer ce témoin sur les moyens qu'il prétend qu'on a employés pour l'amener aux aveux qu'il fait aujourd'hui. Cet incident n'a pas eu de suite » (*Journal de Paris*, 14 prairial an XII, p. 1668).

venir le déclarer à la police. Rien ne prouva qu'aucun des accusés de cette classe eût eu connaissance des intentions des principaux prévenus ; il fut même prouvé que la plupart ne les avaient connus que sous des noms supposés. Ainsi il n'y eut de remarquable dans cette audience que les plaintes que quelques accusés firent des traitements rigoureux qu'ils avaient subis. On entendit surtout avec horreur une jeune fille de quinze ans contre laquelle ne s'élevait aucune apparence de complicité, et dont le rôle dans le procès se bornait à servir de témoin, révéler, à la face du public, des prévenus et des juges, qu'elle avait été jetée dans des cachots, les pieds chargés de fers; et on la vit se soutenir et marcher à peine, encore meurtrie des chaînes qu'elle avait portées[1]. On vit aussi comparaître à cette audience un homme dont la présence seule formait dans ce procès un incident assez théâtral : c'était le capitaine Wright[2], celui qui commandait le vaisseau sur lequel étaient venus Georges

1. Denise Lemoine. Voy. plus haut, p. 285, note 1.
2. John-Wesley Wright eut une existence aventureuse. Fait prisonnier, avec le célèbre commodore Sydney Smith, à l'embouchure de la Seine, en avril 1796, tous deux s'évadèrent du Temple le 24 avril 1797. Il alla ensuite servir en Égypte. En 1803 et 1804, il

et Pichegru. Un hasard singulier avait fait échouer son navire sur les côtes de France, dans le temps même où l'on instruisait la procédure des prévenus. Fait prisonnier, il avait été reconnu et envoyé à Paris. On imagina que sa présence produirait un grand effet, et servirait à prouver la complicité du gouvernement britannique avec des hommes qui avaient abordé en France, conduits sur un vaisseau et par un capitaine de la marine anglaise. Wright déclara, avec une fierté et une décision dont le président n'essaya pas même de triompher, qu'il ne devait compte de sa conduite qu'à son gouvernement, qu'il ne répondrait rien à toutes les questions qui lui seraient faites, réclamant l'observance des lois de la guerre envers les prisonniers. La seule chose qu'il dit[1], et que certes on ne songeait pas à lui de-

débarqua successivement, au pied de la falaise de Biville, Georges, Pichegru et d'autres conjurés. Vers le 10 mai 1804, trois semaines avant l'ouverture du procès, il fut, après un vif combat, pris avec la corvette qu'il commandait, sur les côtes du Morbihan, et, reconnu à Vannes par le général de brigade Jullien, qui l'avait vu en Égypte, il fut envoyé à Paris. Quand il comparut devant le tribunal, il était de nouveau détenu au Temple, et, comme il était blessé, le président le fit asseoir. Il eut une fin tragique. La capitulation de Mack sous Ulm lui causa un tel désespoir, qu'il se coupa la gorge avec un rasoir, le 27 octobre 1805 (Voy. *Moniteur* du 30 floréal an XII et *Journal de l'Empire*, 30 octobre 1805).

1. Voy. *Procès*, t. VI, p. 258.

mander, ce fut que la police l'avait menacé de le traduire devant une commission militaire et de le faire fusiller, s'il refusait les aveux exigés de lui.

Ici, le procès va se présenter sous une face nouvelle. Toutes les accusations avaient été entendues et discutées, et la manière dont elles l'avaient été, les violences et les mensonges auxquels la police avait eu recours pour faire paraître plus vaste et plus effrayante la conspiration qu'elle prétendait n'avoir que découverte, ne promettaient pas aux prévenus beaucoup de latitude pour leur défense.

Après la clôture des débats, l'observance des formes de la procédure criminelle amenait l'audition des témoins à décharge. On en entendit seize[1] à l'audience du 14. Le seul témoignage à décharge qui mérite d'être cité, ce fut celui de l'abbé Sicard, en faveur de l'abbé David, son ami intime[2]. Il déposa devant les juges qu'il avait été dans la confidence de toutes les démarches que David avait

---

1. Il y a ici une petite inexactitude. On entendit en tout seize témoins à décharge, savoir douze (dont huit pour le menuisier Spin) le 14, et les quatre autres le lendemain.
2. *Procès*, t. VI. p. 261.

faites pour réconcilier Moreau avec Pichegru, et de toute la correspondance qui avait été la suite de ce projet; et que, dans tout ce qu'il avait su et lu, il n'avait jamais remarqué d'autre intention que celle de rapprocher deux hommes longtemps amis, sans fonder aucune espérance, ni aucune combinaison politique sur ce rapprochement. Les autres témoins ne parlèrent qu'en faveur de quelques accusés obscurs et ne donnèrent, d'ailleurs, aucun éclaircissement important.

Peut-être n'eût-il pas été extraordinaire que les accusés principaux, des hommes qui d'avance avaient été proclamés brigands, n'eussent pas trouvé de témoins en leur faveur; peut-être aussi aurait-on pu présumer que des hommes qui ne se faisaient pas d'illusion sur leur sort et qui sentaient vivement que leur salut dépendait beaucoup moins de la conviction de leurs juges que de la volonté de leur ennemi, auraient dédaigné l'inutile ressource de réclamer en leur faveur des témoins qui ne pouvaient les sauver d'une condamnation prononcée d'avance. Mais il n'en fut pas ainsi : on eût dit que ces hommes s'étaient fait une sorte de devoir de recourir à toutes les formes qui garantissent la vie des accusés, uniquement pour faire paraître leur mort plus tragique. Presque tous réclamèrent des témoins à décharge, sur des faits plus ou moins graves parmi ceux qu'on leur avait imputés ; et, par une singularité bien frappante, les plus signalés des accusés avaient invoqué pour témoins des hommes en dignité ou en faveur auprès de Bonaparte[1]. Georges invoqua le témoignage de Fouché et d'un des principaux agents du ministère de la police, pour prouver que ce Picot, qui avait été fusillé avec Le Bourgeois et qui avait été représenté comme son émissaire, avait pris l'engagement de l'assassiner, et n'avait obtenu sa grâce une première fois qu'à cette condition. David avait fait assigner le sénateur Barthélemy, les généraux Donzelot, Dejean et Macdonald pour déposer sur la correspondance qu'il avait entretenue avec Pichegru, et qui leur était connue. Enfin, une trentaine de témoins à décharge avaient été assignés pour comparaître devant le tribunal, ou plutôt avaient été désignés par les accusés, pour l'être.

Aucun d'eux ne comparut. Les uns se présentè-

1. « L'un d'eux était l'artisan principal de cette trame. » (*Note marginale.*) — Il s'agit de Fouché.

rent pendant plusieurs jours de suite au tribunal, et ne purent se faire admettre à présenter leur déposition. Quelques-uns subirent, de la part du président, un refus déclaré; d'autres étaient renvoyés sous des prétextes qui ne laissaient aucun voile sur le projet formé d'avance de ne pas les entendre. Quant aux témoins qui occupaient des postes dans le gouvernement, le scandale fut encore plus grand et plus inouï. Il leur fut défendu par l'empereur, ou de sa part, de se rendre à l'assignation qu'ils avaient reçue. Quelques-uns n'essayèrent pas même de donner de prétexte de cet outrage envers la justice et l'humanité. D'autres s'excusèrent de ne pas répondre à l'appel du tribunal, et de ce nombre fut le sénateur Barthélemy. La lettre qu'il écrivit à ce sujet fut lue en pleine audience[1] : il se contentait de dire, avec une naïveté à laquelle je n'essayerai pas de donner de qualification, que l'obligation de se

---

1. Fauriel fait ici une confusion. La lettre que l'avocat de David, Moynat, lut dans sa plaidoirie était bien une lettre de Barthélemy, mais elle était adressée à Pichegru. Il déclara ne pas donner lecture du billet qu'il avait reçu de lui pour s'excuser de ne point venir témoigner étant retenu à Saint-Cloud (Voy. *Procès*, t. VI, p. 265 et t. VII, p. 350).

rendre à la cour de Saint-Cloud l'empêchait de venir au tribunal. Ce fut ainsi que cet homme, condamné par sa lâcheté à faire éternellement le sacrifice de ses affections et de ses opinions politiques, expiait envers Bonaparte le crime de s'être intéressé au sort de Pichegru, dans un temps où personne ne pouvait prévoir que Pichegru serait inscrit sur une liste de brigands, et serait assassiné dans un cachot par ceux-là mêmes qui l'auraient inscrit sur cette liste.

Moreau eut aussi le projet d'appeler comme témoins, pour sa défense, des personnages éminents en dignité dans la constitution impériale. Son intention était surtout de faire constater que, antérieurement au 18 brumaire, des membres du Directoire lui avaient proposé de se mettre à la tête d'un parti qui voulait des réformes dans les choses et les personnes, et d'accepter un rôle équivalent à celui de dictateur. Il est évident qu'un tel moyen de justification était trop indirect et trop éloigné pour être véritablement utile à Moreau; il n'eût pas même prouvé que le refus de la dictature lui fût inspiré par l'amour de la liberté publique et de la patrie, puisque, peu de temps après, il avait consenti à être l'auxiliaire subordonné de Bonaparte, quand Bonaparte renversa la constitution de l'an III. Mais l'incident que Moreau voulait produire eût été du moins très curieux.

On assure que la famille de Moreau fit consulter Sieyès, pour savoir de lui s'il consentirait à comparaître devant le tribunal, pour attester qu'il avait proposé à Moreau une dictature que celui-ci avait refusée. Sieyès répondit qu'il n'attesterait pas un pareil fait. Ce fait était néanmoins bien constaté; et l'on ne conçoit pas que Sieyès ait mieux aimé méconnaître la vérité que d'attendre un ordre impérial pour le sauver du devoir de la dire. Cette circonstance politique est la seule où l'on aperçoive Sieyès, depuis le jour fameux où il appuya de toute son éloquence le sénatus-consulte qui déporta cent trente personnes, comme auteurs de l'attentat du 3 nivôse.

L'audition des témoins à décharge, moyennant les précautions qui avaient été prises pour l'abréger, ne dura que quelques instants et le moment était venu pour le procureur général[1] de

---

1. Gérard, le commissaire du gouvernement, accusateur public, avait reçu, depuis la création de l'Empire, le titre de pro-

prendre la parole et de donner ses conclusions.

Pour les accusés, pour le public et pour les juges, c'était un moment solennel que celui où le procureur impérial allait présenter son opinion sur le résultat des débats. Il débuta par des considérations politiques et par des diatribes contre la maison des Bourbons, diatribes qu'il essaya de rajeunir, en les énonçant avec une pompe et une enflure qui n'eussent été que ridicules dans la bouche d'un rhéteur, mais qui avaient quelque chose d'odieux dans celle d'un magistrat dont le devoir était de ne présenter que des faits dans toute la simplicité et toute la précision de la vérité. Il s'étudia à mettre dans une opposition magnifique la destinée de l'ancienne dynastie régnante en France, avec la récente dynastie impériale, peignant la chute de l'une comme la suite de sa corruption et de la vétusté, exaltant l'érection de l'autre comme le fruit de l'héroïsme de son fondateur, et comme le produit de l'exercice de la souveraineté nationale. Il imputa, avec plus de violence qu'il ne l'avait fait dans l'acte d'accusation,

---

cureur général impérial (Voy. son discours et son réquisitoire, *Procès*, t. VI, p. 273 et suiv.).

la conspiration actuelle au gouvernement anglais, ajoutant seulement que le but véritable de ce gouvernement, en conspirant contre la France, avait été de la détruire et de la dévaster entièrement, afin de ne l'avoir plus pour rivale de son commerce, ni pour contrepoids de son ambition, et que le rétablissement de la famille des Bourbons sur le trône, n'était qu'un prétexte de ses machinations.

Du reste, il supposait les juges si convaincus de la réalité de la conspiration, qu'il se croyait obligé à ne pas insister sur ces preuves, de peur, disait-il, de paraître croire qu'ils pussent en douter et de mettre l'évidence en problème. Il faisait en quelque sorte son apologie d'avoir prouvé, dans l'acte d'accusation, la réalité de la conspiration; cette question lui était échappée.

Au lieu de s'arrêter à discuter en détail la part que chaque accusé avait à la conspiration, il se contenta de les distribuer en classes, examinant le genre et le degré du délit de chacune d'elle; dans l'acte d'accusation, il n'avait distingué que trois classes d'accusés : cette fois, il établit une nouvelle sous-division, et rangea les conspirateurs en cinq classes. Quant à la substance de son discours, elle était la même. Il n'y avait point de nouvelles preuves de la conspiration ajoutées aux premières ; il ne paraissait pas même avoir essayé de présenter celles-ci sous un jour nouveau. On voyait seulement qu'il avait cherché à donner à ses assertions un ton plus positif et plus convaincu, et à son langage plus de précision et d'énergie ; ce qui ne produisait d'autre effet que d'en faire paraître l'emphase plus choquante et les mensonges plus révoltants. Car, chose étrange ! au lieu de modifier les assertions de l'acte d'accusation, dont la fausseté était devenue évidente par les débats, il les avait répétées d'un ton plus décidé. Par exemple, c'était toujours Lajolais qui, allant à Londres plusieurs fois auprès de Pichegru en qualité d'ambassadeur de Moreau, avait déterminé l'arrivée de Georges en France ; c'était toujours Moreau qui avait envoyé chercher Pichegru à Londres. Non seulement on s'obstinait à dire que Moreau et Georges s'étaient rencontrés sur le boulevard de la Madeleine, mais encore il était affirmé plus positivement que jamais qu'ils avaient conféré ensemble, et l'on peignait l'effet de cette conférence sur l'humeur de ceux entre lesquels elle avait eu lieu. En un mot, il n'avait servi de rien à aucun accusé de se justifier plus ou moins complètement, dans le cours des débats, des accusations dirigées contre eux : ces accusations jetées, pour ainsi dire, dans un moule d'airain, ne pouvaient plus être révoquées ni modifiées, ni réformées sur de meilleures informations et des apparences plus favorables. Enfin le procureur impérial montrait la plus grande confiance dans la disposition des juges, essayant de leur présenter la décision qu'ils allaient rendre comme un acte qui, par ses conséquences politiques, affermirait les destinées et le bonheur non seulement de la France, mais même de l'Europe. « L'Europe attentive y verra, disait-il, un monument de sagesse que l'histoire transmettra à la postérité[1]. » Après cela, il concluait par requérir la peine de mort contre tous les accusés, excepté quatre des plus obscurs, de ceux envers lesquels la police ne trouvait aucun inconvénient à être juste ou clémente.

Cette conclusion produisit une impression terrible sur les spectateurs, et bientôt dans tout Paris.

---

1. *Procès*, t. VI, p. 317 *bis*.

On pensait avec raison que c'était le gouvernement qui venait de parler par la voix du procureur impérial; et l'on voyait dans cet arrêt préliminaire la mesure de la colère impériale contre les accusés. Il y avait quelque fondement à cette manière de juger; mais on ne réfléchissait pas cependant que l'empereur ne demandait tant de victimes que pour se ménager envers quelques-uns les honneurs de la clémence; et l'on ne savait pas, d'ailleurs, que, parmi les juges, il y en avait plusieurs décidés à ne suivre que la voix de la conscience.

Le tour était venu pour les avocats des accusés de prononcer leur défense. Fatigués des longs débats, ayant eu à peine le temps de préparer leur défense, ayant presque tous perdu du temps à recueillir des moyens qui leur avaient été refusés, frappés, d'ailleurs des conclusions du procureur impérial qui menaçaient un beaucoup plus grand nombre d'accusés qu'ils n'avaient pu s'y attendre, ceux qui, dans l'ordre de l'acte d'accusation, devaient parler les premiers demandèrent, par l'organe de l'un d'entre eux[1] au tribunal, que l'au-

---

1. Dommanget, défenseur de Georges. *Procès*, t. VI, p. 319 *bis*.

dience fut renvoyée au lendemain, pour leur donner le temps de se recueillir et de se préparer à leurs plaidoyers. On leur accorda un délai de deux heures, au bout desquelles ils furent obligés de prendre la parole.

Dans une telle circonstance, le rôle de défenseur des accusés était à la fois brillant et périlleux. Ils devenaient, en quelque sorte, acteurs immédiats dans cet événement, et, à ce titre, leur conduite intéressait vivement la curiosité publique. On sentait bien que leurs efforts n'iraient pas jusqu'à sauver la vie des accusés; mais c'était beaucoup que de prouver leur innocence et de répandre ainsi sur leur destinée les tragiques honneurs de l'oppression.

Les plaidoyers durèrent à peu près six jours entiers, depuis le 14 jusqu'au 19 prairial. C'était peu pour la défense d'un aussi grand nombre d'accusés; mais c'était beaucoup aux yeux du gouvernement, qui, à mesure que cette affaire se prolongeait, voyait se renforcer l'incertitude de son issue. On peut donner en peu de mots une idée générale du plan de défense que les avocats opposèrent à l'acte d'accusation. Ceux qui défendirent la cause des accusés les plus signalés, de ceux envers lesquels l'intention et la colère du gouvernement ne pouvaient être un problème, nièrent la réalité de la conspiration et s'attachèrent à prouver que le délit imputé aux accusés ne réunissait point les caractères qui distinguent une conspiration contre un gouvernement de tout autre délit. Ils essayèrent de démontrer que les projets des prévenus les plus fortement accusés se réduisaient à une simple pensée, à une simple idée, à laquelle avaient manqué plusieurs conditions nécessaires pour être réduite en acte, et qui n'avait été manifestée par aucune action, par aucun événement capable de la faire reconnaître et de la rendre susceptible d'une démonstration judiciaire.

Ceux qui défendaient les complices en sous-ordre des prévenus principaux, qui leur avaient fourni des logements ou rendu d'autres genres de services, essayèrent de prouver que, même dans l'hypothèse de la certitude de la conspiration, leurs clients n'en étaient pas les complices, et que les relations dont on leur faisait un crime n'étaient pas de nature à faire supposer qu'ils fussent dans la confidence d'une conspiration; que rien n'établissait la preuve d'une pareille confidence, et que le plus grand délit dont on pût accuser cette classe de prévenus, serait tout au plus de s'être laissé tromper par des hommes qui avaient réclamé leurs services, à des titres simulés.

La défense des prévenus qui, soit par faiblesse, soit par corruption, avaient fait à la police des aveux qui compromettaient leurs coaccusés semblait présenter plus de difficulté. Toutefois les hommes dont il s'agit, en accusant les autres et en se déclarant leurs complices, avaient eu soin de donner à leur complicité des prétextes ou des motifs qui fussent susceptibles d'être interprétés favorablement, et qui laissassent lieu à la justification.

Les défenseurs n'avaient donc envers ceux-là d'autre plan à suivre et d'autre conduite à garder qu'à développer, à renforcer et à faire valoir les moyens que ces accusés s'étaient ménagés à eux-mêmes, dans leurs aveux à la police.

Quelques-uns, qui n'avaient à défendre que des accusés peu gravement compromis, essayèrent de présenter les rigueurs d'une longue détention, les inquiétudes sur l'issue des poursuites de la police, les pertes endurées à la suite de leur arrestation, comme une peine plus que suffisante d'un genre de délit qu'ils ne supposaient pas que l'on pût envisager sérieusement comme complicité dans une conspiration.

Tel fut à peu près le plan général auquel les défenseurs des accusés parurent avoir subordonné leur défense. Mais il y eut dans l'exécution de ce plan, pour chacun des défenseurs, des particularités et des circonstances plus ou moins individuelles dont quelques-unes méritent d'être rapportées.

Presque tous les défenseurs, même ceux qui avaient le plus de raisons de croire qu'ils avaient prouvé l'innocence de leurs clients, sentaient que les avoir justifiés n'était pas les avoir sauvés, et firent un appel solennel à la clémence de l'empereur. Les uns citaient en exemple celle de César, d'autres celle d'Auguste, et il y en eut un qui rappela que Marc-Aurèle, ayant acquis les preuves certaines d'un complot ourdi contre sa vie, se fit des amis de tous les auteurs de ce complot en leur pardonnant à tous. Il y avait des hommes qui, dans ces rapprochements, ne voyaient que des divagations oratoires ; d'autres, plus pénétrants ou plus malins, y voyaient une ironie cachée, et l'intention de mettre en opposition la conduite de Bonaparte avec celle des grands personnages auxquels on feignait de le comparer.

Une autre circonstance également remarquable de la défense des accusés, ce fut les éloges donnés à Moreau par la plupart des défenseurs des autres accusés [1]. Les uns le comparèrent à Catinat; mais on n'osait pas dire ouvertement qu'il avait été plus malheureux, en ce que Catinat n'avait subi que l'ingratitude de Louis XIV, et que l'autre avait provoqué la haine et la jalousie d'un empereur parvenu. Un autre alla jusqu'à le comparer à Scipion, non moins injustement accusé et se défendant mieux que lui. Enfin un troisième, plus hardi encore que les précédents, le qualifia de nouvel Aristide, fatiguant *quelqu'un* de la renommée de sa vertu. Dans la chaleur de l'intérêt public à la destinée de Moreau, personne ne songeait à vérifier jusqu'à quel point ces rapprochements étaient justes; il semblait que son péril l'eût égalé subitement aux plus illustres victimes de l'injustice ou de la tyrannie.

Il y eut encore, dans les plaidoyers prononcés en cette grande affaire, des traits qui, pour être plus

---

[1]. Lajolais protesta le 15 prairial contre le « panégyrique » de Moreau fait par son défenseur. *Procès*, t. VI, p. 321.

individuels, n'en méritent pas moins d'être remarqués par l'histoire. Plusieurs défenseurs se livrèrent à des diatribes aussi violentes qu'insensées et hors de propos contre le gouvernement anglais. On eût dit que, sur ce point, ils avaient cherché à rivaliser avec le procureur impérial, ou avec ces orateurs démagogiques de 1793 qui ne croyaient pas que l'on pût aimer la République française, sans faire profession de haine et d'exécration contre l'Angleterre, ou du moins contre son gouvernement. Les défenseurs qui se permettaient ces déclamations, plus déplacées devant un tribunal que partout ailleurs, ne faisaient-ils que céder à leur conviction personnelle, ou bien étaient-ils mus par des considérations accessoires? C'est ce que je ne saurais dire; mais leur conduite en cela peut paraître d'autant plus singulière qu'il ne pouvaient accuser le gouvernement anglais de tous les crimes qu'ils lui imputaient, sans donner par là même un grand avantage à Bonaparte dans les preuves de la conspiration.

Quelques-uns des défenseurs eurent le courage de se plaindre indirectement des traitements affreux et des tortures subies par plusieurs accusés ou par des témoins. D'autres les révélèrent par des réticences étudiées qui ne pouvaient manquer leur effet sur les esprits exaltés d'indignation comme ils l'étaient. Les agents subalternes de la police n'étaient pas ménagés; c'était sur leur tête que semblaient s'arrêter le mépris et la haine, mais ils retombaient sur celle d'hommes que personne n'osait nommer.

D'autres, non moins courageux que les précédents, avouèrent sans ménagement le regret et l'inquiétude qu'ils ressentaient d'avoir à défendre leurs clients immédiatement devant les juges, et non devant des jurés.

Pour achever de donner une idée générale de la manière dont furent défendus les accusés, j'ajouterai qu'en général les défenseurs s'honorèrent dans cette grande conjoncture par beaucoup de zèle et de courage. Quelques-uns peut-être se laissèrent aller à des écarts qui pouvaient sembler plutôt de la pétulance ou de l'indiscrétion, que la suite d'une résolution courageuse de ne taire rien de ce qui pouvait être utile à leurs clients et de ne rien dire au delà. En général aussi, ils firent valoir pour les accusés des raisons qui se présentaient le plus naturellement, et qui, devant un jury, devant un tribunal indépendant et accoutumé à respecter la lettre de la loi, eussent anéanti la plupart des accusations et balancé ce qu'il y avait de juste et de grave dans quelques-unes. Plusieurs firent preuve de sagacité et de talent dans le choix et la distribution de leurs raisonnements. Tous voulurent être éloquents, et cette prétention naturellement attachée à la profession de défendre la vie et l'honneur des citoyens, semblait plus naturelle et plus légitime encore dans une circonstance aussi solennelle.

Quelques-uns seulement eurent quelques mouvements qui pouvaient sembler de l'éloquence; la plupart ne furent que plus ou moins ridicules par l'emphase et l'impropriété de leur langage, et l'abus de ces formules oratoires qu'au barreau plus qu'ailleurs on est accoutumé à confondre avec l'éloquence. Aucun d'eux ne parut avoir senti que la position où ils se trouvaient ne leur permettait pas d'être éloquents, lors même qu'ils auraient pu l'être; car la première condition pour être éloquent, c'est de pouvoir dire toute sa pensée et d'oser manifester toutes ses impressions; et, dans la situation où ils se trouvaient, ce dont ils pouvaient le moins se dispenser, c'était, en défendant les accusés, de louer les accusateurs, et de justifier leurs clients des crimes qui leur étaient imputés, sans révéler ceux qui avaient été commis envers eux. Il y a plus, sans cette dernière considération, leur défense ne pouvait jamais être complète, ni absolument satisfaisante. Personne, en effet, ne pouvait méconnaître dans les principaux accusés, sinon des tentatives immédiates de conspiration, du moins le projet de renverser Bonaparte; et l'unique moyen de les disculper pleinement, c'était de dire et de prouver tout ce qu'avait fait la police de Bonaparte pour les encourager à ce projet, pour l'étendre, et lui donner des apparences plus formidables, sans courir aucun risque de le voir exécuter.

La notice qui fut donnée, dans les bulletins de la police, des plaidoyers en faveur des accusés en défigurait de la manière la plus indécente et l'esprit et la lettre. On s'y était particulièrement exercé à tourner en ridicule les preuves de l'innocence de ces malheureux[1].

1. Voy. la vive protestation de Coster. *Procès*, t. VI, p. 383.

A peine est-il besoin de rappeler que cette manière de défendre les prévenus, ne pouvait pas être exempte de contradiction de la part du président du tribunal. En effet, parmi les défenseurs, il y en eut très peu qui ne subirent point de réprimandes de sa part, qui ne furent pas rappelés à l'ordre, sous prétexte qu'ils manquaient de respect pour les juges ou pour le gouvernement, et qui ne furent pas menacés de se voir dépouillés du droit de défendre les accusés.

Le défenseur de Lajolais [1], le même qui avait été chargé aussi de la cause de Roger, fut un de ceux qui provoquèrent particulièrement la colère du président et du procureur impérial. La parole lui fut ôtée avant qu'il eût terminé aucun des deux plaidoyers [2]. Dans celui pour Lajolais, en parlant des deux Polignac, il avait dit qu'ils s'honoraient de la confiance d'Artois. Lajolais lui-même trembla de la hardiesse de son défenseur, et s'empressa de la récuser solennellement, sentant combien il importait à son salut d'être faiblement défendu. La seconde fois, il se laissa aller à dire que Roger avait

1. Cotterel; il plaida pour Lajolais, Roger et Hervé.
2. Voy. *Procès*, t. VII, p. 275 et suivantes et 307.

toujours suivi les voies de l'honneur, toutefois sans garantir qu'il ne se fût pas trompé dans le parti qu'il avait suivi. Ces deux assertions furent le prétexte de la sévérité du président envers lui. La vérité est que les juges dévoués au gouvernement avaient été blessés du ton général que ce défenseur avait pris dans ses discours ; c'était celui qui avait comparé Moreau à Aristide.

Une scène plus vive et plus scandaleuse eut lieu dans la défense de Coster-Saint-Victor ; son défenseur[1] insistait vivement sur la légèreté des preuves alléguées de la conspiration, et était allé jusqu'à vouloir faire pressentir aux juges qu'un arrêt fatal rendu sur d'aussi faibles preuves n'obtiendrait pas la même qualification dans l'opinion de la nation, ni dans celle de la postérité. Là-dessus, le procureur impérial, interrompant le défenseur et s'adressant aux juges, se livra aux réclamations les plus amères contre les défenseurs des accusés en général et contre celui de Saint-Victor en particulier. Il représenta la conduite des avocats, dans toute la suite de ce procès, comme une offense scandaleuse contre la dignité du tribunal, et même contre celle du

1. Gauthier. Voy. *Procès*, t. VIII, p. 10 et suivantes.

gouvernement. Il accusa de la manière la plus outrageante les défenseurs d'inexpérience et d'ignorance, et conclut par rappeler au tribunal le droit qu'il avait et l'obligation où il était d'interdire la parole aux défenseurs, quand ils s'écartaient de la décence due aux magistrats [1].

Une interpellation si fulminante ne pouvait pas rester sans effet. La parole fut interdite au défenseur de Saint-Victor, qui, se dépouillant en pleine audience des signes de sa profession, et s'adressant à son client, le prit à témoin de la violence qui lui était faite et se dégagea envers lui, en lui souhaitant un défenseur plus éloquent ou plus heureux. Ainsi, par suite de la fatalité qui semblait poursuivre Coster-Saint-Victor, ce malheureux jeune homme ne put pas même trouver un défenseur auquel il fût permis ou qui sût, en prouvant son innocence, faire sentir tout ce qu'il y avait de déplorable et de tragique dans sa destinée.

Il était vrai qu'à travers les ménagements plus ou moins étudiés que les défenseurs mettaient dans leur langage, il perçait des sentiments peu respec-

---

1. *Procès*, t. VIII, p. 59 et suivantes.

tueux pour les juges, et des soupçons très graves sur les causes secrètes de ce grand procès. L'impatience et l'irritation du président et du procureur impérial n'étaient donc pas sans motifs; mais il n'en était que plus maladroit de les exprimer avec tant de violence, d'une manière si fréquente et avec un emportement sans mesure. Ils ne faisaient, par cette prétention aux hommages et au respect de l'opinion publique, que rappeler plus vivement tout ce qui les en rendait indignes, et l'on n'en était que plus indigné de les voir réclamer pour eux l'autorité de ces mêmes lois qu'ils avaient si effrontément violées envers les accusés traduits devant eux. D'ailleurs, rien de plus commun que de réclamer les honneurs dûs à la justice, du sein de l'iniquité.

J'ai présenté sous un seul point de vue tout ce qui concernait la défense des accusés, à l'exception de Moreau, dont il est plus convenable de parler à part, à cause de la différence de sa situation, et pour exposer sans confusion les circonstances qui le concernent personnellement. Moreau formait en quelque sorte le nœud gordien du procès; c'était sur lui que portaient les tentatives et les incertitudes du gouvernement.

Tous les autres accusés, on le sentait, devaient périr ou être sauvés, selon qu'il plairait au gouvernement, sauf à mettre un peu plus ou un peu moins de violence et d'arbitraire dans leur condamnation. Ils n'avaient pour eux aucun parti, et n'inspiraient guère que cette pitié stérile que produit le mélange du tort et du malheur. Moreau n'était pas dans une position aussi triste ; il avait pour lui les vœux de la nation entière, les efforts et le dévouement de sa famille et de quelques amis, et la chance de voir se rallier autour de lui les ennemis de Bonaparte et du gouvernement impérial, qui croyaient encore à la possibilité de relever la République, dans le cas où l'on saisirait avec énergie une occasion propice d'attaquer l'homme qui l'avait détruite ; or nulle occasion ne pouvait sembler plus propice que celle-là.

Cette chance était assurément très hasardeuse, parce que, de la haine qui s'indigne et murmure dans l'ombre, il y a loin à la résolution qui fait braver un grand péril. Cependant plusieurs conjonctures favorables avaient coïncidé à rendre la position de Moreau redoutable à Bonaparte ; plusieurs éléments étaient réunis, suffisants peut-être pour autoriser l'espoir que Moreau ne monterait pas à l'échafaud, sans qu'il y eût quelque tentative faite pour le sauver, et toute tentative de ce genre pouvait facilement devenir une attaque décidée contre Bonaparte.

Des hommes qui avaient figuré dans les partis de la Révolution, et parmi lesquels des compatriotes de Moreau paraissaient disposés à jouer le premier rôle, s'étaient réunis plusieurs fois dans des conciliabules et avaient délibéré sur les moyens de sauver Moreau des mains de Bonaparte. Mais ces moyens se réduisaient à la possibilité de se mêler, pour le seconder, à un mouvement qu'il n'était pas en leur pouvoir d'exciter, dans le cas où il serait excité par d'autres. Ce ne pouvait être que par une portion de l'armée, et Moreau eut des amis assez zélés pour sa défense et assez ennemis de Bonaparte, pour essayer de lui préparer à son insu un parti dans l'armée. Le résultat de leurs efforts fut peut-être plus favorable qu'il n'était permis de l'espérer : plusieurs militaires s'engagèrent à tout risquer pour sa cause, encouragés par l'opinion publique, et, de ces militaires, quelques-uns pouvaient le servir d'une manière d'autant plus efficace que leur situation écartait tout soupçon de connivence avec Moreau, et leur permettait néanmoins de l'approcher. Un corps de troupe assez considérable, parmi ceux qu'on avait placés aux environs de Paris, semblait entièrement dévoué à Moreau, et s'était offert à le recevoir dans son sein, s'il pouvait s'évader, et à le conduire rapidement à un noyau des armées alors disséminées sur les côtes de l'Océan, et où l'on s'était ménagé d'avance des intelligences suffisantes et la garantie que ce corps se déclarerait pour Moreau.

Il serait téméraire de vouloir prédire quel eût été le résultat de l'exécution de ce plan. Mais que l'on réfléchisse que les hommes qui l'avaient formé et qui en avaient réuni les éléments avaient un nom dans la nation et dans l'armée, que la fermentation était au comble dans l'intérieur, que les armées dans la stupeur récente où les avait jetés le contraste de la destinée de deux de leurs généraux, dont l'un, en se faisant proclamer empereur, venait de dévouer l'autre à sa jalousie et à sa sûreté ; que l'on songe que rien encore à cette époque n'avait été fait pour faire oublier complètement aux soldats que c'était pour la défense de la République qu'ils avaient pris les armes, versé leur sang, et qu'ils s'étaient couverts de gloire ; que l'on se rappelle qu'à cette époque, l'Empire, l'empereur et cet appareil dont il s'était environné dataient à peine de vingt jours, terme trop court, même pour des Français, pour l'avoir rendu imposant ; que l'on se rappelle enfin, que personne n'avait oublié le plus inouï des assassinats commis sur le jeune duc d'Enghien ; que non seulement Napoléon Ier n'était pas reconnu par les puissances étrangères, mais qu'il était déjà probable qu'il ne le serait pas par quelques-unes des plus influentes, et que des nuages orageux semblaient déjà se former à l'horizon du nouvel empire. Alors peut-être il sera difficile de ne pas supposer que Moreau, apparaissant brusquement du fond des cachots à la tête d'une armée, eût produit une commotion qui aurait ou renversé ou fortement ébranlé le trône de Bonaparte.

On jugera peut-être de la facilité ou de l'empressement que l'on avait à former un parti pour Moreau, par un trait que je crois certain, et qui, sans doute n'est pas le moins singulier de cet événement. Quelques-unes des personnes qui s'intéressaient le plus vivement au salut de Moreau, et qui sentaient le mieux quel parti on pouvait tirer de sa situation pour délivrer la France de Bonaparte, trouvèrent le moyen de parvenir jusqu'à Georges dans sa prison, et de l'entretenir dans un moment où ils ne pouvaient être entendus que de lui. Ils se hasardèrent à lui faire quelques insinuations sur la possibilité et les chances actuelles d'une conspiration plus réelle et plus heureuse que la sienne contre Bonaparte. « Sauvez Moreau et agissez avec lui, » leur répondit Georges, sans hésiter; et à cette réponse il ajouta l'offre d'une somme considérable pour le cas où il y aurait quelque chose à tenter et et où l'on y serait résolu. Cette somme était la même avec laquelle la police savait bien que Georges avait débarqué, mais qui lui avait échappé, malgré les recherches qu'elle avait faites pour saisir un genre de proie dont elle faisait le plus de cas, après la capture des personnes. Cette étrange confidence n'alla pas plus loin. Je ne saurais trop comment qualifier la conduite des personnes qui se hasardaient à faire de pareilles insinuations; mais, si la réponse de Georges n'est pas supposée, elle fait honneur à la force et à la franchise de son caractère. Cette facilité à s'intéresser à une entreprise qui ne pouvait pas le sauver, pour des opinions qui n'étaient pas les siennes, mais pour une cause où il voyait plus de loyauté et moins de honte, du fond de la prison où l'avait conduit le projet échoué d'une conspiration personnelle, n'annonçait pas un homme ordinaire.

Quoi qu'il en soit de la probabilité du succès de toutes ces tentatives en faveur de Moreau et de la liberté, ceux qui les avaient faites trouvèrent le moyen d'en informer Moreau dans sa prison. On lui rendit un compte détaillé et sincère de l'intérêt qu'inspirait son malheur et de la haine que l'on ressentait pour son oppresseur; on l'instruisit de la fermentation toujours croissante des esprits, devenue telle enfin, qu'une faible étincelle pouvait produire un grand embrasement. On lui nomma les officiers décidés à se dévouer pour son salut et à faire cause commune avec lui, et on lui désigna le corps voisin de Paris qui se chargeait de l'escorter rapidement jusqu'à un camp dont les chefs n'attendaient, pour se déclarer en sa faveur, que de le voir à leur tête. Enfin, on lui fit dire quelles mesures avaient été prises pour le faire évader des prisons, on lui dicta ce qu'il avait à faire pour seconder ces mesures qu'on lui présentait comme faciles et certaines. Moreau refusa son assentiment à ce projet ; je ne me hasarderai pas à caractériser ce refus. Mais, quand on songe combien de grandes actions ont été faites sous de moins heureux auspices, pour un but moins glorieux et moins honnête et par des motifs moins urgents, on ne peut guère s'empêcher d'accuser Moreau de trop de faiblesse ou de trop de prudence. Quoi qu'il en soit, après cette résolution de Moreau, il ne restait plus à ses amis d'autre parti que celui de le sauver pour ainsi dire malgré lui, parti qui tendait davantage à perdre les uns qu'à sauver l'autre.

Tandis que ces choses se passaient à l'insu de la police, la police, de son côté, continuait à prendre des précautions qu'elle s'efforçait en vain de tenir secrètes, pour que le résultat du procès fût suivant les vœux de l'empereur.

Ce qu'elle ne pouvait ignorer de la fermentation générale des esprits suffisait pour provoquer ses alarmes et la mettre en garde contre les suites de cette fermentation qu'elle n'avait pas prévue, et qu'elle ne savait comment réprimer.

L'intérêt évident, les hommages gratuits que

les défenseurs des autres accusés rendaient à Moreau, devaient faire présumer facilement quel zèle son propre défenseur mettrait à plaider une aussi belle cause. Si des hommes, jusque-là, la plupart réputés des brigands féroces, avaient inspiré tant de courage à leurs défenseurs et tant d'intérêt à l'opinion publique, que serait-ce d'un général qui avait honoré la République par tant de victoires, et dont on exagérait les vertus, même douteuses, depuis qu'il était devenu l'objet de la haine d'un ennemi tout-puissant! J'ignore si la police avait fait quelques démarches et pris quelques précautions pour s'assurer, de la part des défenseurs des accusés en général, un langage respectueux et le silence sur ce qu'ils avaient pu deviner de ses cruautés et de ses perfidies; quoi qu'il en soit, elle ne crut pas devoir négliger cette précaution par rapport au défenseur de Moreau [1]. Un ou deux jours avant celui où il devait prendre la parole, le grand juge le manda auprès de lui, et lui fit entendre que le gouvernement comptait assez

1. Louis-Ferdinand Bonnet, qui fut l'un des avocats les plus estimés de son temps. Né à Paris, en 1760, il mourut en 1839 conseiller à la Cour de cassation.

sur sa prudence et sur sa discrétion, pour n'avoir
à s'attendre de sa part à rien qui pût blesser sa
dignité. Bonnet répondit qu'en ne négligeant rien
de ce qui pouvait justifier le général Moreau, il
croyait n'avoir rien à dire dont le gouvernement
pût s'offenser.

Le 16 prairial le jour où la parole échut au défenseur de Moreau ; c'était le troisième depuis que le tribunal avait commencé à entendre la défense des accusés. La salle d'audience était plus remplie, ce jour-là, qu'elle ne l'avait encore été, et les spectateurs, accumulés dans une étroite enceinte, oubliaient le tourment d'une chaleur étouffée et brûlante, dans l'attente de ce qui allait se passer.

Tous les regards étaient tournés sur Moreau, et lui-même ne pouvait jeter les yeux autour de lui, sans apercevoir dans cette foule, émue et inquiète, quelques amis qui cherchaient à être reconnus par lui, et quelques-uns de ses compagnons de victoires[1] qui osaient le saluer par des gestes, aussitôt

---

1. Entre autres, le général Lecourbe, qui, comme nous l'avons dit plus haut, accompagna plusieurs fois la femme de Moreau à l'audience. Il provoqua un jour une scène émouvante, décrite ainsi

dénoncés comme un crime à celui qui pouvait les punir. Parmi les autres accusés mêmes, plusieurs, les yeux avidement attachés sur Moreau, semblaient oublier leur propre péril, et n'être que spectateurs dans cette scène solennelle. On remarqua surtout que Georges, qui avait montré tant de calme quand le tribunal s'était occupé de lui, regardait Moreau avec une préoccupation mêlée d'attendrissement.

On jugera du degré auquel étaient portés pour lui l'enthousiasme et l'amour par un trait dont tous les spectateurs purent être frappés. Deux gendarmes étaient debout à chaque côté de lui, la tête découverte et dans une attitude qui semblait celle de l'admiration et du respect. Le président leur

par Bourrienne, qui avait suivi assidûment les débats. « Il y eut, dit-il, une séance dont l'effet électrique fut prodigieux. Il me semble voir encore le général Lecourbe, ce digne ami de Moreau, entrant inopinément dans la salle d'audience avec un jeune enfant. Il le prend, l'élève dans ses bras, et s'écrie d'une voix forte mais émue : *Soldats, voilà le fils de votre général !* A ce mouvement imprévu, tout ce qu'il y avait de militaires dans la salle se leva spontanément et lui présente les armes, et en même temps, un murmure flatteur parcourt tout l'auditoire. Certes, si en ce moment Moreau eût dit un mot, l'enthousiasme était tel en sa faveur que le tribunal s'en allait être renversé et les prisonniers libres. Moreau garda le silence et seul parut ne pas prendre part à ce mouvement. » (*Mémoires,* t. VI, p. 125.) — On raconte que Georges dit à cette occasion : « Si j'étais Moreau, je coucherais ce soir aux Tuileries. »

ordonna de se couvrir et de s'asseoir; ils feignirent de ne pas l'avoir entendu ; il réitéra son ordre et ne fut pas mieux écouté. Enfin Moreau, s'apercevant de l'intention du président, pria lui-même les deux gendarmes de s'asseoir; ils s'y refusèrent encore. Il le leur ordonna, et alors ils obéirent. Je ne sais, mais il me semble que la postérité regardera cet acte de respect pour Moreau dans les fers, et sur le point d'être jugé comme un brigand par un tribunal dévoué à son oppresseur, comme la plus belle de ses victoires.

Telle était la disposition des spectateurs; tous attendaient avec une impatience manifeste le moment où le défenseur de Moreau paraîtrait à la tribune, lorsque tout à coup Moreau lui-même demanda la parole [1] et dit : « Je vous prierai de

---

1. Fauriel ajoute ici entre parenthèses : *Placer le discours entier.* Mais il ne l'a pas transcrit. Nous en donnons le texte, non d'après les journaux, qui l'ont indignement mutilé, comme on le verra plus bas (p. 417, note 3), mais d'après le *Procès* (t. VII, p. 374-382), où se trouve un paragraphe (le dernier) omis dans la publication qui a paru au moment même sous le titre : *Discours prononcé par le général Moreau au tribunal criminel spécial du département de la Seine.* Paris, chez Lebour, 8 p. in-8°.

La première plaidoirie eut lieu le 11 prairial, et il est à remarquer que ce fut le 10, le jour même où le défenseur de Moreau devait prendre la parole que le *Moniteur* commença la publication du *Recueil des interrogatoires subis par le général Moreau et les accusés.*

me permettre de dire quelque chose pour préparer ma défense. — Vous pourrez parler après dit le président. — Ce que j'ai à dire, répliqua Moreau, doit précéder la plaidoirie de mon défenseur. » Et il parla ainsi [1] :

Messieurs, en me présentant devant vous, je demande à être entendu un instant moi-même. Ma confiance dans les défenseurs que j'ai choisis est entière : je leur ai livré sans réserve le soin de défendre mon innocence ; ce n'est que par leur voix que je veux parler à la justice ; mais je sens le besoin de parler moi-même, et à vous et à la nation.

» Des circonstances malheureuses produites par le hasard ou préparées par la haine peuvent obscurcir quelques instants de la vie du plus honnête homme; avec beaucoup d'adresse, un criminel peut éloigner de lui et les soupçons et les preuves de ses crimes. Une vie entière est toujours le plus sûr témoignage contre ou en faveur d'un accusé. C'est donc ma vie entière que j'oppose aux accusateurs qui me poursuivent. Elle a été assez publique pour être connue ; je n'en rappellerai que quelques époques, et les témoins que j'invoquerai sont le peuple français et les peuples que la France a vaincus.

1. Les six lignes qui précèdent sont tirées du *Procès*, t. VII.

» J'étais voué à l'étude des lois [1] au commencement de cette révolution qui devait fonder la liberté du peuple français. Elle changea la destination de ma vie, je la vouai aux armes; je n'allai pas me placer parmi les soldats de la liberté par ambition; j'embrassai l'état militaire par respect pour les droits des nations; je devins guerrier parce que j'étais citoyen.

» Je portai ce caractère sous les drapeaux; je l'y ai toujours conservé. Plus j'aimais la liberté, plus je fus soumis à la discipline.

» J'avançai assez rapidement, mais toujours de grade en grade et sans en franchir aucun, toujours en servant la patrie, jamais en flattant les Comités. Parvenu au commandement en chef, lorsque la victoire nous faisait avancer au milieu des nations ennemies, je ne m'appliquai pas moins à leur faire respecter le caractère du peuple français qu'à leur faire redouter ses armes. La guerre sous mes ordres ne fut un fléau que sur les champs de bataille. Du milieu même de leurs campagnes ravagées, plus d'une fois les nations et les puissances ennemies m'ont rendu ce témoignage. Cette conduite, je la croyais aussi propre que nos victoires à faire des conquêtes à la France.

» Dans les temps mêmes où les maximes contraires

---

1. Au moment de la Révolution, il était prévôt de droit à Rennes, et, grâce à l'influence qu'il avait acquise sur les étudiants, il joua un rôle important dans les troubles qui agitèrent la ville à partir du ministère de M. de Brienne.

semblaient prévaloir dans les Comités du gouvernement, cette conduite ne suscita contre moi ni calomnie ni persécution. Aucun nuage ne s'éleva jamais autour de ce que j'avais acquis de gloire militaire jusqu'à cette trop fameuse journée du 18 fructidor.

» Ceux qui firent éclater cette journée avec tant de rapidité me reprochèrent d'avoir été trop lent à dénoncer un homme dans lequel je ne pouvais voir qu'un frère d'armes, jusqu'au moment où l'évidence des faits et des preuves me faisait voir qu'il était accusé par la vérité et non par d'injustes soupçons. Le Directoire, qui seul connaissait assez les circonstances de ma conduite pour la bien juger et qui, on ne l'ignora point, ne pouvait pas être disposé à me juger avec indulgence, déclara hautement combien il me trouvait irréprochable; il me donna de l'emploi [1]; le poste n'était pas brillant; il ne tarda pas à le devenir.

» J'ose croire que la nation n'a point oublié combien je m'en montrai digne; elle n'a point oublié avec quel dévouement facile, on me vit combattre en Italie dans des postes subordonnés; elle n'a point oublié comment je fus reporté au commandement en chef par les revers de nos armées, et renommé général en quelque sorte par nos malheurs; elle se souvient comment deux fois

---

1. Le Directoire le nomma, en 1798, inspecteur général, puis, en 1799, l'envoya en Italie auprès de l'incapable Schérer, qui, accablé de revers, finit par lui remettre le commandement.

je recomposai l'armée des débris de celles qui avaient été dispersées [1], et comment après l'avoir remise deux fois en état de tenir tête aux Russes et à l'Autriche, j'en déposai deux fois le commandement pour en prendre un d'une plus grande confiance [2].

» Je n'étais pas, à cette époque de ma vie, plus républicain que dans toutes les autres; je le parus davantage. Je vis se porter sur moi, d'une manière plus particulière, les regards et la confiance de ceux qui étaient en possession d'imprimer de nouveaux mouvements et de nouvelles directions à la République. On me proposa, c'est un fait connu, de me mettre à la tête d'une journée [3] à peu près semblable à celle du 18 brumaire. Mon ambition, si j'en avais eu beaucoup, pouvait facilement ou se couvrir de toutes les apparences, ou s'ho-

---

1. Après la défaite et la mort, à Novi, de Joubert, sous les ordres duquel il avait voulu servir.
2. Le commandement en chef de l'armée du Rhin.
3. On peut avoir ici une idée de la bonne foi avec laquelle les journaux que Bonaparte voulait bien laisser vivre et qui étaient complètement sous sa dépendance, faisaient connaître au public les débats de ce procès. Le *Publiciste*, dans son numéro du 18 prairial (7 juin), donne le discours de Moreau; mais, après ces mots: *à la tête d'une journée*, il a retranché ceux-ci qui étaient caractéristiques : *à peu près semblable à celle du 18 brumaire*, ce qui rend la phrase incompréhensible; puis il a supprimé tous les paragraphes suivants, ceux qui durent produire le plus d'effet sur les auditeurs, jusqu'à l'avant-dernier commençant par : *Pour me tracer cette marche*. La seconde partie du discours devient alors inintelligible, et les lecteurs du *Publiciste* ne purent pas comprendre l'impression profonde qu'elle avait causée.

norer même de tous les sentiments de l'amour de la patrie.

» La proposition m'était faite par des hommes célèbres dans la Révolution par leur patriotisme, et dans nos assemblées nationales par leurs talents : je la refusai ; je me croyais fait pour commander aux armées et ne voulais point commander à la République.

» C'était assez bien prouver, ce me semble, que, si j'avais une ambition, ce n'était pas celle de l'autorité et de la puissance : bientôt après, je le prouvai mieux encore.

» Le 18 brumaire arriva, et j'étais à Paris. Cette révolution, provoquée par d'autres que moi, ne pouvait alarmer ma conscience. Dirigée par un homme environné d'une grande gloire, elle pouvait me faire espérer d'heureux résultats. J'y entrai pour la seconder, tandis que d'autre partis me pressaient de me mettre à leur tête pour la combattre. Je reçus, dans Paris, les ordres du général Bonaparte. En les faisant exécuter, je concourus à l'élever à ce haut degré de puissance que les circonstances rendaient nécessaire.

» Lorsque, quelque temps après, il m'offrit le commandement en chef de l'armée du Rhin, je l'acceptai de lui avec autant de dévouement que des mains de la République elle-même. Jamais mes succès militaires ne furent plus rapides, plus nombreux, plus décisifs qu'à cette époque où leur éclat se répandait sur le gouvernement qui m'accuse.

» Au retour de tant de succès, dont le plus grand de

tous était d'avoir assuré d'une manière efficace la paix du continent, le soldat entendait les cris éclatants de la récompense nationale.

» Quel moment pour conspirer, si un tel dessein avait pu jamais entrer dans mon âme! On connaît le dévouement des armées pour les chefs qu'elles aiment et qui viennent de les faire marcher de victoire en victoire.

» Un ambitieux, un conspirateur aurait-il laissé échapper l'occasion à la tête d'une armée de cent mille hommes tant de fois triomphante? Il rentrait au milieu d'une nation encore agitée et toujours inquiète pour ses principes et leur durée.

» Je ne songeai qu'à licencier l'armée, et je rentrai dans le repos de la vie civile.

» Dans ce repos qui n'était pas sans gloire, je jouissais sans doute de mes honneurs, de ces honneurs qu'il n'est pas dans la puissance humaine de m'arracher, du souvenir de mes actions, du témoignage de ma conscience, de l'estime de mes compatriotes et des étrangers, et, s'il faut le dire, du flatteur et doux pressentiment de la postérité.

» Je jouissais d'une fortune qui n'était grande que parce que mes désirs n'étaient pas immenses, et qui ne faisait aucun reproche à ma conscience. Je jouissais de mon traitement de retraite; sûrement j'étais content de mon sort, moi qui jamais n'enviai le sort de personne. Ma famille et des amis, d'autant plus précieux que, n'ayant plus rien à espérer de mon crédit et de ma fortune, ils ne pouvaient rester attachés qu'à moi seul, tous ces biens, les seuls auxquels j'aie pu jamais attacher un grand prix, remplissaient mon âme tout entière et ne pouvaient plus y laisser entrer ni un vœu ni une ambition. Se serait-elle ouverte à des projets criminels?

» Elle était si bien connue cette situation de mon âme, elle était si bien garantie par l'éloignement où je me tenais de toutes les routes de l'ambition, que, depuis la victoire de Hohenlinden jusqu'à mon arrestation, mes ennemis n'ont jamais pu ni me trouver ni me chercher d'autre crime que la liberté de mes discours. Mes discours... ils ont été souvent favorables aux opérations du gouvernement; et si quelquefois ils ne l'ont pas été, pourrai-je donc croire que cette liberté fût un crime chez un peuple qui avait tant de fois décrété celle de la pensée, celle de la parole, celle de la presse, et qui en avait beaucoup joui sous les rois mêmes?

» Je le confesse, né avec une grande franchise de caractère, je n'ai pu perdre cet attribut de la contrée de la France où j'ai reçu le jour[1], ni dans les camps où tout lui donne un nouvel essor, ni dans la Révolution qui l'a toujours proclamé comme une vertu de l'homme et comme un devoir du citoyen. Mais ceux qui conspirent blâment-ils si hautement ce qu'ils n'approuvent

---

1. La Bretagne. Il était né à Morlaix (en 1763).

pas? Tant de franchise ne se concilie guère avec le mystère et les attentats de la politique.

» Si j'avais voulu concevoir et suivre des plans de conspiration, j'aurais dissimulé mes sentiments et sollicité tous les emplois qui m'auraient replacé au milieu des forces de la nation.

» Pour me tracer cette marche, à défaut d'un génie politique que je n'eus jamais, j'avais des exemples sus de tout le monde et rendus imposants par des succès. Je savais bien peut-être que Monk[1] ne s'était pas éloigné des armées lorsqu'il avait voulu conspirer, et que Cassius et Brutus s'étaient approchés du cœur de César pour le percer.

» Magistrats, je n'ai plus rien à vous dire. Tel a été mon caractère, telle a été ma vie entière. Je proteste à la face du ciel et des hommes de l'innocence et de l'intégrité de ma conduite; vous savez vos devoirs, la France vous écoute, l'Europe vous contemple et la postérité vous attend.

» Je suis accusé d'être un brigand et un conspirateur. L'homme généreux que j'ai chargé de me défendre, va, j'espère, vous convaincre que cette accusation n'est pas fondée[2]. »

Ce discours, prononcé d'un ton plein de calme et

---

[1]. Le nom de Monk est sans aucun doute une allusion à la brochure de Fontanes dont il a été question plus haut, p. 9.

[2]. Comme nous l'avons dit plus haut, p. note 1, ce dernier paragraphe ne se trouve que dans le *Procès* (t. VII p. 382).

de dignité, produisit un effet qui ne saurait se décrire, et laissa dans toutes les âmes une impression profonde, à laquelle il n'était plus possible de rien ajouter. Cette profession de sentiments républicains quand la République venait d'être envahie, comme une propriété héréditaire, par l'homme qui le poursuivait........................

C'est avec cette phrase inachevée que finit la dernière page du manuscrit de Fauriel; j'ai donc à remplir une seconde fois la tâche malaisée de suppléer à son silence. Mais, avant de poursuivre jusqu'à son dénouement le récit de ce dramatique procès dont il nous a si bien retracé les péripéties émouvantes et les iniquités, je demande la permission de remonter un peu en arrière et de tirer de documents inédits que j'ai rencontrés dans mes recherches quelques traits à ajouter au tableau saisissant qu'il nous a donné des débats.

Il existe aux Archives de la préfecture de police, sous le titre d'*Affaire Cadoudal*, une dizaine de cartons contenant les pièces de cette partie de l'instruction qui avait été confiée à la police. Dans l'un d'eux, j'ai trouvé les rapports confidentiels des agents que le préfet envoyait chaque jour assister aux audiences afin d'être exactement renseigné sur ce qui s'y passait, sur les impressions et les dires du public. De ces rapports, tout à fait distincts de ceux qui servaient à rédiger les bulletins mensongers envoyés aux journaux, l'un des plus intéressants est celui où il est rendu compte de la première séance (8 prairial). Voici comment l'agent nous dépeint l'attitude des prévenus :

« Le public montrait une extrême curiosité pour voir les accusés, qui furent rangés sur quatre gradins et dans l'ordre établi en l'acte d'accusation.

» A l'aspect de Georges, la sensation fut remarquable et l'on entendit même quelques huées d'indignation.

» L'empressement se fit aussi observer pour voir Moreau ; mais, lorsqu'il parut ou lorsqu'il répondit à l'appellation, il n'y eut rien d'extraordinaire. Il répondit extrêmement bas, on ne l'entendit même pas ; et le silence fut observé alors comme lorsqu'on appela les autres conjurés.

» Ces quatre rangs serrés de prévenus, tous séparés les uns des autres par un gendarme, présentaient un aspect imposant, et cette première séance fut digne.

» Parmi les accusés, quelques-uns avaient affecté beaucoup de recherche dans leur mise, et tous, à l'exception de cinq ou six (plus notamment parmi ceux qui avaient recélé les brigands) montrèrent beaucoup de front ; sur quelques visages, on voyait l'insouciance du crime qui a pris son parti. Georges offrait surtout ce caractère.

» Rusillion avait l'air presque toujours souriant.

» Les Polignac saluèrent également en souriant, et d'un air lesto, quelques personnes en face d'eux.

» D'Hozier avait l'air dur, hardi, nullement déconcerté.

» Le plus grand ton d'impudence se fit remarquer constamment dans l'air, les manières et les regards de François de Rivière.

» Picot répondit à son appel avec le ton d'une hardiesse révoltante; il a eu, pendant toute la séance, le regard d'un scélérat déterminé.

» On était également révolté de l'air insolent de Roger-Loiseau, qui avait, en outre, une propreté affectée dans sa mise.

» Mais Coster Saint-Victor l'emportait sur ce point sur tous les autres. Toujours le front haut, le regard ferme et cruel comme celui d'un oiseau de proie, mordant délicatement le revers de ses ongles pendant la lecture de son acte d'accusation; et, avec le ton de l'ironie, avec une espèce de sourire de pitié, ayant l'air de dire par un mouvement de tête négatif ou affirmatif, à chaque imputation : « Cela est vrai... Cela n'est pas vrai. »

» Le sourire de l'insolence caractérisa aussi les traits de la fille Hizay[1], pendant toute la lecture de son acte d'accusation.

---

1. C'était une fille peu recommandable, qui avait procuré des logements à plusieurs accusés.

» Il en a été de même, à quelque nuance près, de Pierre-Jean Cadudal.

» Ces messieurs souriaient en se regardant les uns les autres lorsqu'on lisait des charges qui les impliquaient plusieurs à la fois.

» Moreau a toujours eu l'air très calme; il n'a laissé paraître aucun signe pendant la lecture de son acte d'accusation.

» En avant de l'un des bancs des témoins, on amena et on fit asseoir un capitaine de marine étrangère gardé par des gendarmes, l'ancre au bouton, la cocarde noire au chapeau; on se disait que cet individu était Thomas Right ou Wright ».

La prévention toute naturelle contre des hommes qui depuis trois mois étaient traités de *brigands*, cette prévention tomba peu à peu à mesure que les débats s'avancèrent. Ainsi, lors de l'interrogatoire de Coster-Saint-Victor[1] dont l'intrépidité ne se démentit pas un instant, bien qu'il se sentît voué à une mort certaine, l'agent n'hésite pas écrire : « Il a frappé l'attention du public par sa franchise et son courage à vouer son attachement inviolable au comte d'Artois et à la cause des princes. Il a supporté toutes les charges des témoins et autres sans accuser personne[2]. »

1. Le 11 prairial.
2. Son attitude avait dû plus d'une fois irriter les juges, comme le prouvent quelques détails relatés dans le même rapport et que ne donnent pas les sténographes. A un certain moment, un juge dit :

Quelques jours plus tard, il racontera que le défenseur des frères Polignac « a fait verser des larmes à l'auditoire et *même à quelques juges*[1], et qu'il s'est répandu dans l'auditoire un long murmure d'approbation pour les deux accusés, qu'il a défendus avec un si grand talent. »

A la séance du 10, quand Picot eut révélé les tortures qu'il avait subies[2], « cela, dit l'agent, a fait quelque impression sur le public. L'on a entendu ces mots : *C'est une horreur!* Un témoin qui déposait contre lui ayant dit lorsqu'on a représenté à Picot ses armes : « C'est moi qui ai découvert sa poire à poudre », j'ai entendu faire cette réflexion autour de moi : « Ce témoin-

---

« Empêchez l'accusé Coster de souffler à Mérille ses réponses. » Après la déposition de la fille Jourdan (voyez plus haut, p. 384), le président dit à Coster : « Vous ne devez point avoir de lorgnette. » Il répondit assez impudemment : « Je lorgne les témoins. »

1. Probablement lorsqu'il raconta la mort de leur sœur madame de Guiche, brûlée vive avec sa fille, dans une auberge d'Angleterre.

2. Voyez plus haut p. 358 et suiv. Ses plaintes ont un accent plus énergique dans le rapport de l'agent que dans le compte rendu des sténographes. « On a envoyé, s'écria-t-il, chercher un serrurier pour me serrer les pouces. On me les a serrés. Quand on a les pouces serrés dans un bassinet de pistolet, on n'est pas d'humeur à refuser des déclarations. D'ailleurs, j'étais saoûl (on m'a échauffé par le vin, lui fait dire un autre rapport), et puis, après tout ce que j'ai souffert et lorsqu'on m'a relu mes interrogatoires, j'ai dit qu'il y avait beaucoup de faux; on m'a dit qu'on rayerait tout cela. On n'en a rien fait. »

là veut entrer dans la Légion d'honneur[1]. » Enfin, lorsqu'on a lu les déclarations de Picot contre lesquelles il s'est élevé aujourd'hui, on les a trouvées trop bien écrites et rendues, les termes trop bien choisis pour, disait-on, « être de lui, qui n'est qu'un domestique. » Il aurait pu ajouter : « qui ne sait ni lire ni écrire ».

Ce fut le 14 au matin que les plaidoiries commencèrent[2] et que les avocats furent appelés à la tribune[3], car c'est bien d'une tribune qu'ils prononcèrent la défense de leurs clients. L'anxiété était extrême à Paris, et un écho des bruits qui circulaient partout se retrouve dans cette note écrite le même jour par l'officier de paix Chabanety :

« Les gens qui se mêlent de raisonner s'appuient de

---

1. On sait que la croix d'honneur fut donnée à l'un de ceux qui arrêtèrent Georges.

2. Elles occupent les tomes VII et VIII du *Procès*.

3. Nul doute ne peut subsister à cet égard, comme le prouvent ces phrases du compte rendu des sténographes : « Le président appelle à la tribune le défenseur de Rivière. — M. Cotterel descend de la tribune. — M. Bonnet monte à la tribune. » — « Il faut que je descende de la tribune, » dit l'avocat de Spin (*Procès*, t. VII, p. 141, 310, 374 ; t. VIII, p. 350). Il n'est guère permis de supposer que l'installation de cette tribune aux harangues ait eu lieu pour le procès ; pareille innovation, que rien ne motivait, aurait certainement été signalée par les journaux. Suivant toute probabilité, elle datait de la réorganisation de la justice par la Constituante, et l'idée en doit avoir été empruntée aux nombreux clubs établis à Paris. Le fait n'a été, à ma connaissance, relevé nulle part.

deux faits politiques majeurs pour prophétiser la perte de la majeure partie des accusés. Les faits mis en avant sont : 1° La mort du duc d'Enghien ; 2° la conduite de l'ambassadeur de Russie[1]. Ils disent que le gouvernement impérial français, ne voulant céder à aucune influence étrangère[2], suivra dans toute sa rigueur le projet d'anéantissement des Bourbons et de leurs satellites. » Cette « conduite » de l'ambassadeur était bien faite pour exaspérer Napoléon. A ce que raconte la même note, il s'était présenté en habillements noirs à une réception, et l'empereur lui ayant demandé de qui il portait le deuil, en avait reçu cette fière et sanglante réponse : « Du duc d'Enghien, Sire, par ordre de ma cour. »

Reprenons maintenant le récit au point où l'a laissé Fauriel, au milieu de la séance du 16 prairial, après le discours de Moreau[3]. Au moyen des rapports des agents du préfet de police, nous allons essayer de rendre la physionomie des dernières journées du procès.

A peine le général avait-il fini de parler, qu'il fut

1. Le comte de Marcoff.
2. « Une heure après que l'on a su que Moreau était arrêté, dit un rapport écrit au moment même, les ambassadeurs ont envoyé des courriers extraordinaires à leurs cours. L'empereur et particulièrement l'archiduc Charles s'intéresseront pour Moreau auprès du premier consul. »
3. Son discours, suivant le rapport d'un agent, fut imprimé le jour même ; et, le lendemain, entre les deux séances, on le distribua gratuitement dans le ···

applaudi par des trépignements, car on n'osait plus guère battre des mains depuis une arrestation faite un des jours précédents[1] ; et son défenseur Bonnet ȧ̇t immédiatement appelé à la tribune. Sa plaidoirie, la plus longue de toutes[2], d'une argumentation très vive, très serrée, produisit sur l'auditoire une impression que partagea l'envoyé de la préfecture et qu'il a racontée avec une grande sincérité, comme on peut en juger par les passages suivants :

« Bonnet ayant cité un article de l'interrogatoire fait à Rolland par le juge instructeur, disant à Rolland que, s'il ne déclare pas tout ce qu'il sait au sujet des complices de la conjuration, alors au lieu de le regarder comme leur confident, on le regardera comme leur adhérent[3], la lecture de cet article a fait impression sur le public. On a trouvé, ainsi que le défenseur l'a dit, que cette manière d'interroger avait nécessité la réponse de Rolland contre Moreau. En cas qu'il le chargeât, il ne serait regardé que comme confident ; en cas contraire, il serait complice. »

Lorsque Bonnet demanda s'il y avait beaucoup d'accusés qui eussent obtenu, comme Rolland, la permission

1. Le 10 prairial. Après une dédaigneuse réponse de Moreau au président, « des applaudissements, dit un rapport, sont partis de la salle..., et de suite a été arrêtée par l'état-major madame Martignac pour avoir applaudi ; laquelle a été conduite chez Réal ».
2. Elle occupe 171 pages dans le tome VII du *Procès*.
3. *Procès*, t. VII, p. 525.

de sortir de prison, « le procureur général ayant fait à cet égard quelques observations, il y eut dans l'auditoire des murmures et des exclamations, » qui se répétèrent quand il crut devoir arrêter l'avocat qualifiant de détestable le gouvernement du Directoire [1]. — « Le mot suivant fait impression : Le général Moreau qui n'est pour rien dans l'affaire. Pour rien? Je me trompe. Le général Moreau, qui n'est dans l'affaire que pour un refus [2]. » Dans la discussion sur le point de droit relatif à la non-dénonciation [3] « l'orateur produisit l'impression la plus profonde sur l'auditoire. L'attention a été extrême pendant cette induction ». Enfin le résumé de l'avocat causa « une sensation très remarquable. Le public a été calme. On a pu apercevoir que cette défense a fait sur lui une impression profonde ».

L'irritation des défenseurs était très grande contre le président et le procureur général, qui ne leur ménageaient pas des admonestations, aussi mal accueillies par eux que par l'auditoire [4]. « Quelques-uns se montrent décou-

---

1. *Procès*, t. VII, p. 485-488.
2. *Ibid.*, p. 529.
3. *Ibid.*, p. 529.
4. Des assertions du défenseur de Burban, Ponsard, ayant été relevées par le président, « un murmure et une exclamation générale s'élèvent parmi les défenseurs et sont suivis d'un murmure également très sensible dans l'auditoire ». De même après une observation du président à Dommanget, défenseur de Deville, « il s'élève un murmure sourd parmi les défenseurs ».

ragés à plaider les causes dont ils sont chargés ; d'autres font entendre qu'après le procès, la majeure partie d'entre eux ne reparaîtra plus à ce tribunal. »

Les accusés n'eurent pas tous le bonheur d'avoir des défenseurs aussi habiles et aussi éloquents que Bonnet ; plus d'un avocat manqua complètement, non seulement de talent, mais d'esprit et de tact, et, en lisant les plaidoiries, on voit que l'agent a su les apprécier à leur juste valeur. Dufriche-Foulaines, avocat de J.-P. Cadudal, « a fait rire plusieurs fois l'auditoire en disant que son client, qui était jardinier, n'avait été en Angleterre que pour apprendre à y faire des jardins à l'anglaise ; qu'il était un sot », etc. — « Monnier et sa femme ont été défendus par un homme dont je ne sais pas le nom (Boyeldieu), mais qui a ennuyé tout le monde par sa prolixité et ses éternelles répétitions... Il a fait rire plusieurs fois. » Collin, défenseur de Denand et de sa femme, « plaide d'une façon si pitoyable, que tous les défenseurs en témoignent leur surprise par un murmure très sensible, et le public lui-même n'en témoigne pas moins d'étonnement ». Enfin, pendant que Roussiale, défenseur du menuisier Spin, se déclarait avec emphase si ému et si attendri qu'il ne pouvait achever sa plaidoirie[1], son honnête client était loin de partager son

---

1. « Mon cœur est plein, mon âme est gonflée, mes yeux se remplissent de larmes, je ne vois plus ; je ne puis en dire davantage. Il faut que je descende de cette tribune. » (*Procès*, t. VIII, p. 390.)

émotion; car, comme certain personnage fameux de Henri Monnier, il dormait depuis longtemps du plus profond sommeil.

Les plaidoiries finirent dans la journée du 19 prairial. Le soir même, les accusés furent entendus à leur tour et il y eut un touchant combat de générosité entre les deux Polignac, chacun d'eux cherchant à sauver la vie de son frère au prix de la sienne. Cette audition continua encore pendant quelques instants à la séance du lendemain. Puis, vers huit heures du matin, la cour se retira dans la chambre du conseil et rentra en séance, le dimanche 21, à quatre heures du matin. On fit alors monter les accusés et le président leur donna lecture de l'arrêt.

Par cette sentence vingt accusés étaient condamnés à mort[1] : Georges Cadoudal, *Bouvet de Lozier*, *Rusillion*, *Rochelle*, *Armand de Polignac*, *Charles d'Hozier*, *de Rivière*, Louis Ducorps, Louis Picot, *Lajolais*, Roger dit Loiseau, Coster-Saint-Victor, Deville, *Armand Gaillard*, Joyaut, Burban, Lemercier, Lelan, P.-J. Cadudal et Mérille.

Cinq étaient condamnés à deux ans de réclusion : Moreau, Jules de Polignac, Léridant, la fille Hizay et Rolland[2].

---

1. Nous mettons en italiques les noms des huit condamnés dont la peine fut commuée.

2. Voici, en ce qui regarde ces cinq accusés, les considérants de l'arrêt : « Attendu qu'ils sont coupables d'avoir pris part à la

LES DERNIERS JOURS DU CONSULAT.   403

Cinq, pour avoir logé des individus sans en avoir fait la déclaration, étaient renvoyés devant la police correctionnelle : les époux Denand, les époux Dubuisson et Verdet.

Les autres accusés au nombre de seize étaient acquittés : Couchery, David, Hervé, Lenoble, Rubin-Lagrimaudière, Noël Ducorps, Datry, Even, Troche père et fils, les époux Monnier, Spin, Caron et les époux Gallais[1].

Si la délibération de la cour dura vingt heures, c'est que les débats furent très animés et très longs au sujet de Moreau, dont un premier vote des juges avait prononcé l'acquittement, vote sur lequel, par une illégalité flagrante, on les força de revenir. Ce qui se passa alors dans la salle du conseil nous a été révélé par un des juges, frère du général Lecourbe, qui en avait immédiatement dressé pour lui un procès-verbal qu'il dut garder inédit pendant dix ans; mais, en 1814, il s'empressa de le livrer à l'impression et put le faire paraître dès le 22 avril, onze jours après l'abdication de Napoléon. Nous en extrayons les passages suivants[2] :

conspiration, mais qu'il résulte de l'instruction et des débats des circonstances qui les rendent excusables.... »

1. Il y avait 47 accusés suivant l'acte d'accusation. L'arrêt de la Cour n'en comprit que 46, la femme de Verdet, « n'ayant pu être mise en jugement », dit le président, probablement pour cause de maladie. *Procès*, t. VI, p. 170.

2. *Opinion sur la conspiration de Moreau, Pichegru et autres, sur la non-culpabilité de Moreau, et procès-verbal de ce qui s'est passé à la chambre du conseil entre les juges, relativement*

« Le 21 prairial de l'an XII, à midi, la délibération de la Cour, en suivant l'ordre des accusés, tomba sur le général Moreau.

» M. Thuriot, comme juge instructeur et rapporteur, prit la parole le premier; il développa longuement les faits à la charge de ce général, et finit par conclure qu'il y avait culpabilité et qu'il était d'avis de la condamnation à la peine capitale, suivant l'article 612 du code des délits et des peines; bien persuadé, ajouta-t-il, que le condamné ne mourrait pas et qu'il aurait sa grâce[1];

» M. Dameuve énonça ensuite une opinion contraire; il développa une grande partie des moyens qui établissaient cette opinion, et finit par dire : « Je n'ai pu me
» recueillir suffisamment pour débattre devant vous tous
» les faits à charge et ceux à décharge; mais, votant
» comme juré, en mon âme et conscience, je crois le gé-
» néral Moreau non coupable, et mon avis est de l'ac-
» quitter. »

» M. Clavier, après avoir développé, dans un discours écrit, les motifs de son opinion, déclara qu'il était du même avis que M. Dameuve.

à ce général, par M. Lecourbe, juge en la cour de justice criminelle de Paris. Paris, 23 avril 1814; VII et 76 p. in-8. — Cette brochure est très rare.

1. Ce fut probablement alors que Clavier s'écria : « Et à nous, qui nous fera grâce? » — Clavier, fort savant helléniste, fut, comme on sait, beau-père de Paul-Louis Courier.

» M. Granger, toussant et parlant avec infiniment de lenteur, s'appuya sur une très grande partie des motifs et des faits reconnus faux ou inexacts dans les débats (faits et motifs abandonnés même par le procureur général et par le rapporteur) pour déclarer le général Moreau coupable et passible de la peine capitale.

» M. Selves, au tour duquel c'était à parler, se leva, sortit quelques instants et rentra pour donner une opinion verbale, conforme, pour la conclusion, à celle de MM. Granger et Thuriot.

» M. Laguillaumye déclara, après avoir développé les motifs de son opinion, qu'il ne regardait pas le général Moreau comme coupable et vota comme MM. Clavier et Dameuve.

» M. Lecourbe, après avoir développé son opinion, déclara qu'il était d'avis d'acquitter le général Moreau.

» M. Bourguignon vota comme MM. Thuriot, Granger et Selves; il chercha surtout à répondre aux raisons données par les partisans de l'opinion contraire.

Ses raisonnements partaient de sa tête et non de son cœur.

» M. Rigault vota comme MM. Lecourbe, Laguillaumye, Clavier et Dameuve, après avoir très bien développé son opinion.

« M. Desmaisons dit : « En mon âme et conscience, je

» crois le général Moreau non coupable et mon avis est
» de l'acquitter¹ ».

» M. Martineau, président, vota comme MM. Desmaisons, Rigault, Lecourbe, Laguillaumye, Clavier et Dameuve pour acquitter le général Moreau.

» Enfin M. Hémart, premier président, vota la culpabilité comme MM. Bourguignon, Selves, Granger et Thuriot; il présenta ensuite des considérations politiques et d'ordre public, afin de ramener, s'il était possible, à son avis la majorité qui s'était prononcée pour la non-culpabilité.

» Plusieurs juges demandent ensuite la parole; M. Lecourbe observe qu'il y avait sept voix contre cinq, qu'ainsi le général Moreau était acquitté; que c'était une affaire consommée, et qu'il fallait mettre en délibération la culpabilité de l'accusé suivant dans l'ordre fixé par l'acte d'accusation. Là-dessus grands débats. Le président Hémart menace de rompre la délibération ; il refuse de clore la discussion ; il interdit la parole à M. Lecourbe; celui-ci somme le greffier Frémyn de rédiger le jugement et le déclare responsable de son refus d'exécuter la loi ; nouveaux débats, nouveaux cris. Hémart menace de nouveau de rompre la délibération et de se retirer; il interdit de nouveau la parole à Lecourbe, à Rigault, et aux partisans de la majorité... Il maintient la parole

1. Desmaisons était beau-frère de Corvisart et très lié avec Bourrienne, qui raconte dans ses Mémoires (t. VI, p. 146,) la démarche que Bonaparte voulut lui faire faire près de ce magistrat.

au rapporteur; les juges en majorité pour acquitter se calment dans la crainte de quelque événement fâcheux, et consentent à entendre Thuriot. Celui-ci cherche à rembrunir le tableau. Hémart appuie ses raisonnements; ils prennent alternativement la parole; ils n'osent pas dire tout à fait : « Nous voulons que vous le condamniez, » vous êtes dans une position qui force la condamnation »; mais ils le laissent clairement entendre. Persuadés qu'ils sont les organes et les confidents du gouvernement, ils cherchent à faire passer dans l'âme de leurs collègues les craintes et les espérances qui les assiègent; ils menacent, ils annoncent que l'on va exciter une guerre civile en France; que l'acquit du général Moreau est le renversement du gouvernement établi... Thuriot ajoute : « Vous voulez mettre en liberté Mo-
» reau, il n'y sera pas mis; vous forcerez le gouverne-
» ment à faire un coup d'état; car ceci est une affaire po-
» litique plutôt qu'une affaire judiciaire, et il faut quel-
» quefois des grands sacrifices nécessaires à la sûreté
» de l'État. » Granger répéta cette dernière idée d'une manière assurée, plus forte, en faisant entendre que *l'on devait condamner*, en ce cas, *même un innocent*.

» Il était près de huit heures du soir; les juges dinèrent à la deuxième chambre du conseil et remontèrent une demi-heure après à la chambre des délibéra-rations. Pendant le dîner, il y eut beaucoup d'allées et venues, de colloques particuliers et de rapports avec le cabinet du président. »

Enfin, après de nouveaux débats, on passa à une deuxième délibération, et par un compromis il y eut une majorité de huit voix pour deux ans de prison.

Lecourbe en terminant dit dans une note :

« Il est bon d'observer que, pendant la délibération, avant et après le souper, il y avait dans le cabinet du président, attenant à la chambre du conseil, plusieurs officiers et notamment le général Savary[1]; que Thuriot est sorti plusieurs fois et a eu des colloques avec eux et avec M. Réal, chargé de la police. »

Ces colloques, ces allées et venues, qui aboutirent à l'annulation du premier vote, furent provoqués par ce que nous appelons aujourd'hui une manœuvre de la dernière heure. Voici la lettre étrange et pleine de faussetés que l'Empereur, informé et effrayé de ce qui se passait, adressa à l'archi-chancelier Cambacérès. Elle peut donner une idée de la passion furieuse qui l'animait, de son mépris pour la justice, et de la pression violente qu'il fit exercer sur les membres du tribunal.

Saint-Cloud, 20 prairial an XII (9 juin 1804).

« Mon cousin, les juges sont entrés ce matin à huit heures en délibération. Dans cet intervalle, Rivière,

---

1. Voici en quels termes Savary parle de cette délibération ; on jugera par là de la confiance que méritent ses mémoires : « On a beaucoup dit que les membres de la cour criminelle, connaissant au fond les opinions républicaines de Moreau, lui en avaient

Armand de Polignac et Bouvet de Lozier ont déclaré que leurs défenseurs les avaient trompés; qu'ils leur avaient dit qu'en sauvant Moreau on obligerait la Cour à déclarer qu'il n'y avait pas de conspiration, et c'est dans ce sens que, pendant les débats, depuis Georges jusqu'au dernier accusé, ils avaient tous parlé dans le même sens. La contenance de la Cour les a détrompés, et ils ont vu que la manière dont ils s'étaient conduits sauverait Moreau et non pas eux. *Soit ces raisons, soit toute autre*, ils ont fait demander le juge instructeur (Thuriot) pour lui faire de nouvelles déclarations. Le juge instructeur, étant en séance, n'a pu les recevoir. M. Réal a envoyé quelqu'un, et *il paraît* qu'ils ont déclaré qu'au lieu de trois entrevues entre Pichegru et Moreau, il y en avait eu cinq, et enfin qu'ils ont fait de nouvelles charges. Je désirerais que vous envoyassiez auprès du procureur général, lequel se rendrait à la prison, vu que les juges sont en délibération, demanderait l'entrée à la séance et déclarerait à la Cour qu'il a à lui dénoncer un nouvel ordre de choses, la conduite tenue envers les accusés et leurs nouvelles déclarations. Vous sentirez l'importance de ces démarches, surtout après ce que vous dira Savary[1]. Dans tous les cas, il me

tenu compte, et qu'un frère du général Lecourbe (partisan de Moreau) qui faisait partie de la cour criminelle, aidé de M. Fouché, avait gagné beaucoup de voix à Moreau. *Je n'en sais rien, mais il faut bien qu'il se soit passé quelque chose comme cela.* » (*Mémoires du duc de Rovigo*. 2ᵉ édition, 1829, t. II, p. 96).

1. Voyez la note précédente.

paraît convenable que le procureur général prenne connaissance des derniers faits et les dénonce à la Cour. Du reste, cette matière ne m'est point assez familière pour que je puisse commander votre opinion. Mais, dans une conspiration contre l'État, les sentences n'étant point encore prononcées, il doit dépendre de la Cour de se remettre en séance, et enfin, la dénonciation faite par le procureur général, ne fût-elle que par écrit, à la Cour réunie, aurait l'effet d'être jointe à la procédure et de donner lieu à une rédaction de sentence plus conforme à la justice et à l'intérêt de l'État [1] ».

On se figure aisément comment lui et son entourage accueillirent le verdict du tribunal sur Moreau, que partout, dès le premier jour, les affidés du gouvernement, Murat, Maret, le futur duc de Bassano, Regnaud de Saint-Jean-d'Angely etc., avaient proclamé perdu sans ressources.

« J'étais à Saint-Cloud, dit madame de Rémusat, quand cette nouvelle y arriva. Tout le monde en fut atterré. Le grand juge s'était témérairement engagé vis-à-vis du Premier Consul à la condamnation à mort de Moreau, et Bonaparte éprouva un tel mécontentement qu'il ne fut pas maître d'en dissimuler les effets. On a su avec quelle véhémente fureur, à sa première audience publique du dimanche, il accueillit le juge Lecourbe, frère du général, qui avait parlé au tribunal

---

1. *Correspondance*, t. IX, p. 495.

avec beaucoup de force pour l'innocence de Moreau. Il le chassa de sa présence en l'appelant juge prévaricateur, sans qu'on pût deviner quelle signification, dans sa colère, il donnait à cette expression; et peu après il le destitua[1]. »

Elle ajoute un peu plus loin (p. 8) : « Je trouvai dans la ville, chez un certain parti, une joie insultante pour l'Empereur du dénouement de cet événement. »

Suivant son habitude, Napoléon chercha à tout rejeter sur les membres de son conseil qu'il avait consultés avant de faire commencer les poursuites. « Ces animaux, dit-il à Bourrienne, me déclarent qu'il ne peut se soustraire à une condamnation capitale; que sa complicité est évidente, et *voilà qu'on me le condamne comme un voleur de mouchoirs*. Que voulez-vous que j'en fasse? Le garder? Ce serait encore un point de ralliement. Qu'il vende ses biens et qu'il quitte la France. Qu'en ferai-je au Temple? j'en ai assez sans lui[2]. » Il ne songea dès lors qu'à se débarrasser, et le plus tôt possible, du seul homme qu'il avait eu à redouter. Il ordonna à sa famille de vendre ses biens, en racheta une partie et fit cadeau à Berthier de la terre de Gros-Bois[3]; et le lendemain du jour où étaient tombées les têtes de Georges et de ses compagnons, le 25 juin, le *Moniteur*

---

1. Mémoires, tome II, p. 7.
2. *Mémoires* de Bourrienne, t. VI, p. 157.
3. *Mémoires* de Mme de Rémusat, t. II, p. 10.

annonçait le départ pour l'Amérique du vainqueur de Hohenlinden.

Georges Cadoudal et onze autres condamnés à mort, ainsi que la fille Hizay condamnée à deux ans de prison s'étaient pourvus en cassation. Dans son audience du 4 messidor (23 juin) la Cour rejeta leur pourvoi[1]; et le lendemain les douze malheureux qui n'avaient point été graciés furent guillotinés en place de Grève. Les journaux en général se bornèrent à annoncer qu'ils avaient subi leur peine; mais le *Journal des Débats* fut moins réservé, et voici ce qu'on lit dans son numéro du 26 juin :

« Les condamnés Georges Cadoudal, Picot, Roger, Coster Saint-Victor, Deville, Joyaut, Burban, Lemercier, Cadudal, Lelan, Mérille et Louis Ducorps ont été transférés cette nuit, sous une escorte de gendarmes, de Bicêtre à la Conciergerie. De grand matin, les lettres de grâce émanées de la clémence impériale en faveur de huit condamnés à mort ont été apportées à la cour de justice criminelle. L'arrêt de cette Cour, confirmé par celle de cassation, contre Georges et les onze autres condamnés à mort, leur a été signifié après leur transfèrement. Tous ont aussitôt demandé des confesseurs. Georges s'est mis à genoux aux pieds du sien et a longtemps écouté ses exhortations. A onze heures environ, les douze condamnés, assistés de leurs confesseurs, sont

---

1. *Procès*, t. VI, p. 415 et suiv.

montés dans trois charrettes qui les attendaient. Ils étaient quatre dans chacune. A onze heures trente-cinq minutes la tête de Georges est tombée la première. Deux d'entre les douze condamnés, Louis Ducorps et Lemercier sont montés à l'Hôtel de ville, en sont descendus quelque temps après et ont subi aussitôt leur jugement. Lemercier a été exécuté le dernier. »

Georges est-il mort le premier, comme le disent les *Débats*? Je n'ai pu le vérifier, car le procès-verbal de l'exécution, qui devait être conservé au greffe, a été détruit dans l'incendie de ce dépôt en 1871. Si je soulève cette question, c'est que parmi les notes de la main de Fauriel jointes à son manuscrit j'en ai trouvé une qui sur ce point contredit le journal au récit duquel elle ajoute quelques détails assez intéressants pour être rapportés ici. Elle est pleine d'abréviations que je ne reproduis pas et l'on voit qu'il l'a écrite à la hâte, soit sous la dictée d'un témoin oculaire, soit après la lecture d'une pièce dont il n'aurait pu avoir qu'une communication très rapide :

« A six heures du matin, la place de Grève occupée par des troupes ainsi que toutes les rues par où devait passer le cortège. — Fenêtres louées. — Georges très occupé pendant le trajet avec un personnage vêtu de noir. — Monte le dernier. — Fait tous les signes d'un homme qui veut haranguer. — Roulements de tambour lui coupent la parole. — Au milieu du silence universel on entend jusqu'à son dernier soupir ses cris répétés : Vive le Roi ! »

Dix ans plus tard, presque jour pour jour, le 25 juin 1814, fut célébré à Paris, dans l'église Saint-Paul, un service « pour les généraux Pichegru, Georges et Moreau, et les onze personnes qui avaient péri avec le général Georges, dit le *Moniteur*[1]. L'assemblée était nombreuse. Elle a assisté à la cérémonie avec un pieux recueillement. Il n'y a pas eu de prédication. Une quête a été faite par madame de Polignac, accompagnée par M. le marquis de Rivière, que l'on sait avoir échappé au sort des autres victimes. Le service devait être célébré aux frais des parents du général Georges; S. M. l'ayant appris a désiré témoigner l'intérêt que lui inspirait l'objet de la cérémonie, et elle a fait connaître qu'elle entendait se charger des frais. »

Moreau méritait bien d'être associé dans cette solennité funèbre à l'ancien compagnon d'armes dont il avait jadis dénoncé la trahison. Il n'était revenu de la terre lointaine où le jeta la haine impériale que pour aller mourir en Bohême[2], atteint par un boulet français dans les rangs de nos ennemis, et pour donner à son rival triomphant la joie cruelle de le voir descendre dans la tombe déshonoré et maudit par sa patrie. Le

---

1. N° du 26 juin, p. 703.
2. A Laun, le 2 septembre 1813, six jours après avoir été blessé à la bataille de Dresde.

malheureux, pourquoi n'a-t-il pas su attendre! Si, repoussant de funestes conseils et de honteux exemples, il se fût résigner à souffrir pendant quelques mois encore, pendant quelques mois seulement les douleurs de l'exil, il eût vu son orgueilleux persécuteur précipité du trône et banni de cette France où lui il serait rentré la tête haute; et la nation que venaient de frapper d'épouvantables désastres, la nation entière aurait acclamé le retour du glorieux proscrit qui avait conduit tant de fois les armées de la République à la victoire.

Lud. L.

FIN

APPENDICE

LETTRE DU GÉNÉRAL MOREAU
AU MINISTRE DE LA GUERRE (BERTHIER)

(Voy. plus haut p. 102)

ARMÉE DU RHIN.   LIBERTÉ.   ÉGALITÉ.

Au quartier général à Strasbourg, le 29 floréal, an 9 de la République française, une et indivisible.

Le général en chef, au Ministre de la Guerre de la République française.

Citoyen Ministre,

L'Ordonnateur en chef et le Payeur général étaient chargés de vous rendre, ainsi qu'au trésor public, le compte le plus détaillé de l'administration de l'armée. Mais l'affectation avec laquelle le journal officiel, dans ses numéros du

15 et du 17 germinal, assurait que l'Allemagne n'avait pas été imposée, et que tous les fonds de la solde de l'armée du Rhin avaient été faits par le trésor public, m'impose le devoir de vous donner un aperçu des sommes reçues à l'armée et de leur emploi.

Lorsque je pris le commandement de l'armée du Rhin, au mois de nivôse an VII, il était dû à l'armée huit mois de solde; les distributions de vivres étaient très irrégulières, pour ne pas dire nulles; et l'habillement était dans un état affreux.

Je demandai au Gouvernement de régulariser les distributions, et de me donner seulement deux mois de solde : je connaissais l'état du trésor public, et je dus borner mes demandes.

Je reçus, avant d'entrer en campagne, environ dix-huit millions, qui pourvurent au plus pressé.

Six ou sept décades de solde furent acquittées : les fonds qu'on avança pour les services donnèrent du crédit; et, au moyen de huit ou neuf millions de dettes, les distributions se firent régulièrement; l'habillement fut réparé, et l'armée en assez bon état, pleine de bonne volonté et de courage, commença la campagne de l'an VII.

Il ne fut possible d'établir quelque régularité dans la perception des contributions qu'après les armistices. L'Allemagne manquant d'argent, on ne pouvait espérer de promptes rentrées que par des opérations de banque. Pour faire face à cette dépense et à toutes les dépenses irrégulières que nécessite une armée active, je décidai que le Payeur ne se chargerait en recette, vis-à-vis du trésor public, que de quatre cinquièmes des contributions, me réservant de déterminer sur des bons particuliers l'emploi du dernier cinquième, dont j'ordonnai le versement dans une caisse particulière.

On a dû vous envoyer copie de tous les procès-verbaux de versements; le Payeur général en a également fait l'envoi à la trésorerie.

La totalité de la recette se monte environ à quarante-quatre millions.

Le Payeur a été chargé vis-à-vis du trésor public d'environ trente-six millions.

Les fonds dont je me suis réservé l'emploi sont d'environ sept millions.

La dépense des trente-six millions se compose d'environ vingt-cinq millions pour la solde, et d'environ onze millions pour les différents services et autres dépenses régulières ordonnancées par l'Ordonnateur en chef.

La dépense des sept millions dont je m'étais réservé l'emploi, se compose :

Des frais de négociations d'environ vingt-cinq à vingt-six millions, qui ne sont rentrés que par des opérations de banque;

Des gratifications données à toute l'armée, des frais de quelques monuments que j'ai fait élever à des officiers généraux recommandables, morts sur le champ de bataille;

Des secours à donner à quelques corps qui avaient plus souffert que les autres;

Des rachats de chevaux de prise, incorporés dans les corps de cavalerie de l'armée, et du paiement d'une foule de créances dont étaient porteurs des militaires; créances bien constatées, mais que quelques défauts de formalité ne permettaient pas de régulariser.

Lorsque j'aurai reçu cette partie de comptabilité, ouverte avec moi seul, je vous donnerai les explications que vous pouvez désirer.

Quant à la comptabilité régulière, le Payeur général en rendra compte à la trésorerie, et l'Ordonnateur a dû vous envoyer le double de toutes ses ordonnances.

Au résumé, les contributions ont payé environ treize mois de solde. Ainsi, dans la supposition que l'armée m'eût été remise au courant, il ne lui eût pas été dû une seule décade en rentrant en France.

Je n'ai pu donner que de très forts acomptes à tous les services, puisque les liquidations ne sont pas faites ; mais ces services ont pu payer presque la totalité de leurs dettes, et je présume que le restant en caisse, qui sera probablement d'environ sept à huit cent mille francs, et que l'on versera chez le Payeur de la guerre de la cinquième division militaire, fera face à ce qui leur sera dû.

L'armée est rentrée aussi bien équipée qu'on peut le désirer pour des troupes qui viennent de faire une campagne d'hiver très pénible. Les corps d'infanterie sont au même complet qu'en entrant en campagne ; plusieurs sont à huit ou neuf cents hommes par bataillon ; il n'y en a pas un au-dessous de sept cents.

Les corps de cavalerie sont beaucoup plus nombreux qu'en entrant en campagne : les ressources du pays conquis ont fourni à leurs dépôts les moyens d'équipement dont ils manquaient. Plusieurs régiments de cavalerie légère excèdent sept cents chevaux.

L'artillerie est rentrée très bien réparée, ramenant près de deux cents bouches à feu de bataille, prises à l'ennemi, et environ trois mille chevaux de plus qu'en entrant en campagne : les arsenaux de Strasbourg et Metz sont approvisionnés de bois, fer, aciers, etc.

Enfin, il est rentré dans les magasins des hôpitaux militaires un mobilier d'environ cinq cent mille francs.

Croyez, citoyen Ministre, que j'ai mis dans la levée des contributions le plus d'ordre possible, et que je n'ai point négligé les intérêts de la République, les pays conquis ayant été imposés autant qu'ils pouvaient l'être sans blesser les lois de l'humanité.

Le général en chef, *signé* MOREAU.

P. S. La solde des états-majors et officiers sans troupes a été acquittée jusqu'au mois de floréal ; c'est un objet de plus de deux millions.

Pour copie conforme :

Le général en chef, *signé* Moreau.

II

LETTRE DE NAPOLÉON AU GRAND JUGE
AU SUJET DE LA GRACE D'ARMAND DE POLIGNAC[1]

Saint-Cloud, 22 prairial an XII (11 juin 1804).

Monsieur Regnier, Grand juge, Ministre de la justice, par la conspiration que par l'aide de Dieu et par votre vigilance et

1. *Correspondance*, t. IX, p. 496. Voyez sur les démarches faites pour sauver le condamné le deuxième volume des *Mémoires* de madame de Rémusat qui y avait joué un rôle fort

celle des bons citoyens, nous sommes parvenu à déjouer, nous a sensiblement affecté. Soustrait depuis dix ans à toute espèce de dangers nous avons acquis le droit de penser qu'il ne serait au pouvoir des hommes d'attenter à notre vie que lorsque la Providence elle-même en aurait marqué le terme; et nous-mêmes nous ne prendrons intérêt à la défendre que tant qu'elle sera utile et que nous la croirons nécessaire au grand Peuple. Nous aurions donc mis dans l'oubli et étouffé l'éclat de cette conspiration, comme nous l'avons fait de quelques autres, si, par le caractère particulier qu'elle nous a paru avoir, par l'intervention d'hommes couverts du masque de grands services, nous n'y avions vu un danger réel pour la destinée et l'intérêt de la nation. Toutefois, beaucoup d'individus condamnés par notre Cour criminelle ont réclamé près de nous; et soit faiblesse, soit ce sentiment d'indulgence qui nous a toujours guidé dans notre gouvernement, qui nous a porté à pardonner aux ennemis dont la nation avait le plus à se plaindre, et qui nous a offert le bonheur de réunir, de réorganiser et de rendre à la patrie plus de quatre-vingt mille familles, nous n'avons pu nous défendre d'être touché de la douleur de madame Armand de Polignac. Nous nous sommes d'ailleurs souvenu que nous avions été lié avec ce jeune homme, au collège, dans les premiers jours de l'enfance, et il n'est pas étonnant qu'il l'ait oublié dans l'attentat inouï où il s'est laissé égarer, puisqu'il a oublié les devoirs qui, dans toutes

actif et en fut assez mal récompensée. — Cette lettre nous apprend ce qu'on ne savait pas, ou du moins ce qu'on paraît avoir bien oublié, que Napoléon et Armand de Polignac avaient été condisciples. Où? la lettre ne 1 e dit pas.

circonstances, doivent être présents à tout Français envers sa patrie. Nous avons donc résolu de profiter de toute l'étendue de notre prérogative, et de lui accorder grâce de la vie, en vous chargeant de nous présenter à notre prochain conseil privé les lettres qui seront rédigées à cet effet; et nous désirons que, dès ce moment, il soit transféré près de son frère.

NAPOLÉON.

III

CE QUE DEVINRENT LES PRÉVENUS GRACIÉS OU ACQUITTÉS

Le jour de l'exécution de Georges et de ses onze compagnons, Napoléon envoya au grand juge une note [1] où il lui enjoignait de faire partir la nuit même pour leurs différentes prisons tous les individus que la cour avait condamnés à la détention, à l'exception toutefois de Rolland dont les dénonciations avaient été si utiles. « On peut, dit-il, le laisser à l'Abbaye [2], cet individu n'ayant point eu de relation avec les fauteurs de la guerre civile et n'étant mêlé dans cette affaire que par ses rapports avec Pichegru qui n'existe plus. » Spin reçut l'ordre de quitter Paris le lendemain, et les individus qui avaient passé en jugement et avaient été acquittés furent, sauf quelques-uns dont nous parlerons plus loin,

1. *Correspondance*, t. IX, p. 506.
2. Voy. plus haut, p. 251.

exilés à quarante lieues des côtes et de Paris, et placés sous la surveillance de la gendarmerie.

Les huit condamnés à mort que la clémence impériale avait sauvés de l'échafaud devaient, suivant la teneur des lettres de grâce[1], être transportés, après avoir subi pendant quatre ans une détention qui, faute de lieu de transportation, se trouva prolongée indéfiniment. L'un d'eux, Lajolais, qui, malgré ses rétractations à la fin du procès[2], n'en a pas moins été traité bien durement par Fauriel, mourut prisonnier au château d'If à la fin de 1808[3].

Ce que l'empire fit des sept autres graciés, j'ai pu le savoir par un document fort important dont je dois la connaissance à M. Georges Picot, membre de l'Institut[4].

---

1. Voyez *Procès*, t. VI, p. 463-465.

2. Entre autres au sujet de la prétendue entrevue de Moreau et de Pichegru sur le boulevard de la Madeleine.

3. Bourrienne, qui dans le cinquième volume de ses *Mémoires* (p. 273-274) avait porté contre Lajolais les mêmes accusations que Fauriel, a inséré dans le neuvième (p. 201) une longue note, dont nous croyons devoir extraire les phrases suivantes. Tout en reconnaissant que « la conduite de Lajolais a pu peut-être faire naître des soupçons dans l'esprit des amis du général Moreau... et que sa légèreté, qu'il n'a que trop expiée, a pu avoir l'apparence d'une trahison, dans un temps où l'on avait tant d'intérêt à trouver des traîtres », il déclare, d'après les preuves authentiques qu'on lui a mises sous les yeux, que « Lajolais fut complice plus qu'imprudent et non agent impulsif dans la conspiration de Georges ». Quelles sont ces preuves? Bourrienne aurait bien dû nous le dire.

D'après le *Journal de Paris*, du 14 juin 1804 (p. 1750), ce fut la fille de Lajolais, âgée de quatorze ans, qui ayant pu arriver jusqu'à l'Empereur en obtint la grâce de son père.

4. L'original que M. Picot avait trouvé au ministère de la justice est actuellement aux Archives Nationales. Il a bien voulu me

C'est le rapport des commissaires chargés, en 1812, de visiter les prisons d'État, et de recevoir les réclamations des détenus. On y trouve consignée pour chacun d'eux, outre la cause et la date de leur emprisonnement, la décision prise par l'Empereur au sujet de leurs demandes qui ne sont presque jamais accueillies. Voici les renseignements que j'y ai rencontrés sur ceux dont nous nous occupons.

Rochelle, Rusillion étaient enfermés au château d'If, ainsi que d'Hozier qui, protestant de sa fidélité et de son dévouement à l'Empereur, « désire la liberté pour consacrer sa vie à son service ». — Gaillard, qui proteste aussi de sa fidélité et de son dévouement, et Bouvet de Lozier qui, malade, demande en vain à être transféré à Paris dans une maison de santé, étaient détenus au château de Bouillon (Ardennes). — Armand de Polignac, qui avait obtenu d'être mis dans la maison de santé de Dubuisson à Paris, « s'en rapporte à la générosité de Sa Majesté à qui il serait heureux de prouver sa reconnaissance ». Son frère qui, n'ayant été condamné qu'à deux ans de prison, aurait dû être mis en liberté en 1806 et était aussi gardé dans la même maison « demande avec confiance et respect l'exécution du jugement qui le concerne et s'en rapporte à la générosité de Sa Majesté [1] ».

Le huitième condamné à mort, Charles-François de Rivière, avait été le plus favorisé [2]. Après quatre ans de détention au fort de Joux, il put aller habiter le Berry sous la surveillance de la police.

---

donner communication d'une copie qu'il en avait fait faire et je le prie de recevoir ici tous mes remerciements.

1. Tous deux profitèrent du trouble causé par l'invasion pour s'évader au commencement de 1814.

APPENDICE.

Quant aux accusés qui avaient été acquittés et dont le président, suivant la loi, avait prononcé la mise en liberté s'ils n'étaient retenus pour autres causes, voici comment la décision de la justice avait été respectée à l'égard de plusieurs d'entre eux :

Les commissaires impériaux trouvèrent au château de Ham Victor Couchery et Noël Ducorps; au château d'If Hervé, Rubin de la Grimaudière et Datry; et à leurs justes réclamations répond une note portant que l'Empereur avait décidé qu'ils seraient détenus jusqu'à la paix avec l'Angleterre.

---

1. Suivant la *Biographie universelle*, supplément, art. *Rivière* p. 189, « il avait obtenu la commutation de sa peine par l'intervention de madame de Montesson, et non par celle de Murat à qui plus tard on a voulu en faire honneur. » En effet, on lit dans les *Mémoires* de madame de Rémusat (t. II, p. 18) : « Murat, qui par sa conduite violente et son animadversion contre Moreau avait excité une indignation universelle, voulut se réhabiliter et obtint la grâce du marquis de Rivière. »

FIN

TABLE ALPHABÉTIQUE

A

Accusés, comment traités dans les prisons, 268. Voy. *Torture.*
— à la première audience (Attitude des), 453.
— condamnés à mort, 462; grâciés, 462; condamnés à deux ans de réclusion, 462; renvoyés devant la police correctionnelle, 462; acquittés, ce qu'ils deviennent, 463, 486.
Acte d'accusation contre les conspirateurs, 321 et suiv.
Adresses à Bonaparte, 41 et suiv., 208, note 4.
Avocats, leur tribune, 457.
Avocats des accusés, résumé de leurs plaidoieries et incidents d'audience, 420 et suiv.; 460 et suiv., leur tribune, 457.
Alliance des jacobins de France avec le ministère anglais, par Méhée, 126, note.
Amiens, la paix y est signée avec l'Angleterre, 24.
Anciens (conseil des), son dévouement à Bonaparte, 6.
Angleterre (paix avec l'), 14 et suiv., 24; sa rupture, 71 et suiv., 84 et suiv.
— (préparatifs de descente en), 85 et suiv.

Argus (the), journal à la solde de Bonaparte, 85, note.
Armée (esprit de l'), 100.
Arras (évêque d'). Voy. *Conzié.*
Artois (comte d'), envoie des émissaires en France, 139 et suiv.; son parti, 88 et suiv.
Attentat. Voy. *Nivôse.*
Aubaine (loi sur le droit d') rejetée, 21.

B

Barbier, son erreur, 91, note.
Barrières (surveillance des), 211.
Barthélemy, sénateur, approuve le projet de réconcilier Moreau avec Pichegru, 120.
— assigné en vain comme témoin à décharge par David; sa lettre d'excuse, 411.
Baude, agent français en Angleterre, 133, note.
Bellart, l'un des défenseurs de Moreau, 371, note.
Bernier, évêque d'Orléans, recrute des anciens chouans pour la police, 232, note.
Berthier, ministre de la guerre, lettre que lui adresse Moreau, 477.
— Napoléon lui fait don de la terre de Gros-Bois, 471.
Bertrand, chef de la 1re division

à la préfecture de police, fait torturer Louis Picot, 360, note. Voy. *Picot.*

Bertrand de Moleville, ses relations avec Méhée, 135 et suiv.

Biens nationaux, leur vente reconnue par Louis XVIII, 162.

Biographie moderne, citée, 115, note 2 ; 225, note.

Biographie universelle, citée, 480.

Biville (falaise de), lieu de débarquement des émissaires royalistes, 156, note.

Bonaparte, son coup d'État du 18 brumaire, 1 et suiv. ; ses lettres au roi d'Angleterre, à l'empereur d'Allemagne et à l'empereur de Russie, 4, 5 ; ses victoires en Italie, 5 ; son installation aux Tuileries, 7, 8.

— son altercation avec Truguet, 10, note.

— part qu'il prend au pamphlet de Fontanes, 10-13.

— se fait nommer président de la République cisalpine, 18, 20.

— refuse le château de Saint-Cloud, 26.

— se fait nommer consul à vie, 25-41, 56.

— ses opinions religieuses, 47, note.

— caricature sur lui au sujet du Concordat, 310, note.

— ses idées sur l'instruction publique, 52, 53.

— sa conduite envers les malades devant Jaffa, 34 et suiv.

— le jour de sa naissance, 61, note.

— son voyage en Normandie, 62 et suiv.

— procès qu'il fait intenter en Angleterre à Peltier, 73, 74.

— son alliance avec Paul Ier, 78.

— sa lettre à Brune sur Georges Cadoudal, 91, note.

— sa mésintelligence avec Moreau, 101 et suiv.

— son projet de le perdre, 118

— pamphlet contre lui-même qu'il fait faire par le moyen de Lucien, 114, 115.

— ce qu'il dit sur les auteurs de l'attentat de nivôse, 116, 117 ;

— sa frayeur d'être assassiné, sa police, 113.

— sa liaison avec Méhée, 125 ; sa colère contre lui, 128, note.

— ses motifs pour l'exécution du duc d'Enghien, 193 et suiv. ; traite indignement Mme Bonaparte et Louis, qui demandent sa grâce, 205.

— lettre que lui écrit Moreau, 211, 212.

— sa colère au sujet des bruits sur la mort de Pichegru, 310.

— réponse qu'il fait faire à Mme Moreau ; conseil qu'on lui donne d'interrompre le procès, et de faire grâce aux accusés, 397, 398.

— défend à des témoins appelés de comparaître, 412.

— sa lettre à Cambacérès pendant la délibération des juges, 468 ; sa colère après le jugement de Moreau, 470 et suiv. ; traite indignement le juge Lecourbe ; ordonne à Moreau de vendre ses biens et l'exile en Amérique, 471.

— sa lettre à Régnier au sujet de la grâce d'Armand de Polignac, 481 ; sa note au même au sujet de divers accusés, 483.

Bonaparte (Mme), accompagne son mari en Normandie, 62 et suiv.

— demande en vain la grâce du duc d'Enghien, 205 ; ce qu'elle dit à un conseiller d'état sur l'opinion des généraux, 206, note 1.

— visite que lui fait Mme Moreau, 397, 398.

Bonaparte (Louis), demande en vain la grâce du duc d'Enghien, 205.

— va voir Georges au Temple, 338, note.
Bonaparte (Lucien), ministre de l'intérieur, fait écrire un pamphlet par Fontanes, 10, 36.
— pamphlet qu'il fait faire par J.-S. Langlois, 114, 115.
— défend l'institution de la Légion d'honneur, 50.
Bonnet (L. Ferd.), défenseur de Moreau ; mandé par le grand juge au sujet de la plaidoirie qu'il devait prononcer, 440, 441.
— résumé de sa plaidoirie, 459 et suiv.
Bourbon (princes de la maison de), leur attitude après le 18 brumaire, 5, note.
— propositions à eux faites par Bonaparte, 68.
— leurs émissaires en Vendée, 139.
Bourguignon-Dumolard, ministre de la police, 111.
— juge au tribunal criminel ; sa partialité et son vote contre Moreau, 302, 465.
Bourrienne, ses *Mémoires*, cités, 9, note ; 10, note ; 47, note ; 116, note ; 215 ; 338, note ; 357, note ; 412, note ; 466, note ; 471 ; 484, note.
Bouvet, couturière, témoin, maltraitée, 284, note 2.
Bouvet de Lozier (A.-H.), maison qu'il loue à Chaillot et où il loge Georges, 179 ; conduit Pichegru au rendez-vous pris avec Moreau, 186 ; son arrestation ; ses interrogatoires par Dubois et Réal ; déclaration étrange qu'il fait au grand juge et dans quelles circonstances ; ses accusations mensongères contre Moreau, 242 et suiv.
— son interrogatoire devant le Tribunal, ses rétractations, 339 et suiv.
— condamné à mort et gracié,

462 ; sa dernière déclaration, 469 ; détenu à Bouillon, 485.
Boyeldieu, avocat des époux Monnier, 461.
Brigands (portraits des 60), 214. Voy. *Liste*.
Bruix (amiral), son discours pour le rétablissement de l'esclavage, 43-45.
Brumaire (coup d'État du 18), 1 et suiv.
Bruno (général), lettre que Bonaparte lui écrit sur Georges, 91, note.
Burban-Malabry, son arrestation, son interrogatoire, 401 ; condamné à mort et exécuté, 235, 462, 472.

C

Cadoudal (Georges), dit le général Georges, projet de Fouché de compromettre Moreau avec lui, 174 et suiv. ; entrevue qu'il a avec Bonaparte, dont il refuse les offres, 91, note ; son retour d'Angleterre en France ; son arrivée à Paris, 91, 140 et suiv.
— va au-devant de Pichegru, logé à Chaillot, 179, 404.
— relations que Lajolais veut établir entre lui et Moreau, 184.
— déjoue longtemps les poursuites de la police, 210 ; son signalement, 212, note ; son arrestation, 212 ; prix dont elle est payée, 210, note 2 ; son portrait, 214, note 2 ; opinion du public sur lui, 224, 346.
— ses interrogatoires par Dubois et Thuriot, 236 et suiv.
— son attitude à la première audience, 453.
— ses débats devant le tribunal, 335 et suiv. ; discussion sur sa complicité dans l'attentat de nivôse, 337.
— torturé dans sa prison ; fausses

déclarations qu'on lui attribuait, 338, 339.
— ses recommandations à ses co-accusés, 357, note 1.
— invoque le témoignage de Fouché au sujet de Picot, chargé de l'assassiner, 411.
— réponse qu'il fait aux propositions pour la délivrance de Moreau, 437.
— sa condamnation, 462; son pourvoi en cassation ; détails sur sa mort, 472, 473 ; service funèbre célébré pour lui et ses compagnons, 474.

Cadoudal (P.-J.-M. et non J.-B.), son arrestation, 277 ; son interrogatoire, 402; son attitude à la première audience, 454; condamné à mort et exécuté, 462, 472.

Cambacérès, 21, note 3.
— Comment jugé; comment fait voter le consulat à vie, 37.
— son message au Sénat, 54.
— lettre que lui écrit Napoléon pendant la délibération des juges, 468.

Camus, premier ministre de la police, 110, note.

Carbon, l'un des complices de l'attentat de nivôse, 337, note.

Caricature sur la mort de Pichegru, 309.
— sur Bonaparte au sujet du Concordat, 310, note.

Caron, acquitté, 463.

Carrion-Nizas (le marquis de), veut confier l'instruction nationale au clergé ; son *Pierre-le-Grand*, 54.

Chabanety, officier de paix, son rapport, 457.

Chabaud-Latour, ce qu'il raconte d'un vol de Lajolais, 150, note.

Chabot, *de l'Allier*, sa motion au Tribunat, 25, 26, note.
— son discours à Bonaparte au nom du Tribunat, 39-41.

Chasse de Bonaparte (Anecdote sur une), 128.

Chauvelin (marquis de), combat l'institution de la Légion d'honneur, 50.

Chiens employés à la chasse des nègres par Leclerc, 46.

Chouans (espions recrutés parmi les anciens), 232, note.

Cinq-Cents (conseil des), son opposition au 18 brumaire, 6.

Clavier, juge, son vote en faveur de Moreau ; son mot à ce sujet, 464 et suiv.

Collin, avocat de Denand, 461.

Comité jacobin, inventé par Méhée pour tromper les royalistes, 134 et suiv., 160; parti qu'on tire Fouché, 166 et suiv.

Comité royaliste, dit *comité de Varsovie*, 90, 91 ; pièges que lui tend Fouché, 167 et suiv.

Concordat (établissement du), 47 ; caricature à ce sujet, 310, note.

Congrès à Lyon pour l'organisation de la République italienne, 16 et suiv.

Conspirateurs qui passèrent en jugement, 221 et suiv.

Conspiration contre le gouvernement consulaire (Commencements de la), 139 et suiv.

Consulat à vie déféré à Bonaparte ; intrigues et votes à ce sujet, 27 et suiv. ; 35 et suiv., 51.

Consulta. Voy. *Congrès*.

Convention (insurrection de prairial contre la), 303.

Conzié, évêque d'Arras, favori du comte d'Artois, ses relations avec Méhée, 137 et suiv.

Corps législatif (parti de l'opposition dans le), 20, 21 ; violation de la Constitution au sujet de son renouvellement, 21 et suiv.
— son vote sur le consulat à vie, 38.

Correspondance de Napoléon Ier, citée, 5, note ; 207, note 2, 210-211, notes ; 232, note ; 311, note ; 468, 481, 485.

Corvisart, 466, note.
Coster Saint-Victor, son histoire, 156 et suiv., 241 ; comment interrogé par Dubois et Réal, 239 et suiv.; son amitié pour Roger, 263.
— son attitude à la première audience, 454.
— sa protestation contre l'infidélité des comptes rendus des journaux, 428, note ; le président ôte la parole à son défenseur Gauthier l'aîné, 430, 431.
— son interrogatoire devant le tribunal ; se défend victorieusement de complicité dans l'attentat de nivôse, 388 et suiv., 455 ; condamné et exécuté, 462, 472.
Cotterel, défenseur de Lajolais, de Roger et d'Hervé, ses altercations avec le président qui lui enlève la parole, 429.
Couchery (J.-B.), 189, note.
Couchery (Victor), accompagne Pichegru chez Moreau, 189.
— apprend à Pichegru l'arrestation de Moreau, 207, note 2.
— son interrogatoire par Réal ; ses déclarations sur Pichegru et Moreau, 251 et suiv.
— son interrogatoire devant le tribunal ; ses rétractations, 361 et suiv.; est acquitté, 463; détenu au château de Ham, 486.

D

Dames du Palais, 64, note.
Dameuve, juge, son vote en faveur de Moreau, 464 et suiv.
Datry (N.), débats au sujet de son arrestation, 401 ; est acquitté, 463; détenu au château d'If, 486.
David (l'abbé), ses démarches et ses intrigues pour réconcilier Moreau et Pichegru, 118 et suiv.; est arrêté à Calais, 122 et suiv.

— son interrogatoire devant le tribunal, 382.
— témoignage de l'abbé Sicard en sa faveur, 409, 410 ; fait assigner en vain, comme témoins à décharge, Donzelot, Barthélemy, Dejean et Macdonald, 411; est acquitté, 463.
Débarquements des émissaires royalistes au pied de la falaise de Biville, 91, 110, 156.
Déclinatoire demandé par plusieurs accusés, 312 et suiv.
Dejean (général), sollicite de Bonaparte le rappel de Pichegru, 120.
— assigné en vain comme témoin à décharge par David, 411.
Denand (les époux), acquittés, 462.
Denon, médaille que lui commande Bonaparte, 83.
Déportation (arrêt de) après le 18 brumaire, 6.
Déportés après l'attentat de nivôse, 112, 115-117.
Derequehem, témoin, 368, note 1.
Desgenettes, son *Histoire médicale de l'armée d'Orient*, citée 34, note 2.
Desjardins, espion de la police française à Londres, 281, note 1.
Desmaisons, juge, son vote en faveur de Moreau, 465-466, note.
Deville (Victor), dit Tamerlan, condamné à mort et exécuté, 234, 462, 472.
Directoire, son discrédit, 3.
Dommanget, défenseur de Georges et de Deville, 419, 460, note.
Donadieu, adjudant général, son arrestation, 144.
Donzelot, général, assigné en vain par David, comme témoin, 411.
Doyle, gouverneur de Guerne-

sey, ses relations avec Méhée, 132.

Drake, ministre d'Angleterre près l'électeur de Bavière, est dupe des intrigues de Méhée, ses relations et sa correspondance avec lui, 126 note; 135, 146 et suiv.

Dubois (L.-N.-P.-J.), préfet de police, son portrait, 225 et suiv.

— interrogatoire qu'il fait subir à Bouvet de Lozier, 242; à Georges, 236; à Coster Saint-Victor, 230.

Dubuisson (les époux), leur arrestation et leur acquittement, 235, note; 401, note, 462.

Ducorps (L.), son arrestation; est torturé, 278; son interrogatoire devant le tribunal, 353 et suiv.; condamné à mort et exécuté, 462, 472.

Ducorps (Noël), acquitté, 463; est détenu à Ham, 486.

Dufriche-Foulaines, avocat de J.-P. Cadudal, 461.

E

Écrit anonyme en faveur de l'Empire, 57.

Elbe (île d'), sa réunion à la France, 79.

Enghien (duc d'), son parti, 89 et suiv.; son exécution, 192 et suiv.

— réponse du comte de Marcoff, ambassadeur de Russie, à l'empereur, à ce sujet, 458.

— 218, 219.

Esclavage (rétablissement de l'), 43, 44.

Espionnage, 112, 115.

Espions de la police, leur nombre sous le Directoire, 111.

État-major de Paris, sa police, 113.

Even (J.-L.), acquitté, 453.

Eymar (comte d'), préfet du Léman, sa correspondance, 9, note.

F

Fauche-Borel, agent royaliste, détenu au Temple, ses intrigues, ses propositions à Moreau, son évasion, 153-155.

Femmes (mise en jugement des), 268, note.

Féraud, conventionnel, sa mort, 303.

Fête du 14 juillet, 14.

Fontanes, rhéteur clandestin de Lucien Bonaparte, son pamphlet, 9-12; refuse d'en faire un autre, 114, 115.

Fouché, ses *Mémoires*, cités, 9, note; 35, note 1.

— désavoue par ordre le pamphlet de Fontanes, 12.

— ses intrigues au Sénat, 28.

— sa conduite après l'attentat de nivôse; ce qu'il en dit à Bourrienne, 116; est destitué du ministère de la police, 117, 118; propriétaire du *Journal des hommes libres*, 126; son altercation à ce sujet avec Bonaparte, 128, note; signifie à Méhée son ordre d'exil à Dijon, puis à Oléron, 129.

— son portrait, 163 et suiv.; sénateur; continue, n'étant plus ministre, à être chargé d'une police particulière, 165.

— agent secret qu'il expédie à Varsovie près de Louis XVIII, 171; envoie à Londres Lajolais auprès de Pichegru, 176 et suiv.

— donne 80 000 francs à Savary pour l'affaire du duc d'Enghien, 205.

— son mot sur Regnier, 206, note 2.

— son rôle provocateur dans la conspiration de Georges; ce qu'il en dit à Bourrienne, 214, 215.

— son mépris pour Dubois, 226.

— son rôle dans le procès de Moreau, 469, note.
— son témoignage invoqué par Georges au sujet de Picot, chargé de l'assassiner, 411. — 11, note 1; 13, note 1; 115.
Fourcroy, son plan d'instruction publique, 53.
Fournier, chef de brigade, son arrestation, 141, note.
Français, leur disposition d'esprit au moment du 18 brumaire, 3.
François II, empereur d'Allemagne, lettre que lui écrit Bonaparte, 4, 5.
Frémyn, greffier, 466.
Fresnières, secrétaire de Moreau; ses relations avec Joyaut, 184, note; rectification à ce sujet, 207, note 3; Moreau l'envoie près de Pichegru, 191, 192.
— mandat d'arrestation contre lui, 207.
Frotté (M. de), sa mort, 112, note, 2.
Fusillades à Paris, 311.

G

Gaillard (Raoul), dit Saint-Vincent, sa mort, 260.
Gaillard (Armand), son arrestation; est condamné à mort et gracié, 260, note 1, 462; détenu à Bouillon, 485.
Gallais (les époux), acquittés, 463.
Garat, combat au Sénat la proposition du consulat à vie, 32, 33.
Gauthier l'aîné, défenseur de Coster Saint-Victor, son déclinatoire, 332 et suiv.; le président lui ôte la parole, 430, 431.
Gédéon, billet signé de ce nom et attribué à Georges, discussion à ce sujet devant le tribunal, 337.
Gendarmes (anecdote de deux) et de Moreau, à l'audience, 442, 443.
Gendarmes dénonçant Roger et se rétractant, 263, 386 et suiv.
Georges III, roi d'Angleterre, lettre que lui écrit Bonaparte, 4, 5.
Georges. Voy. *Cadoudal*.
Gérard (André), accusateur public, procureur général, 262; son acte d'accusation contre les conspirateurs, 321 et suiv.
— son discours et son réquisitoire, 414 et suiv.
— ses altercations avec les défenseurs des accusés, 429 et suiv., 470.
Gisquet, préfet de police, son ordonnance après l'insurrection de juin 1832, 206, note 3.
Gramont (Agénor, duc de), confident de Louis XVIII, 145.
Grand juge. Voy. *Régnier*.
Granger, juge, son vote contre Moreau, 465; déclare que, dans cette affaire, on doit condamner même un innocent, 467.
Grenville (lord), sa lettre à Talleyrand, 5, note.
Gros-Bois, terre appartenant à Moreau, 471.
Guichard, avocat des frères Polignac; effet que produit sa plaidoirie, 456.

H

Hémart, président du tribunal criminel de la Seine, 269 et suiv.; comment il dirige les débats, 335 et suiv.
— son acharnement contre Moreau; ses violences dans la délibération de la cour, 466 et suiv.
Hervé, son interrogatoire, 382; est acquitté, 463; est détenu au château d'If, 486.
Ilizay (Marie-Michel), son attitude à la première audience,

454; condamnée à deux ans de prison, 462.

Histoire contemporaine (inconvénients de l'), 103.

Hoche (général), vengeance qu'il tire d'Isidore Langlois, 115, note 2.

Hozier (Charles d'), son histoire, 266; son arrestation est payée 12,000 francs, 210, note 2; son interrogatoire devant le tribunal, 348 et suiv.; est condamné à mort et gracié, 462; détenu à Bouillon, 485.

Hyvonnet, témoin, torture, 405.

I

Inscriptions républicaines sur le palais des Tuileries, 8.

Institut national (Réforme de l'), 65.

Interrogatoire des gens arrêtés; promesses, menaces et tortures employées contre eux, 225 et suiv.

Iung, son *Bonaparte et son temps*, cité, 61, note.

J

Joséphine (Mme). Voy. *Bonaparte*.

Jourdan (général), sa conduite en Piémont, 81.

Jourdan (Mme) et sa fille, leur déposition contre Coster Saint-Victor; suicide de la mère, 389.

Journal de Paris, cité, 54, note; 56, note 2; 85, note : 400, note 1 ; 484.

Journal des Débats, cité, 400, note 1 ; 473.

Journaux conservés après le 18 brumaire (Liste des 13), 126, note.

— leurs comptes rendus des débats rédigés par la police, 393 et suiv.

Joyaut, dit Villeneuve, son arrivée en France avec Georges, 110.

— ses relations avec Fresnières, 184, note; rectification à ce sujet, 207, note 3; son arrestation, 401, note; condamné et exécuté, 462, 472.

Jullien (général), reconnaît Wright prisonnier, 408, note.

Jury, suspendu pendant deux ans par un sénatus-consulte, 219, note.

L

Lacépède, son rapport au Sénat, 30.

La Chevardière, consul de France à Altona, son histoire, ses relations avec Méhée, 143 et suiv.

Lacretelle, 0, note.

Laguillaumye, juge, son vote en faveur de Moreau, 465.

Lajolais (Fréd.), général, sa liaison avec Pichegru; est dénoncé avec lui par Moreau; son histoire; sa vie, 141; ses visites à Moreau, 151 et suiv.; est attaché à la police, 151; se retire en Alsace, 153; revient à Paris; est envoyé à Londres par Fouché auprès de Pichegru, qu'il ramène en France, 176 et suiv.; ses révélations à la police, 180; ses visites à Moreau, 182-184.

— rendez-vous qu'il lui demande pour Pichegru, 184; sa visite à Rolland, 185; conduit Moreau à un rendez-vous, 186 et suiv.; son rapport mensonger à la police, 187; accompagne Pichegru chez Moreau qui lui enjoint de ne plus se présenter chez lui, 189, 190; ses visites à Rolland qu'il décide à donner asile à Pichegru, 190, 191.

— accompagne encore une fois

Pichegru à la maison de Moreau, chez lequel il n'ose entrer, 102; donne asile à Pichegru, 106; arrêté, 207, note 2; sa conduite avec Rolland, 248 et suiv.; ses interrogatoires, 257 et suiv.; 274 et suiv.
— ses rétractations devant le tribunal, 362 et suiv.; 368 et suiv.
— proteste contre la plaidoirie de son défenseur Cotterel, 429; est condamné à mort et gracié, 462, 484; rectification de Bourrienne à son égard, 484, note 3.
— (Mme), son arrestation, 151.
— (Mlle), obtient la grâce de son père, 484.
Langlois (Isidore), journaliste; pamphlet que Lucien lui fait faire; son histoire, 115.
La Rivière (Henri), conventionnel, ses relations avec Méhée, 138.
La Rochefoucauld (baron de), chef du comité royaliste, 90, 167, 168.
Lauriston (Mme de), 64, note.
Leblanc reçoit 100000 fr. de Murat pour avoir livré Pichegru, 210.
Le Bourgeois, agent des princes, arrêté et fusillé, 140, note 3; 281.
Lebrun, troisième consul, auteur du rapport du grand juge sur la conspiration, 209.
Leclerc (général), son expédition à Saint-Domingue, 46; sa mort 69.
Lecourbe (général), ami de Moreau, 396, note.
— scène émouvante qu'il cause à l'audience, 444, note.
Lecourbe juge, son *Opinion sur la conspiration de Moreau*, citée, 403 et suiv.; son récit de la délibération de la cour; rôle qu'il y joue en faveur de Moreau, *ibid.*; injurié par Napoléon à ce sujet, 471 et suiv.
Lefebvre (général), sa police, 166, note.
Légion d'honneur (Établissement de la), 48 et suiv.
Legros, expert, 337, note.
Lelan (Jean), son arrestation, 277; son interrogatoire, 402; condamné à mort et exécuté, 462, 472.
Lemercier (C.), son arrestation, 277; ses interrogatoires, 355; 402; condamné à mort et exécuté, 462, 472.
Lemoine (Denise), témoin, ses plaintes des traitements qu'elle a subis, 285, note 107.
Lenoble (Claude), son interrogatoire, 382; acquitté, 463.
Le Normand, voy *Normant*.
Leridant (Louis), arrêté avec Georges, 212; ses interrogatoires, 256, 257, 355; condamné à deux ans de prison, 463.
Lespinasse (le général), parle au Sénat pour le consulat à vie, 30, 31.
Liebert (général), arrêté comme complice de Moreau, 207, note 2.
Limoëlan, l'un des complices de l'attentat de Nivôse, sa mort, 338, note.
Liste des brigands chargés par le ministère britannique d'attenter aux jours du Premier Consul, 178, note, 210.
Loi contre les receleurs de Georges et de ses complices, 211.
Londres (traité de), 15.
Louis XVI, 9.
Louis XVIII, son parti, 88 et suiv.
— Lettre que lui écrit Méhée, 145; sa réponse, 161 et suiv.
— 137, 474.
Luçay (Mme de), 64, note.
Lunéville (paix de), 13.
Lyon (congrès à), 15 et suiv.

M

Macdonald (le général), sollicite de Bonaparte le rappel de Pichegru, 120.
— assigné en vain comme témoin à décharge par David, 411. — Voy. *Murat.*
Machine infernale. Voy. *Nivôse.*
Marchand, espion de la police française à Londres, 281 ; note 1.
Marcoff (comte de), ambassadeur de Russie, sa réponse à l'empereur au sujet du duc d'Enghien, 458.
Marescalchi, ministre de la République cisalpine à Paris, son rôle à la *Consulta* de Lyon, 18, 19.
Maret, 470, 476.
Martignac (Mme), arrêtée pour avoir applaudi Moreau, 459, note.
Martineau, juge, vote en faveur de Moreau, 466.
Médaille votée par le Tribunat, 56, note 2.
— frappée au sujet de la descente en Angleterre, 83.
Méhée de la Touche, son histoire, sa liaison avec Bonaparte; 124 et suiv.; rédacteur du *Journal des hommes libres* que Fouché achète, 126, 127; son anecdote sur Talleyrand; est exilé à Dijon, 128; est rappelé, puis déporté à Oléron, 129; son évasion, son séjour à Paris, 130, 131; se rend à Guernesey et à Londres, 132; récit de ses intrigues et de ses voyages pour mystifier le gouvernement anglais et compromettre le parti royaliste, 132-172; son *Alliance des jacobins de France avec le ministère anglais*, 120, note; sa correspondance avec Louis XVIII, 161. — 173, 174.
— (Mme), 130, 131.
Melzi-Erilo (le duc), élu par la *Consulta* président de la République cisalpine; Mme de Staël le fait figurer dans son roman de *Delphine*, 18.
Mémoires sur le Consulat, (par Thibaudeau) cités, 128, note 810, note.
Mérille (Jean), dit Beauregard, condamné à mort et exécuté, 234, 462, 472.
Merlin de Douai, ministre de la police, 110, note.
Mervé (M. de), émigré, ses relations avec Méhée, 137.
Moleville. Voy. *Bertrand.*
Moncey (général), son adresse à Bonaparte, 42. — 338, note.
Moniteur (le), cité, 5 note; 8 note; 62, note 1; 63, note; 140, note 3.
Monk (le général), 9, 11.
Monnaies (refonte des), 67.
Monnier (les époux), leur arrestation; perfidie de la police envers la femme, 250 et suiv.; 403; acquittés, 463.
Montesquieu, cité, 45.
Montesson (Mme de) obtient la grâce de Rivière, 486, note.
Montgaillard, son *Mémoire concernant la trahison de Pichegru*, 214, note 1.
Moreau (le général), ses victoires en Allemagne, 6, 13, note 1; sa mésintelligence avec Bonaparte; lettre qu'il fait imprimer pour répondre à ses attaques, 100 et suiv.; appendice, 477; sa vie retirée; son caractère, 103 et suiv.
— projet de Bonaparte de le prendre, 118; ses relations avec l'abbé David, qui veut le réconcilier avec Pichegru, 110 et suiv.
— piège qu'on lui tend, 148 et suiv.; visite qu'il reçoit de Lajolais et de Vitel, 151 et suiv., 154.

— projet de Fouché de le compromettre avec Pichegru et Georges, 174 et suiv.
— menées de la police pour le faire entrer en relation avec Georges, 180 et suiv.; visites qu'il reçoit de Lajolais et de Pichegru; rendez-vous avec celui-ci, 182 et suiv.; 186 et suiv.; 189 et suiv.; défend à Lajolais de se présenter chez lui; refuse de donner asile à Pichegru, 190.
— sa dernière entrevue avec lui 192, 194 et suiv.; sa réponse à Rolland, 196 et suiv.; son arrestation, 206 et suiv., 458, note; son interrogatoire; haine de Murat contre lui; sa lettre à Bonaparte; par qui inspirée, 208, 213 et suiv.; écrits contre lui, 214, note 1; ses portraits, 214, 215.
— inquiétude de l'opinion sur son sort, 218, 219, 395 et suiv.; déclaration faite contre lui par Bouvet de Lozier, 244 et suiv., par Rolland, 249 et suiv.; par Couchery, 252; par Rusillion, 253; par Rochelle, 255; ses interrogatoires; ses explications sur sa conversation avec Rolland, 274 et suiv.; son attitude à l'audience, 453; son interrogatoire devant le tribunal, 367-381; rétractation de Lajolais à son égard, 370 et suiv.; débats au sujet de sa lettre à Bonaparte et de la trahison de Pichegru, 377; applaudissements qui accueillent ses réponses, 377, 379; témoin à décharge qu'il voulait faire appeler, 412.
— discours qu'il prononce pour sa défense, 413 et suiv.; 458, note, 459; projets formés pour le délivrer, 433 et suiv.; son fils présenté aux soldats à l'audience par le général Lecourbe; mot de Georges à ce sujet, 441, note; anecdote sur le respect que les gendarmes lui témoignent à l'audience, 442, 443; sa condamnation à deux ans de prison, 462; longs débats à son sujet dans la salle du conseil racontés par le juge Lecourbe, 463 et suiv.; effet que produit sa condamnation sur Napoléon, 470; il lui fait vendre ses biens et l'exile en Amérique, 471, 472; son retour en Europe, sa mort 474, 475; épargne plusieurs fois le duc d'Enghien, 204. Voy. Bonnet.

Moreau (Mme), visite qu'elle reçoit après l'arrestation de son mari, 207, note 2; accompagnée aux audiences par le général Lecourbe, 396, note; sa visite à l'impératrice Joséphine, 397, 398.

— (N.), un des frères du général, membre du Tribunat, sa protestation contre le rapport du grand juge, 209.

— (N.), autre frère du général, lieutenant de vaisseau, 209, note 3.

Moynat, avocat de David, 412, note.

Murat (le général), 7, note; son rôle dans l'affaire du duc d'Enghien, 205; sa haine contre Moreau; son ordre du jour mensonger, 208, 470, 486, note; paye 100000 francs à Leblanc pour l'arrestation de Pichegru, 210, note 2; son étrange ordre du jour au sujet de la mort de Pichegru, 310; assiste au procès de Moreau; sa querelle avec Macdonald, 396, note.

N

Nivôse (attentat du 3); ses conséquences, 112-117; débats à ce sujet devant le tribunal

avec Georges, Coster et Roger, 337, 382 et suiv., 388 et suiv.
Normant, aide-de-camp de Moreau, arrêté, 207, 220; interrogé par Réal, dont il repousse les offres, 230, 231.

O

Oléron, lieu d'exil sous le Consulat, 129, 130.
Opinion sur la conspiration de Moreau, Pichegru et autres, par Lecourbe, juge, citée, 463 et suiv.
Ordonnances de police sur les déclarations à faire par les chirurgiens soignant des blessés, 206, note 3.
Orléans (les d'), leur parti, 90.
Oudart, expert, 337, note.

P

Paix de Lunéville, 13; paix d'Amiens, 24.
Pamphlet que Bonaparte fait faire par Isidore Langlois, 114, 115.
Pamphlet. Voy. Fontanes.
Parallèle entre César, Cromwell Monck et Bonaparte, pamphlet de Fontanes, 9-13.
Paris (faillites, arrestations et terreur à), 85, 206, 210, 211.
Partis en France (tableau des divers), 87 et suiv.
Pasquier, préfet de police, 225, note.
Paul Ier, empereur de Russie; lettre que lui écrit Bonaparte, 4, 5; son alliance avec lui, 78.
Payen, fille au service des époux Monnier; comment trompée par la police, 260 et suiv.
Peltier (J-G), journaliste, procès que lui fait intenter Bonaparte en Angleterre, 73.
Pichegru (général), sa biographie, 293-300.
— tentatives pour le réconcilier avec Moreau, et pour le faire rentrer en France, 119 et suiv.
— retiré à Londres; ses rapports avec les princes français, 173 et suiv.; visite qu'il y reçoit de Lajolais, 176, 150 et suiv.
— son arrivée à Paris, 114, note; 178 et suiv., 404; intrigues de la police autour de lui, de Moreau et de Georges, 180 et suiv.; ses visites à Moreau, 183, 189 et suiv.; son rendez-vous avec lui sur le boulevard de la Madeleine, 184, 186 et suiv.; fait demander par Rolland asile à Moreau qui le refuse, 190.
— visite qu'il reçoit de Fresnières; sa dernière entrevue avec Moreau, 191, 192, 194 et suiv.; démarche qu'il fait faire près de lui par Rolland, 196 et suiv.; Couchery lui apprend l'arrestation de Moreau, 207, note 2; trahi par Leblanc, est arrêté, 210; ses interrogatoires, par Réal et Dubois, 287 et suiv.; torturé dans sa prison, 291; sa mort; procédure suivie pour constater son suicide, 292 et suiv.; ses funérailles, 293; bruits à Paris sur sa mort, 306-309, 313-315; mot de Talleyrand, 311, note; caricature sur sa mort, 309; ordre du jour de Murat au sujet de cette mort, 310; *Recueil des pièces authentiques* relatives à son suicide, cité, 204, note; 207, note.
— interrogatoire de Moreau sur sa trahison, 373 et suiv.; mémoire de Montgaillard sur cette trahison, 214, note 1. — 469.
Picot (Georges), membre de l'Institut, cité, 485.
Picot agent des princes, arrêté et fusillé, 140, note 3, 281; gracié une première fois; s'était engagé à assassiner Georges-

Picot (Louis), domestique de Georges, arrêté; déclarations et aveux qu'on lui arrache par la torture, 231 et suiv.
— son attitude à la première audience, 454; son interrogatoire devant le tribunal; scène dramatique à laquelle donne lieu la révélation des tortures qu'il avait subies, 355-361, 406, 456; est condamné à mort et exécuté, 462, 472.
Piémont, sa réunion à la France, 70 et suiv.
Piquantin, ancien chouan, attaché à la police, 232, note.
Plaidoiries des défenseurs des accusés (résumé des), 420 et suiv.; défigurées dans les journaux du gouvernement, 428.
Police (histoire et organisation de la), 110 et suiv.
— (ministère de la) est réuni au ministère de la justice, 117, 118.
— après le 18 brumaire, 114.
— (tableau de la préfecture de) 226, 227.
— (rapports d'agents de) sur les audiences, 452 et suiv.
Polices particulières, 113.
Polignac (Armand-Fr.-Héraclius, comte de), son arrivée en France; son histoire, 156; son interrogatoire par Réal, 238; ses déclarations sur Moreau, 273, 469; son interrogatoire devant le tribunal, 344 et suiv.; est condamné à mort, 462; lettre de Napoléon au sujet de sa grâce; avait été son camarade de collège, 481; est détenu à Paris, 485.
— (Aug. Jules-Armand, prince de), frère aîné du précédent, 156, note 2; son interrogatoire par Réal, 237, 238; est condamné à deux ans de prison, 462; détenu à Paris, 485.
— (les frères), leur attitude à la première audience, 453.

— (Mme Armand de), 474.
Popon, gardien de Pichegru, sa déposition, 294, note.
Ponsard, avocat de Burban, 460.
Préfecture. Voy. *Police*.
Presse (la), après le 18 brumaire, 126, 127.
Procès des conspirateurs (instruction du), 217 et suiv.; les débats, 317 et suiv.
— comptes rendus mensongers des débats imposés aux journaux par la police, 393 et suiv.
Procès instruit par la cour de justice criminelle et spéciale, recueilli par des sténographes, cité, passim.
Publiciste (le), cité, 7, note.

Q

Quérard, rectifié, 9, note.
Querel ou Querelle, arrive en France avec Georges; son histoire; rachète sa vie par ses révélations, 140, note 3; 141, 142, 260, 281, note 2; 495.

R

Réal, est adjoint au Grand juge Régnier, 206.
— sa réprimande à Mme Récamier au sujet de Moreau; est l'instigateur de la lettre de Moreau à Bonaparte, 211, 212; interrogatoire qu'il fait subir à Normant, 230; aux frères Polignac, 237; à Rivière, 238; à Coster Saint-Victor, 239; à Bouvet de Lozier et à Rolland, 215 et suiv.; caricature sur lui, 310. — 141, note; 468, 469.
Récamier (Mme), réprimandée par Réal; est cause de la lettre de Moreau à Bonaparte, 213, 214.
Recueil des interrogatoires subis par le général Moreau, cité, 179, note 3.

Regnaud de Saint-Jean-d'Angély, 50, 470.

Régnier, grand juge et ministre de la justice, 118; son rapport sur la conspiration, 209; sa proclamation, 210; envoie les pièces du procès au tribunal, 269; caricature sur lui, 310; mande près de lui le défenseur de Moreau, Bonnet; pourquoi, 410; lettre et note que lui adresse Napoléon au sujet de la grâce d'Armand de Polignac, et pour régler le sort de divers accusés, 481, 483. — 296.

Rémusat (Mme de), ses *Mémoires* cités, 64, note; 202, note; 208, note 1; 210, 314, note; 470, 471, 480, note.

Républicains (des partis), 91 et suiv.

République cisalpine, congrès à Lyon pour son organisation, 16 et suiv.; sa constitution, 23.

Revilliod (G.) ses *Portraits et croquis*, cités 10, note.

Rigault, juge, son vote en faveur de Moreau, 465.

Rivière (Ch.-Fr. Riffardeau, marquis de), son interrogatoire par Réal; son éloge, 237, 238; son attitude à la première audience, 454; son interrogatoire devant le tribunal, 351 et suiv. condamné à mort et grâcié, 462; sa dernière déclaration, 469; mis en liberté, 486.

Rivière (Mme de), 474.

Rochelle (E.-F.), interrogé par Dubois, Réal et Thuriot, ses aveux, 255, 256; son interrogatoire devant le tribunal, 344; condamné à mort et grâcié, 462; détenu au château d'If, 485.

Rœderer, défend devant le Corps législatif l'institution de la Légion d'honneur, 49; son mot sur l'honneur, 50; son *Moreau et Pichegru*, 214, note 1. — 57.

Roger (Michel), dit Loiseau, ami intime de Coster Saint-Victor; son histoire; dénoncé par des gendarmes, au Temple, 263 et suiv.; son interrogatoire; se défend d'être complice de l'attentat de nivôse, 382-385.

— son attitude à la première audience, 454; est condamné à mort et exécuté, 462, 472, 481.

Rolland (H.O.P.J.), ses relations avec Lajolais, Moreau et Pichegru; sa condamnation, 185 et note; va demander pour Pichegru asile à Moreau, qui le refuse, 190; reçoit la visite de Fresnières, 191; éloigne Pichegru de chez lui; va de sa part demander à Moreau une réponse à ses ouvertures, 196 et suiv.; son arrestation; trahi par Lajolais; ses interrogatoires par Réal; mauvais traitements dont il est l'objet avant d'avoir fait ses déclarations contre Moreau, 216 et suiv.; 380; son interrogatoire devant le tribunal, 366, 367; sa déclaration, 450; est condamné à deux ans de prison, 462, 485.

Roquefeuille (M. de), secrétaire du comité royaliste, 90, 167, 168.

Rouillé et sa femme, espions de la police française à Londres, 281, note 1.

Roussiale, avocat de Spin, 461.

Roustan, prétendu assassin de Pichegru, 313.

Royaliste (tableau du parti), 87 et suiv.

Royaliste (parti), trompé par Méhée et Fouché. Voy. ces noms et Comité royaliste.

Rubin de la Grimaudière, son interrogatoire, 383; est acquitté, 234, 463; détenu à Ham, 486.

Rusillion (F.-L.), son histoire;

ses déclarations sur Pichegru et Moreau, 253 et suiv.; 273; son attitude à la première audience, 453; son interrogatoire devant le tribunal, 343; est condamné à mort et gracié, 462; détenu au château d'If, 485.

Russie (ambassadeur de). Voy. *Marcoff*.

S

Saint-Cloud (château de), offert à Bonaparte qui le refuse, 25.

Saint-Domingue (Expédition de Leclerc à), 46, 69, 70.

Saint-Léger (Marie-Adélaïde Turgot, dame de), sa liaison avec Bouvet de Lozier, 170; son interrogatoire comme témoin devant le tribunal, 340, 341.

Saint-Réjant (P. Robinaut), l'un des complices de l'attentat de Nivôse; billet trouvé chez lui, 337, note.

— avertissement que lui fait donner Coster Saint-Victor, 388, 389.

— sa lettre à sa sœur sur les tortures qu'on lui a fait subir, 228, note; 360, note.

Savary, son rôle dans l'affaire du duc d'Enghien; reçoit en récompense 80 000 francs de Fouché, 205.

— sa conduite pendant la délibération des juges; ses *Mémoires*, cités, 458, 469.

Savoie-Rollin, combat l'institution de la Légion d'honneur, 50.

Sciences morales à l'Institut (Classe des), supprimée, 66.

Selves, juge, son vote contre Moreau, 465.

Sénat (intrigues et discussions au), au sujet de la prolongation des pouvoirs de Bonaparte, 27-34; comment il est reçu par lui, 35.

— (membres de l'opposition au), pièges que leur tend Fouché, 169 et suiv.

Sénateur (anecdote sur un), 31, 32.

Sénatus-consulte suspendant les fonctions du jury, 219, note.

— sur le renouvellement du Tribunat et du Corps législatif, 22, 23; — du 15 nivôse, 112; — organique de la Constitution, 59, 60; — du 18 floréal, 20 et suiv.; 33; — établissant l'empire, 310.

Sicard (l'abbé), son témoignage en faveur de l'abbé David; ce qu'il dit de Moreau et de Pichegru, 409, 410.

Sieyès, fait adopter l'arrêt de déportation de 130 individus, 6, note.

— consulté par la famille de Moreau, refuse le témoignage qu'on lui demandait, 414.

Siméon, sénateur, 26, note.

Souham (le général), arrêté comme complice de Moreau, 207, note 2.

Soult (général), est le premier qui envoie une adresse à Bonaparte, 209, note.

Spin, entrepreneur de bâtiments, son arrestation et son acquittement, 401, note.

— témoins à sa décharge, 403, note 1.

— dort pendant la plaidoirie de son défenseur, 461; est acquitté, 463; exilé de Paris, 483.

Staël (Mme de), amie de Melzi qu'elle fait figurer dans son roman de *Delphine*, 18, note.

T

Talhouet (Mme de), 64, note.

Talleyrand, sa lettre à lord Grenville, 5, note; son rôle dans le congrès des Italiens

tenu à Lyon, 17 et suiv.; anecdote sur lui, 128.
— son mot sur la mort de Pichegru, 314, note.
Tamerlan. Voy. *Deville*.
Témoins dans le procès, 270 et suiv.; traités et torturés comme des accusés, 284, 285, 406.
Témoins à décharge, leur interrogatoire, 409 et suiv.; invoqués par les accusés et ne comparaissant pas, 410 et suiv.
Théâtres (polices des), 65.
Thibaudeau, ses *Mémoires sur le Consulat*, cités, 25, note 2; 128, note; 144, note 1; 206, note 1.
Thiers, cité, 15, note; 34, note 1; 36, note 1; 37, note 1; 112, note 2; rectifié, 394, note; 337, note.
Thuriot de la Rosière (Jacques), conventionnel, nommé juge instructeur dans l'affaire des conspirateurs; son caractère, 264, 269 et suiv.
— interroge Georges, 236; Rochelle, 250, 264.
— son instruction du procès, 315 et suiv.
— falsifie les déclarations des accusés, 361.
— son acharnement contre Moreau dans la chambre du Conseil, 464 et suiv.; 469.
Torture employée contre les accusés, 228; contre Saint-Réjant, 228, note; 360, note; contre Louis Picot, 231 et suiv.; 358 et suiv.; 456; contre Ducorps, 278; contre Georges, 338; contre divers témoins, 284, 285, 405-407.
Treille, sa brochure: *La vérité dévoilée par le temps*, citée, 210, note 1.

Tribunal criminel de la Seine, 269.
Tribunat (parti d'opposition dans le), lois qu'il fait rejeter, 18; violation de la Constitution au sujet de son renouvellement, 21 et suiv.
— vœu qu'il adopte sur la proposition de Chabot, 25-27.
— son vote sur le Consulat à vie, 38 et suiv.
— son vote pour une médaille commémorative de la fondation de l'Empire, 56, note 2.
Tribune des avocats, 457.
Troche et son fils, leur interrogatoire, leur acquittement, 402 et suiv.; 463.
Tronchet, son discours au Sénat pour le Consulat à vie, 30.
Truguet, amiral, son altercation avec Bonaparte, 10, note.
Tuileries, Bonaparte y transporte le siège du gouvernement; inscriptions qui s'y trouvaient, 7, 8.

V

Varsovie (comité de). Voy. *Comité royaliste*.
Vendée (pacification de la), 112.
Verdet (les époux), acquittés, 402.
Villeneuve. Voy. *Joyaut*.
Vitel, neveu de Fauche-Borel, 154.

W

Willot (le général Amédée), ses relations avec Méhée, 138.
Wright (John-Wesley), officier de marine anglais, débarque en France les conjurés, 211; son interrogatoire devant le tribunal; son histoire; son suicide, 407 et suiv.; 455.

TABLE

Introduction.................................... 1
I. Esquisse historique des pronostics de la destruction de la République à dater du 18 brumaire.............. 1
II. Notes sur les principaux événements de la conspiration anglaise antérieurement à l'arrestation de Moreau.. 83
III. Le duc d'Enghien. Arrestations de Moreau, Pichegru, Georges, etc................................... 202
IV. Tableau historique du procès de Georges et de Moreau. 217

Appendice.

I. Lettre du général Moreau au ministre de la guerre.... 477
II. Lettre de Napoléon au grand juge, au sujet de la grâce de Polignac.................................. 481
III. Ce que devinrent les prévenus graciés ou acquittés.... 483
    Table alphabétique................................ 487

BOURLOTON. — Imprimeries réunies B.

www.ingramcontent.com/pod-product-compliance
Lightning Source LLC
Chambersburg PA
CBHW071417230426
43669CB00010B/1583